物怪故事解

杜正勝

中國亙古流衍的心態

目次

序章——生活在物怪世界

物或物怪，是古老的故事，但也是到晚近還留存的故事，不分男女，不論老少，不因知識水準而異，也沒有政治社會階級之別，在傳統中國社會，幾乎人人喜歡聽，喜歡講，喜歡添油加醋傳播。

就因為這麼普及而深入，物怪故事於是蘊藏一個社會與文化的特質，也能反映這個民族心底的奧祕——學術語言叫做「心態」。所以我們研討物怪故事，不只是志怪餘興，嚴肅地說，更大的興味是想藉這些故事了解中國的社會、文化以及中國人的心態。

物，這個現代漢語比較陌生的古義文字，如果換成狐或鬼，不說「物怪故事」而是「談狐說鬼」，一般讀者或許容易有感。然而「狐」或「鬼」不足以涵蓋「物」，而且狐怪的出現相對晚，無法說明中國長期存在的傳統；何況古義的「物」一直延用到清代，比較適宜前近代時期的歷史論述。

石頭會講話，狐狸變成人，種種神祕的、奇異的，以至光怪陸離的氛圍，隨著「科學的」和「理性的」時代之來臨，而逐漸退出人類生活的領域，退出歷史的舞臺。但理性的成人世界總覺得還缺點什麼，所以我們也就理性地容許童話的存在。讓飛禽走獸都能具人身而言人語，有人的感情，也有人的規矩。

如果我們把嬰兒胚胎成形的過程當作生物演化的速寫（很可能如此！），那麼幼兒的童話時期也不妨把它當作人類的遠古歷史階段。遠古的文化似乎並未因時代的進步而徹底消失，正如人類雖然早已進化到脊椎動物門哺乳類靈長目了，但生命的開端總還經過那個極短暫的無脊椎動物時期。

但中國歷史那段「無脊椎動物期」在「不語怪、力、亂、神」的傳統中幾乎掃除淨盡。《史記》說：黃帝「教熊羆貔貅貙虎，以與炎帝戰於阪泉之野」。讀下來，堂堂的中華民族「始祖」倒十足像是馬戲團的馴獸師。後世大概也只有像王莽這種食古不化的人，在生死存亡的昆陽大戰中，猶模倣黃帝驅虎豹以戰，終至於身敗名裂，成為歷史上的大笑話。

另一種類型的聰明人，總想把不合理的傳聞予以合理化，譬如《尸子》傳說「黃帝四面」，人怎麼會有四個臉面呢？《尸子》解釋曰：「黃帝取合己者四人，使治四方，不謀而親，不約而成，大有成功，此之謂四面也。」[1]又把「夔一足」傳言（《呂氏春秋．察傳》）解釋作「一而足矣」，一個人就夠了，不是一條腿。（《韓非子．外儲說左下》）且不說舜廷樂官一條腿跳著走（踔而行）的怪模樣，儒家正典的《尚書．堯典》仍不免露出神話遺存，說：「予擊石拊石，百獸率舞。」

原先那種近似童話世界的傳聞，古代應該是充斥於人間的，文明化的人用理性的眼光看來，「其文不雅馴，薦紳先生難言之」，（《史記．五帝本紀》）歷經有意的刪削和無意的忽略，幾乎消失殆盡。像經過司馬遷改造的教熊虎以戰，近現代學者便說那是部族的圖騰。我們終究是理性的成人，總不能學三歲孩童把三隻小豬的故事當真吧！

但樹精、石怪、狐魅、山神、水鬼的影子，在上了年紀的人的心底恐怕還很難揮去吧。籠統地說，只要生活過「前現代」的日子，大概都不容易抹掉。照說臺灣比中國絕大多數地區早現代化，而以我的年紀也還算不上屬於上個時代的人，像我這輩人生長在臺灣，應該是遠離傳統中國了吧，遠離蔣夢麟所描寫的西潮沖刷以前的鄉村社會，[2]但並不一定。

小時候我看過桔槔，打過井水，踩過水車，點過油燈，常在月下聆聽鄰村本社的鬼怪故事。村外那條河流，兩岸長滿高大茂密的茄冬樹，潺潺河水從寂靜夜色中流出一齣齣鄰近地區的怪談，就像蔣夢麟說的村人常看到水鬼坐在橋上賞月。我少也貧寒，故多能鄙事，常常不得不披星戴月幫助父母謀生，每每在暮色沉沉的黃昏，單獨上下坑崁，穿越墳丘；或在濃雲蔽天的夜晚，走過路旁那棵枝葉扶疏如蓋的老榕下，從傳聞故事，我可真熟悉嶺崁、墳間和老榕上存在太多不好說的「東西」。人家不是說多少年前有個瘋女吊死在榕樹上嗎？最近還經常出來向過路的人傻笑呢！還有，東山溝的那欉大麻竹，外祖母的阿姨有一次半夜路過，突然無風自倒，橫在路中。腦中浮現這類的景象，像看過的電影，一幕幕如在眼前，這時我全身毛孔都漲了起來，頭髮似可衝冠，像頂著百八十斤的頭盔。但路仍然不能不走，嶺崁、墳丘、老榕仍然得經過。

村落外圍的樹叢、山野、溪流、坑崁都可能有鬼怪出沒，從江紹源《中國古代旅行之研究》（一九三五）所探討的上古時代到我幼時，兩千五百年基本上沒有太大的改變，至少對理性尚未成熟的人是如此。人好像總要經歷人類歷史的原始階段，正如在胎胞中經歷生物早期的演進一般。隨著年齡增長和智慧成熟，原始階段遲早總會過去或沖淡的。

我生活在這樣的鬼神物怪世界中，並無礙於理性的成長，鬼怪好像逐漸沉澱到心思的底層，長大後讀《聊齋誌異》的人物（應說「物怪」或「鬼物」），益覺其親切；翻閱《閱微草堂筆記》，對紀曉嵐這類仕宦家族「迷信」狐魅的心態也很好奇，但都沒有再往深處想。直到上世紀八〇年代中期，我從中央研究院借調到清華大學「行走」，[3]一個冬夜，著名的新竹風把辦公室的玻璃窗颳得嘎嘎作響，寒氣也一陣陣侵襲而來，一位同事來訪，不期談論近日讀書心得，話題突然轉到《史記．留侯世家》讓我很有啟發的一句話：

> 太史公曰：學者多言無鬼神，然言有物。

這句話是我對物怪或鬼怪信仰正式研究的開始，當晚於是發揮什麼是「鬼神」，什麼是「物」，鬼神與物的差別，以及這種「學者」是什麼樣的知識人，不覺談到夜闌。

司馬遷這句話是針對張良見圯上老父那件事說的。張良在博浪沙行刺秦始皇不成，隱姓埋名，亡匿下邳，見橋上老父，為老父拾鞋納履，三次約會，老父乃授予《太公兵法》，相約十三年後在濟北穀城山下相見。此後歷經秦末大亂，到這年，楚漢相爭正烈，張良果然跟從劉邦經過濟北，但在穀城山下所見的卻是一塊黃石。張良「取而葆祠之。留侯死，并葬黃石。每上冢伏臘，祠黃石」。（《史記．留侯世家》）這個老父就是中國人盛傳的黃石公，世傳《黃石公三略》，即是託名這位下邳神人所撰的兵書。（《隋書．經籍志．兵家》）

從《史記》的記載來看，黃石變化成老父，張良及其家人應該是深信不疑的。我們沒有理由武斷說張良從穀城山下抱回黃石是捏造的。張良死，黃石一起埋葬，或許司馬遷還知道黃石的墓冢，至少張良的後人每歲六月伏日和十二月臘日上墳，也祭拜黃石，重視史料、並且與張家熟稔的司馬遷不可能無端捏造。這些事實都建立在一個基礎上，石頭可以變作人是當時人普遍的認知。

當然，不可能任何石頭都可變化，而具有這種超自然能力的石頭便是「物」，與普通的物（東西）截然有別。當時的知識人即使否定傳統的「鬼神」，卻不懷疑「物」的存在，看來司馬遷大概也是相信有物的，否則以他那麼堅持「雅馴」的史學態度，殊不必為這塊頑石費那麼多筆墨也。然而張良三見老父於橋上，半夜授予兵書，注重情理的大史學家司馬遷乃不能不發出「亦可怪矣」的感嘆。所以「物」和「怪」往往合稱曰「物怪」；「物」、「怪」細分當然有別，不過仍然是同一範疇的概念。

這裡的「物」字特指某一範疇的超自然存在，這種用法在先秦是相當普遍的。雖然東周文獻所見的「物」，很多地方已與今日所說的「東西」或「物資」同義，由於漢魏訓詁多把「物」解作「事」，帶有神祕意味的「物」義遂逐漸埋沒不彰。譬如《周禮．春官．大宗伯》：「以血祭祭社稷、五祀、五嶽，以貍沈祭山林川澤，以疈辜祭四方百物；……以禮樂合天地之化，百物之產，以事鬼神，以諧萬民，以致百物。」百物作為祭享、招徠的對象，而與地祇、鬼神並稱，絕不能說是普通日用的東西，應該是《周禮．春官．神仕》「以夏至日致地示物鬽」的「物鬽」。《說文》云：「鬽，老精物也。」物鬽即是物怪之類的東西。

由於時代不同，地區差異，或作者特別的定義，古代文獻採用的名詞往往字同而義異，或字異而義同，物怪就是明顯的例子。太史公說：「學者多言無鬼神，然言有物。」「鬼神」與「物」應該是對立的概念，但物怪作為大類往往有一種叫做「鬼物」的東西，當單稱「鬼」時，即等同於「物」，如鬽字從「鬼」，實質卻是成精的「精」。根據《說文》，「神」這個字專指天神；（《詁林》一：八六）[4]另外有一個字鬿，《說文》云：神也，（《詁林》七：一一七四）實質也是物怪。

那麼太史公所謂的學者，他們對「鬼神」和「物」分判的標準在哪裡呢？我想王充說得最簡明扼要，標準在物是「生存實有，非虛無象類」，鬼神則反是。（《論衡．訂鬼》）只要有形象，有具體的存在，如圯上老父能讓張良納履，能授張良兵書，即是「物」的範疇，有些文獻對類似之物，不論稱作「鬼」也好，「神」也好，都是「物」。這意見近人章太炎《小學答問》和沈兼士〈「鬼」字原始意義之試探〉都有精當的發揮，[5]我們在本書別章會專門討論。但人死為鬼的鬼，「死人無知」、（《論衡．譏日》）「與人殊途」，（《論衡．薄葬》）這種「虛無象類」的「鬼神」在王充這等人看來是不具體存在的。

不過中國一般人很少刻意講求邏輯思辨，大多是「道並行而不悖」的思維方式，其實就是「大雜燴」，尤其民間文化最顯著。這大概與遠古以來天南地北、各種文化交會混合，而成為所謂的「中國文化」有關係吧。物怪信仰不但對立的「神鬼」和「物怪」這些字眼混雜，就是虛無縹緲的人鬼也可以「生存實有」地與人結婚生子呢，古人叫做「玄通」，[6]當然這是稍晚才發展出來的現象。我常想，中國社會的底層文化像滾雪球，新成分不斷加在舊成分上，雪球於是愈滾愈大，其中即使互相矛盾，依然可以並存，兩千年來中國人心態中的物怪世界，內容遂益加多采多姿、光怪陸離。

在多樣的物怪世界中，鬼、怪、妖、精等等字眼或它們的複合詞逐漸普遍流傳，早期「物」字的用法逐漸泯沒，反倒是臺灣話還有所保存。大家知道臺灣漢語（閩南語）殘存不少古漢語成分，此亦一例。小時候聆聽先母談鬼說怪，她老人家常說bih（或mih），應該寫作「物」；有時或說bái-bih，查檢辭書，可能寫作「獶物」或「豿物」，《集韻》云：獱獶，垢膩皃；《類篇》豿䝙，頑惡也。[7]鬼怪頑惡，我們可以理解，至於垢膩，臺語說是lah-sap，寫作「蠟𢲾」，除衛生方面的不潔外，也指邪魔惡鬼的不潔淨。

先母沒唸過《史記》，當然也不知道學者信有物這回事，然而用字遣詞卻與《史記》如此雷同。不止一次，我和年紀較大的學生談起家母所說的bih，他們也多聽父祖輩說過，可見在中國傳統社會的物怪信仰，隨漢語而四處傳播，深入人心。像黃石公之類的「物」已滲入中國文化的底層，自秦漢以下以各種不同的形式出現，透過文人的生花妙筆，有的「物」凶殘可怖，但有的「物」卻也哀婉動人。六朝的志怪，隋唐的傳奇，宋元明清的筆記小說，以及各色各樣的工藝美術，呈現中國人的物怪世界，透露中國人的心態，叢脞萬端，浩瀚深邃。這個寶庫雖然有不少學者從不同的角度陸續做了一些挖掘，但尚未達到清晰或可以把握的地步。

臺灣這幾十年的變化太快了，回想童年的總總經驗，古人有謂「恍如隔世」，一點也不誇張。池塘邊，農人汲水灌田，桔槔頂端的水桶一上一下的情景猶在目前，耳邊似乎也依稀聽到「嘎啦嘩——嘎啦嘩——」的聲響。這豈不是《莊子．天地》所說「鑿木為機，後重前輕，挈水若抽，數如泆湯，其名為槔」嗎？寒冬河裡，漁夫捕魚的方法和網具與五代趙幹「江行初雪」所描畫者亦沒有二致。我常常私下慶幸童年有過「中古」的生活經驗，給我以後在專業歷史研究上提供歷史想像的觸媒或憑藉。我的史學研究不喜歡移植新說、裝填理論，而寧願走入歷史世界去體驗當時人的生活，再走出來，回頭看看整體的模樣。此一治學態度可能和我有過「中古」的生活經驗有關吧。這條學問路子是成還是敗，是先進還是落伍？我也無暇計較了。

《史記．封禪書》說，秦文公夢黃蛇自天而下，其口止於鄜衍；又在陳倉北阪獲得像石頭的東西。一個當白帝來祭祀，一個是發出野雞叫聲的陳寶也立祠；它們不是在坂谷之間就是在山坡上，和我的童年世界，坑崁住著鬼怪，何其相似啊！

當我浸潤在中庭月影之時，遠遠傳來夜鷺劃空的哀鳴，一代代的物怪世界漸漸展開，明清小說的狐狸化為美女，荒塚變成華廈，唐宋傳奇的駱駝、蹇驢、瘠牛、駁貓皆能賦詩，最後看到先秦傳說的一尺小人和鳥頭人身的神物，逐漸消失在悠遠蒼茫的洪荒中。我很清楚地體認到物怪世界其實就是人的世界，在幾千年的中國社會裡，它們也和人世間的變化一樣，經歷古典到傳統的過程，比較大的轉折是在東周到秦漢。當然，它們也和人間一樣，轉變之中仍然沿襲著一些古老的成分。物怪世界與人間世同步，是「物」影響人還是人塑造「物」？難言哉！但從「物」可以透視人間內在的心態，則不必懷疑。

浩瀚無垠的物怪資料，有的是民間古老傳說，有的可能是作者借題發揮的創作。民間傳說成分愈濃者，史料價值愈大，所以愈素樸的物怪資料對於透視中國人的心態愈有幫助。其中尤以古典到傳統的轉折階段更具關鍵性，本書即想從這裡探索中國文化底層的一些奧祕。

對中國流傳幾千年的物怪，本書試圖鉤勒其起伏轉化的過程，粗略地分出古典、中古、近世三大階段，希望能探索其間的轉折與每一階段的特色。由於物怪故事淵遠流長，不同時期顯現的形式雖異，內在則有堅韌的連續性，這是本書不取名近現代人熟悉的「談狐說鬼」，而寧取一以貫之的「物怪故事」的原因。

物或物怪是「非常」（unnormal, unusual）的存在，反映人對未知或不熟悉世界的理解與想像，屬於中國知識建構的範疇，由巫學（神話）而玄學，到科學階段物怪就退場了。歷來關於「物」的解釋，本書試圖加以分疏，頗涉及思想史或哲學史的領域，而不只是文學史的志怪小說而已。不過，我們關心的課題還是社會與文化，特別是當中反映的民族心態。

物怪既然是最古老的信仰，反映人類文明進展最早的階段，所以表面上看，不同民族、地域或文化系統都可以找到一些相似之處。不過，歷史研究不能只看表層，還要看到內裡，不同民族的物怪信仰都在各別的社會文化中形成獨自的歷史，所以我不願、也不敢輕易嘗試跨域比較，毋寧當作啟發媒介比較穩妥吧。因為有這層思考，故書末「尾聲」乃作「物怪退場外一章」。

我梳理和建構的中國物怪歷史，雖然純就史學立言，具有學術意義，涉及社會思想、民族與文化等史學分支。寬廣來看，本書對文化心理學、歷史人類學等社會學科，文學及文學史，以及當今流行的漫畫或動畫之研究或創作，說不定也會有一些助益。至於一般社會大眾想了解中國的民族性，本書應該也是一條途徑。

那麼，且讓現代的、理性的與科學的人，調整身心，走進時光隧道，回到遠古，瀏覽此一奇異的物怪世界，一路觀賞，直到極晚近的世代。

注釋

1 汪繼培輯校，《尸子》（清嘉慶十六年序），卷下，收入《續修四庫全書》第一一二一冊，上海古籍出版社影印（無年月），頁二九一。

2 蔣夢麟（一八八六—一九六四）《西潮》第一章講他的故鄉浙江餘姚的印象和童年聽聞，對高中的我很具感染力。

3 一九八五年我出任清華大學歷史研究所所長，文中陳述的時間往往以初稿為斷。

4 丁福保，《說文解字詁林正補合編》（簡稱《詁林》，下同），臺北：鼎文書局（一九七七），第二冊，頁八六。

5 章太炎，《小學答問》釋《說文》夔、魖，收入《章氏叢書》正編，臺北：世界書局（一九五八），頁二七九—二八〇；沈兼士，〈「鬼」字原始意義之試探〉，《國學季刊》五卷三期（一九三五）。

6 參杜正勝，〈第 X 類接觸——玄通〉，《自由時報》副刊，一九九六年四月八日至四月九日；收入增訂二版《從眉壽到長生》，臺北：三民書局（二〇二四），頁三二五—三五八。

7 許成章，《臺灣漢語詞典》，臺北：自立晚報（一九九二），第一冊，頁六四。

第一章——一些基本思考

．物怪是什麼？

中國的物怪前後長達數千年，雖然有其延續性，但不同時期多少可以看出不同的面貌，在學術語言的分期之前，且先以幾則故事來體會「物怪」是什麼吧。

首先，講古代的齊桓公。桓公北伐孤竹國，距離卑爾山谷不到十里的地方，他突然看到前面有一個東西，人的模樣，高不過一尺，戴著帽子，衣袍的右袖長尺二寸，在桓公馬前疾走。桓公拉弓將射，問旁邊的人有沒有看到一個小人？旁人回說沒有，於是大惑不解，自問難道有這樣的「人」嗎？於是詢問管仲。管仲聽桓公描述後就說，這個叫做俞兒，是登山之神；遇到他是一件好事，他的出現象徵霸主之君即將興起。這故事載在《管子．小問》。

同樣講齊桓公，《莊子．達生》也有一則類似故事，說齊桓公在沼澤打獵，管仲駕車。桓公見到鬼物，但管仲卻無所見，於是非常煩悶，回宮之後，心神不寧，滿臉倦容，數日杜門不出。齊國皇子告敖來見，說：「公則自傷，鬼哪能傷公？」桓公問他：「人世間有沒有鬼？」告敖列舉家屋內外以及山林川澤不同處所的不同鬼，其中沼澤的鬼名叫委蛇。桓公追問委蛇長什麼樣子？告敖說：其大如轂，長如車轅，紫衣而朱冠，這個東西聽到車聲會揚起頭來，捧首而立，見者很可能成為霸主。桓公一聽，歡顏大笑，說：「正是寡人所見。」於是病容全消。

上述兩則故事講的是古典物怪，現在講一則中古的，見於《太平廣記》卷四四七「長孫無忌」條。故事說唐太宗賞賜一美人給長孫無忌，很得寵愛，但不久美人遭遇狐媚，一見無忌就發狂，拿刀要砍他。長孫無忌非常頭痛，要怎麼處理呢？驚動唐太宗協助找來擅長法術者，但還是沒有辦法對付這隻自稱王八的狐怪。最後有人推薦相州崔參軍能治療此疾，太宗遂召崔來。

崔參軍先寫一道符，召集家屋內外包括宅、井、竈、門、廁、十二辰之神來質問：為何縱容此物在長孫家作怪？眾神回說：「此物是天狐，我們小神力不能制，非受賄賂也。」崔參軍令眾神各帶刀箭去捉狐，隨即皆敗陣回來，有的還受了傷。最後他又寫一符聘請五嶽神，一時天地昏暝，空中傳來兵馬聲，見五神各長數丈，從天降臨。崔參軍和事主長孫無忌下階拜見，說明原委，五嶽神許諾協助而去。於是聞得兵馬嘶喊之聲，接著看到一狐五花大綁，墜落在階下。狐被制伏，是否要殺？不能，因為他是天狐；然而以其「肆行姦私」，乃判決鞭打五下，血流滿地，然後天狐飛去，美人的疾病隨之而癒。這個唐代故事原出於八世紀中葉戴孚的《廣義記》。

近世物怪，《聊齋誌異》之類的故事更是家喻戶曉，茲舉卷二「狐嫁女」來說說。山東歷城有座大府第，廣數十畝，樓宇相連，久無人居，蓬蒿雜生，常見怪異。殷天官的一群朋友起鬨，打賭誰敢進住一晚，大家就請他喝酒。這個府第是殷天官族人所有，天官遂說：「這有何難！」乃攜一張草席而入，蓬蒿滿徑，舉步為艱。殷天官登梯上樓，但見弦月在天，樹影搖曳，遂席地而臥，仰望牛郎織女，久久並無異象。一更將過，恍惚欲寐，忽聞樓下雜沓的腳步聲登樓，天官乃假寐。俄而有人進來，驚呼：「有生人！」有老者望過天官一眼，說：「勿驚擾他。」隨後一群人魚貫而入，布置筵席。

這時殷天官翻身起坐，老翁一見趕忙請罪，說嫁女兒，要在這府第辦喜宴，乃邀請殷天官也參加婚宴。新郎、新娘以及翁姑各種叩拜禮儀例行一遍，於是開席宴會。殷天官趁著大家飽醉之際，假裝醉倒，順手把一隻金杯揣在懷裡，準備向友人示證。過了一會，這些人收拾宴席餐具，發現缺少一隻酒杯，有人懷疑殷天官，但被老翁阻止，不得對客人無禮，只好離去，內外復歸俱寂。翌日天明，殷天官向朋友展示他的成果不在話下。

十幾年後，殷天官考取進士，派任肥丘知縣。當地朱姓世家宴請新任縣太爺，酒席擺出時，居然有如當年所得的金酒杯，形狀文飾不異；一問才知是朱家祖上為京官時特製之物，唯獨缺少一隻。朱姓世家說，裝酒杯的箱篋從未打開過，不知何以遺失。殷天官乃告知他也有一隻，願意奉贈；朱姓世家請問金酒杯的來歷，他就把過去這段故事全盤托出。原來被殷天官揣在懷裡的酒杯是狐怪盜來的，相傳千里之物，狐能取得，但他們不敢占為己有，終要物歸原主。這是近世的物怪故事。

接下來再講講現代或近現代的見聞，一百多年前或是七十年前我小時候的聽聞，年輕人感覺是近代史，對我來說卻是現代史。我小時候，且不說臺灣，就是全世界最先進的國家也都還沒有電視，像我出生成長的荒村，難得看到電影，而我家連收音機都缺如。知道這樣的社會經濟條件，才容易進入前近代的社會，才好感受我講的物怪故事。當時的鄉下，晚上能做什麼消遣呢？月下埕前，大人與孩童圍坐一圈，聽老人講說鬼怪。單說我親自從家母聽聞的兩則故事，一是外祖母的姨母遇到麻竹阻路，一是家母小時被「摸神仔」摸走。

我的外祖母在前清光緒乙未年（一八九五）「日本仔起山」（日軍入臺）時是十幾歲的少女，她的姨母遭遇的物怪，估計最晚是一八八〇年或稍早的事。外祖母講她阿姨有一天從娘家大潭要回夫家中洲，夜晚趕路，突然路旁高大麻竹硬生生彎下來，橫攔在路中，阻擋人行。大潭、中洲雖是鄰近的村莊，今則分別屬於臺南的歸仁和仁德兩鄉（區），但都濱臨二層行溪，單從地名多少可推想原來的地景生態，猶如荒野。生活在城市裡的人無法體會南臺灣山野竹林的氣氛，粗壯大麻竹高聳雲天，風吹竹影搖曳，叢生的竹幹交相搓摩，發出 quan quan 的聲響，夜深寂靜，聽來不覺毛骨悚然。眼見大麻竹突然橫空倒下，姨婆立刻止步，祈求放她過去，因為怕萬一跨過時，竹幹突然揚起，豈不是要吊在半空中？過了半刻，但見麻竹緩緩而起，恢復原狀。這是我母親所說外祖母阿姨遇到的物怪故事，應該是她小時聽來的，再傳給我時，距離怪異當超過七十年以上了。

另外一則，先母遭逢的怪異。先母小時候住在臺南，大約十來歲時，一天出門，久久未歸，直到傍晚家家燈火之時，仍未見孩子的蹤影。家人急忙四處尋找，後來竟發現她就在附近的巷弄不斷來回地走，發現時，這孩子全身多是冷汗了。民間傳說，這是「摸神仔」把人的神「摸」走，古書所謂「攝」或「迷」也。先母生於一九一〇年，她的奇遇約發生在一九二〇年，距今不過百餘年而已。然而甚至前些年，已經二十一世紀了，報載彰化一位老婦在八卦山走失，長達一個星期之久，那期間她到底如何生活？睡哪裡？吃什麼？都不復記憶，說不清楚。幸好後來被人發現送醫，幸無大礙。這是最近臺灣的社會新聞，可不是千百年前的想像傳說。

類似先母及彰化老婦的怪事，早在東漢《風俗通義》就有記載。卷九〈怪神〉「世間多有精物妖怪百端」條說：魯相臧仲英的孫女，「年三四歲，亡之，求不能得，二三日乃於清（圊）中糞下啼。」這個三、四歲幼童失蹤了兩、三天，最後聽到廁所糞堆下有孩子哭啼聲才尋獲。這大概是今見「摸神仔」最早的文獻。記得小時候也聽說小孩子被「摸神仔」摸走，小孩子吃牛屎，但覺得是吃大餐。物怪世界的感知、見聞不同，也許被摸走的人，像《搜神記》講的王靈孝，隨阿紫而去，到處遊覽，「暮輒與共還其家」，（卷十六）最後是在城外空冢中尋找到他。當然，干寶講的阿紫是狐魅，總之都是神魂迷惑，彰化老婦迷失於八卦山中那段時間的食宿，她的感覺也是這樣的嗎？

當我初讀《抱朴子．登涉》時，發現葛仙翁講山神傷人多端之事，其中有一項竟然是「令大木不風而自摧折，巖石無故而自墮落，打擊煞人」。我外祖母、阿姨的奇遇類似而有過之，可見中國自古代、中古、近代以來，一直到近現代的臺灣，都有這類物怪故事在流傳。

・研究的反思

幾十年來，我一直在思考物怪問題，直到今天仍然還在思索，前後已四十年了。這期間我雖陸續寫作不少積稿，但有些環節仍然還沒想通；這裡的反思，不是像一般做學術史回顧，只涉及我自己而已。

所謂物怪故事，「故事」毋寧對我們更為重要。生活在自然理性的人，沒有能力、也不必想探究「物怪」的真實存在；但「故事」屬於人世間事，也算歷史紀錄。我們的理想是利用物怪故事重現古人生活的世界，這是過去正統歷史學比較少注意的一面，但近現代的新史學則認為從中可以揭發被忽視的歷史現象。如一九三〇年代日本東洋史家加藤繁開啟的新課題，「唐宋的市」，便受到志怪小說的啟發。[1]

有關物怪故事研究的基礎問題，諸如憑藉的資料、涉及的層面、斷代的可能、深入的程度等等，本書多少有所思考，也盡量涵括，但初步提出的斷代分期，或許對梳理汗牛充棟的資料和浩瀚複雜的內容有些幫助，可以為時代漫長的物怪文化史整理一個概略輪廓。

當然，我們還是要先問物怪研究的目的是什麼？只是聽聽神鬼狐仙故事嗎？或是只抱持一種休閒餘興的態度？清代兩位記述物怪故事大家，前有紀昀，後有俞樾，都在晚年追錄舊聞，一曰：「姑以消遣歲月。」（紀昀，〈姑妄聽之序〉）一自責：「余之志荒矣。」（俞樾，〈右台仙館序〉）話雖這麼說，他們著述的態度卻很認真，應該不是遊戲消遣，所以毋寧視作嚴肅的史料。面對這些史料，我認為物怪故事是探索中國人內心世界的門徑，俗話所謂「得其門而入」也。這是我提倡的「從表層到內裡」歷史研究的重要途徑，過去志怪小說研究者也許比較少觸及的吧。因為我們看的是中國故事，所以牽涉中國人的內心世界，涉及中國人怎麼看世界、怎麼聽世界、怎麼想世界。當然，這即是文化心態的考察，所以當我發表〈中國古代物怪研究上篇〉時（二〇〇二），遂以「一種心態史和文化史的探索」作副標題，為物怪研究定位。

古代祭祀是有強制的階級性的，皇天上帝只限於天子才能祭拜，不像後來編戶之氓也可以拜天公；家族始祖只宗族長才有資格主祭，不是任何子孫都祀開基祖。但百物信仰卻最無階級性，上自王公貴族，下及於販夫走卒和老漢婦孺都可以拜百物，故具有極寬廣的普及性。因此，物怪信仰會比較充分反映中國的社會文化。由於範圍廣泛、來源多端，所以顯得龐雜；又因中國階級性極強，物怪不能進入主流意識，所以時代愈下愈沉澱，成為底層文化。大體上，物怪信仰有其共通性、傳承性，但也有其時代性和地域性。這種沉澱在社會底層的文化淵遠流長，有些質素可以追溯到極古老的時代，而其傳承也比上層思想更具保守性。

擴而大之，物怪觀甚至會反映不同民族底層文化的共性成分，但表現形式的歧異往往可以代表不同民族的文化特色。諸如此類問題的探索，透過互相的參照比較，或許讓我們對不同民族文化特質的認知有新的啟發，可為世界史研究開啟一條新途徑，開拓一個新領域，然而由於牽涉甚廣，故非集眾人之力難見其功。

關於物怪研究，我初步的擬議或構想有七個面向。擬定的題目是：一、物、魅古義；二、古典物怪（山野與人居）；三、中古物怪的變形；四、近世狐魅的出現；五、物怪故事的寓言；六、中國人視作真實的態度；七、異民族文化物怪的參照。後者基本上，我深信物怪不能離開它存在的社會與文化，與其生硬粗淺地侈言比較，不如借不同角度的參照，以獲得一點啟發，或許還踏實些。

這七個課題只可以說是到現在為止的淺見，其他面向仍待深思好學之士發掘。雖然我們的斷代可以看到發展轉折的蹤跡，但物怪故事的解讀更該著力於文化、社會和心態的連繫，才可能觸及歷史的深處吧。準此，單單中國範圍內已難臻理想，何況世界！總之，物怪這個課題如果要做異民族文化的比較研究，非先在本國理出頭緒不可。

・物、魅古義

後世所謂鬼怪妖精的東西，中國古典文獻多採用「物」字，中古以後，「物」固一直繼續存在，但「精魅」之稱則逐漸普遍，其實二者都講相同的東西。「物」、「魅」二字我們今天讀作 wù 和 mèi，截然不同，但臺灣話同樣唸成 bih 或 mih，臺語保留不少古代漢語，物、魅同音同義，反映漢語上古與中古寫法之異而已，何況往往互見，非截然區隔。

較早文獻裡面的鬼、怪、精、妖、魅，甚至神，都有「物」的意思，但又有不同程度的差別。比如《淮南子・覽冥訓》講春秋時代晉國大樂師師曠，「奏白雪之音，而神物為之下降」，高誘注說：「神物，即神化之物，謂玄鶴之屬來至，無頭鬼操戈以舞也。」所以讀到「神」或「神物」這個詞，不能逕以為是神明的神或精神的神。中文一字多義，要看上下文才能了解。《易經》睽卦的「鬼」不是後世飄渺虛無的鬼魂，上九爻辭曰：

> 睽孤見豕負塗（伏途），載鬼一車，先張之弧，後說（脫）之弧，匪寇婚媾。

這說的古代故事已難確指，初步解讀，一個孤伶旅人見路上有豕，身沾污泥，對面來了一輛車，滿載一車鬼，鬼正拉弓，後又弛弓不射。[2]這「鬼」是具體的存在，謂之「鬼物」，不是「鬼魂」。

物怪這個課題，早期最經典的根據莫過於《左傳》記載王孫滿說的，「昔夏之方有德也，遠方圖物，貢金九牧，鑄鼎象物，百物而為之備，使民知神姦。」（宣公三年）天下各方進貢青銅，並且圖寫各方之「物」，鑄成九個大鼎，代表天下九州。九州之「百物」齊備於首都的這九個鼎上，人民就能分辨何為好物（神）、何為壞物（姦）。夏鼎尚矣，今日確知商周銅鼎〔圖一〕及其他品類的青銅禮器上，所鑄的動物紋飾，應該就是王孫滿講的「物」。

圖一　商周鼎上之「物」

（上）殷商，鹿鼎（中央研究院歷史語言研究所藏品）

（下）西周，獻侯鼎

楚莊王借伐陸渾之戎而觀兵於周疆，周王派王孫滿勞軍，楚莊問鼎輕重，鼎代表國家政權，顯然意指取周而代之。王孫滿乃講述禹鑄九鼎的故事，強調任何權位，「在德不在鼎」。禹鼎鑄有百物圖像，使人看了，「入川澤山林，不逢不若，螭魅罔兩，莫能逢之。」（《左傳．宣公三年》）你一旦知道魑魅魍魎的長相、名稱或習性，它們就不敢來侵犯你，古典物怪和人世的關係竟然如此密切。

知曉百物何以如此重要，讀讀《抱朴子．登涉篇》當可明白。〈登涉〉說山中的山精形如小兒，獨足，走（一作足）向後，喜來犯人。人入山，若聞人的音聲大語，必是山精，「其名曰蚑，知而呼之，即不敢犯人。」另有名熱內的，呼此名亦可辟邪。又有山精，如鼓，赤色，一足，其名曰暉。有一種山精，形如人，長九尺，衣裘戴笠，其名曰金累。另外一種形如龍，五色赤角，名曰飛飛。這些山精，「見之，皆以名呼之，即不敢為害也。」同篇還有很多「知其物名則不能為害」的知識，不一一細述，而葛洪傳述的修道祕法正好清楚地注解王孫滿的話。

螭（魑）是什麼？魅是什麼？魍魎又是什麼？形狀如何？螭（魑），字根「离」，《說文》云：「离，山神，獸形也。」（厹部，《詁林》一一：五八六），[3]賈逵曰：「其形如虎。」（《左傳》文公十八年杜預注引）离，篆書作[illegible]，我懷疑是某種物怪之

圖二　「离」字的象形

形的象形字，戰國銅器刻畫就有這種物怪。〔圖二〕离字東漢許慎已不了解，望文生義，說什麼「从禽頭，从厹，从屮」，宋朝徐鉉指出：「从屮，義無所取，疑象形。」參看附圖，即知屮是怪物頭上兩隻或三隻直豎的角，銅器刻畫都有例證，的確象形，其他什麼「从禽頭，从厹」也都不可信。據附圖二，許慎所謂禽頭其實是人的臉面，而厹則是雙獸身，离即是人首雙獸身之怪物。

魅，《說文》作鬽，篆書作鬽，曰：「老精物也（一作「老物精」），从鬼彡，彡，鬼毛。」篆書也作魅，即今魅字，「从未聲，𣞤古文，𩲡籀文，从象首，从尾，省聲。」按鬽魅的小篆作鬽、魅，字根彡、未即從古文與籀文身尾部分演變而來。但許慎說「魅」

或从「未聲」，也對，可能讀作mih，與bih音近（臺語）。古漢語迷、未、味或昧，音皆相近，臺語同，分別唸作mei（二聲）、mih（七聲），所以「物」與「魅」同義。

至於罔兩，又作蛧蜽或魍魎，《說文》曰：「山川之精物也，《淮南王》云：蛧蜽狀如三歲小兒，赤黑色、赤目、長耳、美髮。」推想是小人身、動物頭。

然而「物」的古義，近代學者多引用大名鼎鼎的王國維〈釋物〉。[4]他根據卜辭文例與《詩》「五十維物」之毛公《傳》，推斷「物本雜色牛之名」。然而所謂雜色牛名不但難以符合如「鑄鼎象物」或「學者言有物」的語境與語意，對古書許多「物」字也無法通解。

我推測「物」字古義可能是旗幟，商周銘文的「斿」，〔圖三〕象旗幟或一人執旗之形，圖像文字的、一般說是表示族徽。飄蕩的旗幟跟「物」有什麼關係呢？且看《左傳》襄公十年記述的故事，或能了解古代「物」的情境。

晉悼公率諸侯之師滅偪陽，以其地給予宋國，宋公宴享晉侯於楚江，奏演他們祖先祭典時最隆重的桑林之舞，以表示感謝。桑林之舞開始，但見：

師題以旌夏，晉侯懼而退入于房。

圖三　商周銘文圖像文字「斿」

樂隊長（師）手執旌夏之旗帶頭，率舞者與樂工入場，晉侯一看，心生恐懼，退入於房。按古代建築格局，前堂後寢，堂是議政宴客之地，寢分房與室，是休息睡覺處。晉侯趕快躲到房間裡去，不敢留在大廳堂。為什麼？因為他看到旗幟，心生畏懼到難以承受的地步。貴賓晉悼公不顧唐突失禮，當場離席，主人宋平公不得不「去旌」，才能「卒享而還」。去掉旗幟，晉君才敢看完宋國傳統最神聖的桑林樂舞，才能吃完這頓飯。可他在回途中，走到半路就病倒了。占卜得知是「桑林見」，兆象出現桑林之神。宋是殷商的後代，桑林是商人的聖地，古代聖地多在山林川澤，自然的洪荒造出神祕的氣氛，唱歌跳舞，祈禱降神，其原始野性恐怕多有超出後人所能想像者，桑林之舞應傳承古老的儀式，也許史特拉汶斯基（Igor Fyodorovich Stravinsky）的芭蕾舞劇《春之祭》庶幾近之。此一宴會這麼不愉快，關鍵在「師題以旌夏」，故推斷樂隊長所執旗幟上面應繪有圖像，也許就是桑林之神，古典物怪之形，猙獰恐怖，才嚇壞晉悼公。

旗幟之篆文作勿，《說文》曰：「州里所建旗。象其柄，有三游。……凡勿之屬皆从勿，𣃦，勿或从㫃。」（勿部，《詁林》八：二六四）參照圖像銘文，㫃即是旗杆與飄遊，勿之兩撇或三撇表示穗狀流蘇。金文演變為𣃦、勿、勿，而成為「物」字，旗幟的圖畫意涵於是從「物」的古義可以體現出來。晉悼公懼怕旌夏，應是「物」和旗幟關聯的明證，其所以令人生畏，則是旗幟圖繪物怪的緣故。這才是「物」的古義，和牛的毛色不相干。

注釋

1 加藤繁著，中嶋敏、榎一雄編，《支那經濟史考證》，東京：東洋文庫（一九五二—一九五三）；又參臺北華世書局譯本《中國經濟史考證》（一九七六）。

2 參高亨的解釋，他推測講的是夏少康的故事，見《周易古經今注》，臺北：里仁書局（一九八二），頁一三三—一三四。

3 丁福保，《說文解字詁林》正補合編，以下簡稱《詁林》，臺北：鼎文書局（一九七五）。

4 王國維，《觀堂集林》卷六，收入《王國維遺書》，上海：上海書店（一九八三），第一冊。

第二章——原型：古典物怪

・「物」與統治

歷史是一個有機綜合體，研究只能從某一個點或一個面入手，但要能與其他面向結合，才能得到真象。物怪研究也一樣。上節王孫滿講「鑄鼎象物」故事而退楚軍，就知道古典物怪之與政治息息相關，我們也可以從物怪故事見當時的統治理則，絕對不是帝制以降的人所能想像的。儒家基本經典的《尚書．堯典》，有句「烈風雷雨弗迷」，也透露當中的歷史訊息。先從「魅」「迷」說起。

「魅」和「迷」音近，意義也相關，上文討論過《說文》釋「魅」，篆書作，「从未聲，」固然可從；不過字形上魅字或來自古文、籀文，上部表示獸首或鬼頭，下部表示物怪多毛之身與尾，即篆書「未」字之所本。「未」（mih）古音與「迷」

近，而迷，秦簡寫作「眯」。湖北雲夢睡虎地十一號秦墓出土秦王政時代的大批竹簡，其中《日書甲種》有〈詰〉篇，屬於《漢書．藝文志》數術類「雜占」「變怪詰咎」之類的方書。〈詰〉篇專講人可能遭遇的物怪，有一則曰：

> 一室中臥者眯也，不可以居，是□鬼居之，取桃枱（棓）椯（段）四隅中央，以牡棘刀刊其宮墻，呼之曰：「復！疾趣（趨）出，今日不出，以牡刀皮（剝也）而（爾）衣。」則毋央（無殃）矣。[1]

某種鬼物（字壞不識），居家屋中，一室之人為其所眯（迷），昏睡不醒，按照簡文的法術操作，以桃枝敲屋室四角落和中央，以公棘制作之刀砍墻壁，呼喝道：「快快出來，今日不出，就用公棘刀剝你的皮，裂你的衣。」這樣才能解除。

物怪會眯人，上舉〈堯典〉那句話就是證據。回到〈堯典〉的情境，話說帝堯尋覓妥當的繼承人，諮詢大臣，四岳推薦舜，於是把舜找來。舜要成為繼承人，需先通過種種考驗。〈堯典〉的作者編撰的故事是有邏輯性的，其考驗順序，先「慎徽五典」，五典一般注解是五倫，即親族人際關係；舜「五典克從」，能將親族關係都處理得很妥當。次則「納于百揆」，百揆即百官，考驗他領導政府官員的能力，結果是「百揆時敘（是序）」，官府行政井井有條。內政通過後，接著「賓于四門」，「四門」乃四方使節入國之城門關，迎接外賓之處所；舜做得「四門穆穆」，禮敬來自四面八方的外國賓客。氏族親疏、內政外交等考驗都通過後，還有一關，即是「納于大麓」，大麓是深山叢林。

奇怪了，當國王的條件竟然還要考驗置身於深山叢林中，「烈風雷雨弗迷」，颳颱風、下豪大雨、雷電交加之下，猶能不迷（眯）。所謂「不迷」，可不只是不迷路而已，而是「不眯」，不迷惑也。遠古世界正如王孫滿說的，山林川澤多的是「物」，人進入會碰到許多不同種類的「不若」（不好的東西），螭魅罔兩（魍魎）則來「逢之」，碰撞你。舜因為不受魘驚，不會昏迷疑惑，終於安然走出風雨雷電的山林。換言之，舜有制服或避免物怪的法術。通過最後這項考驗，才能繼承帝堯，成為最高統治者。果不其然，虞舜終於躋身中國聖王之列，名垂千秋萬世。

古代世界「物」和政治之密不可分，《左傳》「少皞氏鳥名官」的故事最直接。魯昭公十七年（公元前五二五），郯國國君郯子朝見於魯，國宴上叔孫昭子問：「古代少皞氏為何以鳥名官？」郯子說：「這是我祖先的事，我知道。」於是細說少皞氏的制度曰：

鳳鳥氏，歷正也；玄鳥氏，司分者也；伯趙氏，司至者也；青鳥氏，司啟者也；丹鳥氏，司閉者也。（《左傳》昭十七）

一年重要節氣是春秋二分、冬夏二至，以及四季的四立。掌管春分秋分的氏族稱玄鳥氏，掌冬夏二至的氏族叫伯趙氏，立春立夏是青鳥氏，立秋立冬是丹鳥氏，而曆法的總管則是鳳鳥氏。這些天文曆算職官都取不同的鳥名，另外直接涉及人民的職官也一樣，掌理人口與教化的司徒叫祝鳩氏，指揮軍隊的司馬名鴡鳩氏，其他如營建工程的司空取名鳲鳩，負責治安的司寇取名爽鳩，徵集人民服傜役的司事以鶻鳩為名。這些鳥都是神物。

以鳥名官，近現代學者會以圖騰（totem）說之，理或然也，至少少皞這支民族大概認為他們是各種禽鳥神物的後代。如果我們再追溯到遠古洪荒之世，不難發現人鳥雖二，其實一也。譬如古代神醫扁鵲，據說是黃帝的醫官，漢代石刻作人首鵲鳥持鍼之形。（參下章）可見遠古的扁鵲是人鳥合體，亦人亦鳥，少皞民族不同支系的不同鳥名，大概也是這樣的思維，只是圖像不傳罷了。

古代政治的正當性植基於統治者具有神聖性或是神祕性，其實神聖的「聖」，古義也有神祕的意思，至於大家習知的高超德行反而是後世人文化的產物。[2]少皞氏的鳥名官，虞舜入山林遇烈風雷雨不眯，都反映政治的神聖或神祕意義。因此，「物」便構成古代統治理則的必要條件，即使有的表面上和物怪看似無關，內涵恐怕也是有「物」的，晉文公請隧遭拒就是一個例證。

話說周襄王十七年（西元前六三五），晉文公朝見周天子，襄王「享醴，命之宥」。天子不但賜文公酒醴，還准允他回敬，與自己相酬酢。襄王之給予晉文公這麼高規格禮遇，是答謝文公為他立下汗馬大功。

襄王與異母弟叔帶長期爭立王位，以致襄王出奔鄭，被安置在汜。周襄流亡這件大事，因為是王室內鬥，華夏諸侯都在觀望，遠處西部邊陲、久懷稱霸中原之志的秦穆公，遂借機勤王，率軍東進，將接納周王。穆公走到黃河邊，晉國大臣勸說文公，想得諸侯，莫如勤王，於是晉文公搶先去汜迎接襄王，並且協助打回王城，殺了叔帶，扶助襄王復辟。

戰事結束，晉文公朝見襄王，才有「享醴命宥」的禮遇，宴席上從原本的君臣上下關係變成主客對等關係，以表示對晉侯的感謝。

《左傳》僖公二十五年和《國語．周語中》分別記載襄王賞給文公土地，文公辭謝而「請隧」。天子葬禮有隧，即陵墓所築之墓道，考古出土安陽殷王大陵的四條墓道最為經典。復辟的周襄王卻當場拒絕，《左傳》記其言論說：隧，「王章也，未有代德，而有二王，亦叔父之所惡也。」墓道是天子的典章，當周王朝還沒被取代時，叔父（周王對同姓諸侯之尊稱）若用天子之禮，是同時出現兩個天子了，應該也是叔父所不樂見的吧。

墓道作為天子的禮制，只單純是制度而已嗎？《國語》有更深一層的論述。襄王說：王庭種種制度（百度），「亦唯是死生之服物采章，以臨長百姓而輕重布之，王何異之有？」不論生或死，王皆以「服物采章」統治百姓，王與諸侯有什麼差異？差異就在「服物采章」。如果我因感謝叔父勤勞王室，「而班（頒）先王之大物以賞私德」，破壞制度，叔父實應怨憎批評我才是。何況

> 叔父若能光裕大德，更姓改物，以創制天下，自顯庸（用）也，而縮取備物以鎮撫百姓，余一人其流辟旅於裔土，何辭之有與（歟）？

晉文如果能充沛大德，成為天下共主，改用其物以統治百姓，我自必流落到蠻夷戎狄之地，不敢有任何異議。

襄王數度言及於「物」，天子的「大物」，朝代更替的「改物」，統治基礎的「備物」，最後說：

叔父其懋昭明德，物將自至，余何敢以私勞變前之大章，以忝天下，其若先王與百姓何？何政令之為也？

你只要有「明德」，「物」自己會來，我若以私人恩惠改變歷來的「大章」，也就是「大物」，既對不起先王，也不能向百姓交待，政令就行不通了。襄王講的這些「物」，只如字面的典章文物嗎？文物的背後還是有東西的。

其實「德」的古義不是指後世令人佩服的品格道德，而是存在於統治者體內的特別質素。[3]有「德」就有「物」，就能「臨長百姓」。物必有「章」，故謂之「服物采章」，即官服等禮器上彩繪各種不同的「物」。封建禮儀的器物具備神聖或神祕性的「物」，才是統治正當性的基石。

古代這套統治理則，隨著政治體制與思想觀念的改變，逐漸不為人知，周襄王的長篇大論遂隱晦難解，但有些記載還是比較明顯的。西元前五〇〇年，魯叔孫氏邑宰侯犯據采邑郈叛變，叔孫策反郈工師駟赤，駟赤用計引發郈人反抗侯犯，侯犯於是出逃，「每出一門，郈人閉之」，表明只要侯犯離開，他們不會追殺。但到最外城的郭門，郈人阻擋去路說：「子以叔孫氏之甲出，有司若誅之，群臣懼死。」家臣侯犯身上穿著叔孫氏的戰甲，戰甲若帶走，我們郈人擔當不起大罪。侯犯及其黨羽，人可以走，但叔孫氏的戰甲必須留下。戰甲那麼珍貴嗎？駟赤講出其中的道理：

叔孫氏之甲有物，吾未敢以出。（《左傳》定十）

原來不是在乎戰甲，而是甲上的「物」。侯犯到這時還不知道駟赤早被策反，乃令駟赤留下來數清戰甲，一件不缺，才投奔到齊國，尋求政治庇護。當然，留下來的駟赤成為叔孫氏的功臣。

工師駟赤所說「甲有物」的「物」是什麼？按照後世的思維，戰甲本來就是一種器物，何以又說甲上有物呢？湖北江陵鳳凰山漢墓出土的漆龜盾，內側彩繪不知名動物，和浙江餘杭反山良渚文化墓地玉鉞上的「神徽」，〔圖四〕其形狀都符合先秦的物怪。（詳下章）良渚文化出土之鉞與漢墓的盾，皆有「物」，具象地印證《左傳》叔孫氏之甲的「物」就是物怪圖像。

物魅和政治的關係也體現在周人的祭祀系統裡面，周人祭祀分天神、地祇、人鬼三大系統，另外還有「百物」。《周禮．春官宗伯》總結為四大祭祀系統曰：

以冬日至致天神、人鬼，以夏日至致地示、物彪，以禬（除也）國之凶荒，民之札（疫也）喪。

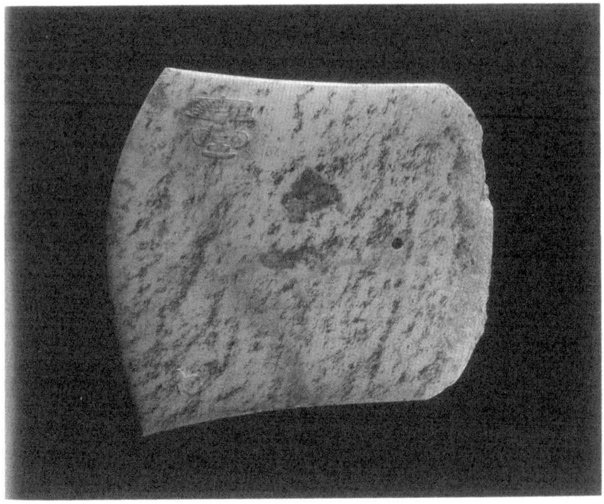

圖四　餘杭反山良渚文化玉鉞
（左上角「神徽」）

鄭玄注云：物彪即《春秋傳》的「螭彪魍魎」。冬至祭天神和祖宗，夏至祭地祇和百物，以消除國家的凶惡和飢荒，也使人民免於時疫、喪亡。

祭典用樂，包含奏、歌、舞三種，依不同祭祀對象而演奏和歌唱不同的樂律，同時配合不同的舞蹈，計分六類，謂之「六樂」。茲據《周禮．大司樂》列表於左頁上表。

祀有不同名目，天神、四望曰祀，地示、山川曰祭，先妣、先祖曰享。

百物之祭祀則奏六樂之變，鄭玄注云：「變，猶更也，樂成則更奏也。」大概每奏一種樂律，再奏一次謂之「一變」，而所祭祀之百物也分作六類，包含百物生存之地的神祇，如左頁下表。

羽物，飛禽；臝（裸）物，昆蟲；鱗物，水產；毛物，走獸；介物，甲殼。象物，鄭玄注云：「有象在天，所謂四靈」，即星座的青龍、朱雀、白虎和玄武，而天神應當也是星座所處的天空之神，不是《周禮．大宗伯》昊天上帝的天神。按《周禮．大司徒》說五地之物所生者：山林，其動物宜毛物；川澤宜鱗物，丘陵宜羽物，墳衍宜介物，原隰宜臝物。而〈大司樂〉變樂所致之物以及所在之地示，與〈大司徒〉的組合兩相比較，〈大司樂〉可能有誤。總之周人的祭祀系統，百物雖屬低等神祇，卻分工精細繁複，或許這是人類最早祀典的遺留，也可說是最原始的狀態，那時天地猶通，神界和

六樂			
奏	歌	舞	祀
黃鍾	大呂	雲門	天神
大蔟	應鍾	咸池	地示
姑洗	南呂	大磬	四望
蕤賓	函鍾	大夏	山川
夷則	小呂	大濩	先妣
無射	夾鍾	大武	先祖

六樂之變		
樂	致物	祭神
一變	羽物	川澤之示
再變	蠃物	山林之示
三變	鱗物	丘陵之示
四變	毛物	墳衍之示
五變	介物	土示
六變	象物	天神

人界尚未截然分離。

這樣講下來，我們大致知道古代世界談起「物」bih，跟今天一般熟知的鬼怪、狐魅還是有區別，但「物」可以包涵鬼怪狐魅，鬼怪狐魅不能囊括「物」。亙貫中國幾千年的「物」，可以籠統分為古代、中古、近世三段，也可以說三類或三種形態，時間有重疊或橫跨，然其本質則綿延不絕。

・古典物怪的形象

古典物怪的長相一般都不是自然界可能的存在，考古所見遺物，今知最早者推始於新石器時代，舉其著者當屬浙江餘杭反山良渚文化墓葬出土玉器上的所謂「神徽」，人獸合體。[4]神人倒梯形臉，重圈眼，寬鼻、闊嘴、排齒，頭戴高大羽冠。聳肩、平臂、彎肘、五指叉腰；下半身呈蹲獸形，巨目、隆鼻，口露獠牙，雙腿箕踞，鳥足三爪。〔圖五〕

河南安陽殷王大陵西北岡一〇〇一號，報告云：棺木室頂面層殘存片斷，有一頭二身蛇形器，左身彎曲成正S紋，兩相交疊，二身微凸，皆飾同心棱紋，刻線精細，上面

圖五　反山良渚墓地玉鉞「神徽」及綫圖

全塗朱紅色。[5]〔圖六〕

凡此奇形異狀，根據古代文獻，歸納下列幾種形象：近似人形或以人形為主體、以獸身為主體、以蛇身為主體、以鳥身為主體、人與動物合體等五類。

商周銅器有一種紋飾，如作冊大方鼎，中間一個獸頭浮雕，左右兩條蛇狀長身，〔圖七〕有人推測可能是《山海經．北山經》所謂「有蛇一首兩身」的肥遺。[6]

王孫滿說的「螭魅罔兩」之螭，其形象現代考古資料可證。螭的字根是「离」，《說文》篆體作离，如上文推測，可能是一首二身之物怪，近年出土戰國銅器刻紋，不止一件的圖像竟若合符契。一九七八年發掘的江蘇淮陰高莊戰國中期墓，[7]出土百餘件銅器，很多銅器刻紋多有物怪的形狀。據報告，銅盤紋飾腹內壁刻山林及神人怪獸；銅匜腹壁刻山林、奔走於林間的鳥獸，以及單首雙身、馬形雙身、人頭馬身之怪獸，也有鳥頭羽人；〔圖八〕箅形器刻山丘，樹木、神人怪獸；銅器殘片有魚身怪人，兩手執兩獸尾，腳踏兩蛇，頭頂兩鳥，耳掛兩蛇。

中國傳說造人的女媧人首蛇身，就是一種「物」。其形象見於湖南長沙馬王堆一號漢墓出土的彩繪帛畫，天界部分左邊日、右邊月，中間畫一神物披髮危坐，帶鱗長尾環繞四周而交於身下。〔圖九〕此神物當是摶土造人的女媧，可謂人類始祖，故日、月分

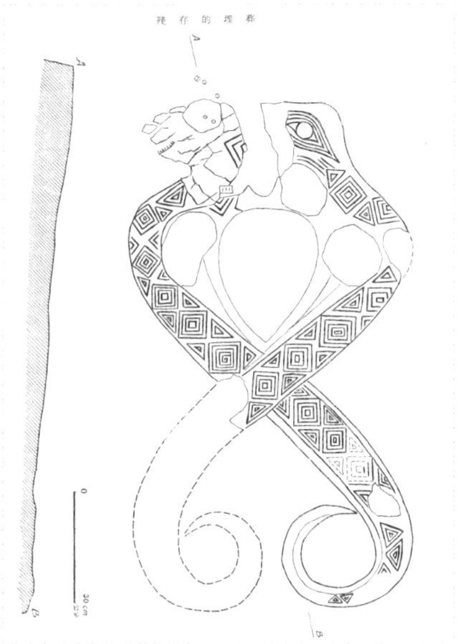

（左）圖六　一頭二身蛇西北岡木器遺痕

（右）圖七　作冊大方鼎的「肥遺」（© 國立故宮博物院）

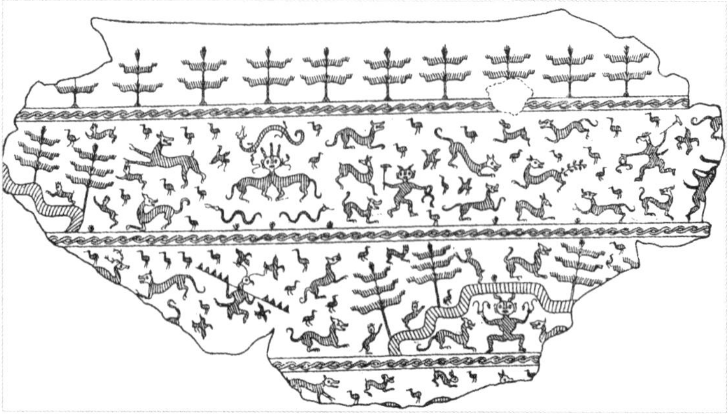

（上）圖八　戰國刻紋山林之「物」

（下）圖九　馬王堆女媧與日月（部分）

侍左右。

人蛇合體以漢代畫像石的伏羲女媧最常見，[8]作蛇身人首之形。東漢王延壽《魯靈光殿賦》曰：「伏羲鱗身，女媧蛇軀。」郭璞《玄中記》亦云：「伏羲龍身，女媧蛇軀。」龍高於蛇，有上下等級之分，男尊女卑的意味。民間不一定這樣分，漢畫伏羲、女媧，有同是帶足的龍，〔圖一〇〕也有同是無足的蛇，[9]〔圖一一〕男女平等對待。

後世的絕代美女嫦娥，原來也是物怪，上半人身，下半龍身或蜥蜴，見於河南南陽西關漢墓出土的畫像石，奔向蟾蜍所在的月宮。〔圖一二〕」另外，月神與日神漢畫亦作人禽合體之形。出土於四川新都的東漢畫像磚有一幅鳳身人首、豐羽高髻刻像，身體部分作一圓輪，內刻桂樹蟾蜍，應是月神；。而彭縣出土的畫像磚，人首鳳身，頭冠飄羽，身軀一圓輪，中畫金烏，當是日神。〔圖一三〕

大名鼎鼎的西王母，原來也是物怪。《山海經・大荒西經》描述其形貌：「戴勝（飾玉冠），虎齒，有豹尾，穴處。」〈西山經〉曰：「西王母其狀如人，豹尾虎齒而善嘯，蓬髮戴勝，司天之厲及五殘。」這麼兇殘的形貌，正如郭璞所注：「主知災厲五刑殘殺之氣也。」到漢代，西王母作為人形，但還有原始殘留。漢代畫像，西王母坐在虎背上，左後方有大尾巴的九尾狐，右前方一執杖者，前有青鳥，座前有蟾蜍、月兔

圖一〇

漢畫像伏羲女媧（龍身）

（上）四川崇慶畫像磚，（下）南陽畫像石

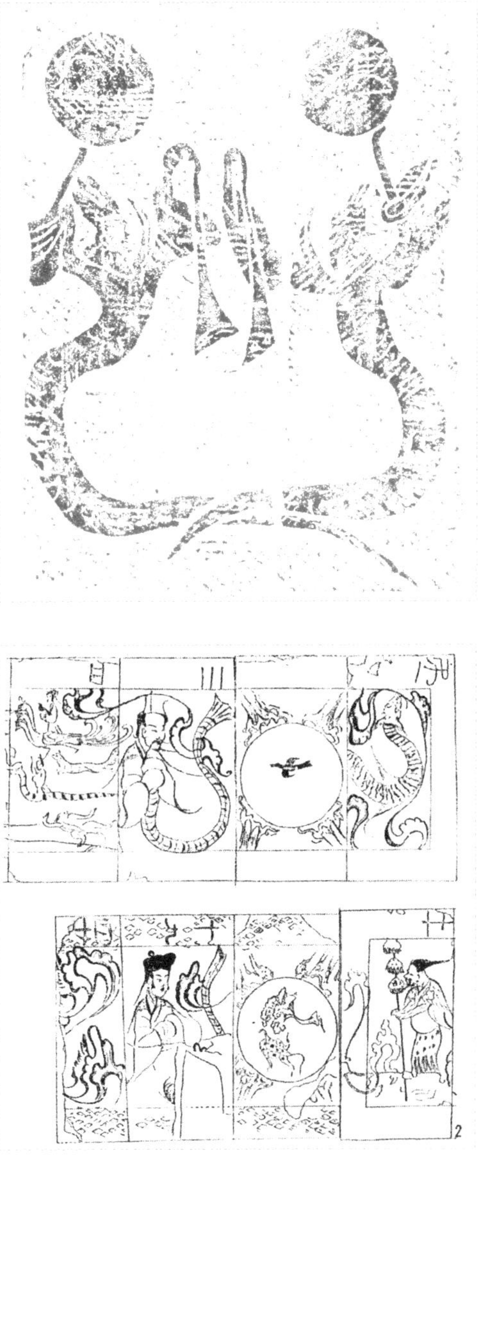

圖一一
漢畫伏羲女媧（蛇軀）
（上）四川新津石函
（下）洛陽卜千秋墓

等。右下角男女二人，當係墓主人夫婦，類似敦煌佛畫的供養人。青鳥或本諸《山海經．海內北經》「為西王母取食」。今為西王母較早面貌的圖像，見於成都新繁出土漢畫像磚〔圖一四〕和畫像石〔圖一五〕，已「人形化」，遠古豹尾的長相變成龍虎坐騎，唯青鳥、九尾狐、三足烏尚保留古來傳說，但增加求仙元素，如月兔靈芝、蟾蜍與搗藥仙人。

虎齒豹尾的西王母，在戰國時代可能已作婦人形象，故《穆天子傳》傳說周穆王遠行，造訪王母之國，兩人吟詩唱和，互通情愫。

漢畫象的扁鵲是遠古神醫扁鵲，不是戰國初期外號扁鵲的秦越人。秦越人因為

圖一二　漢南陽畫像石嫦娥（龍身）

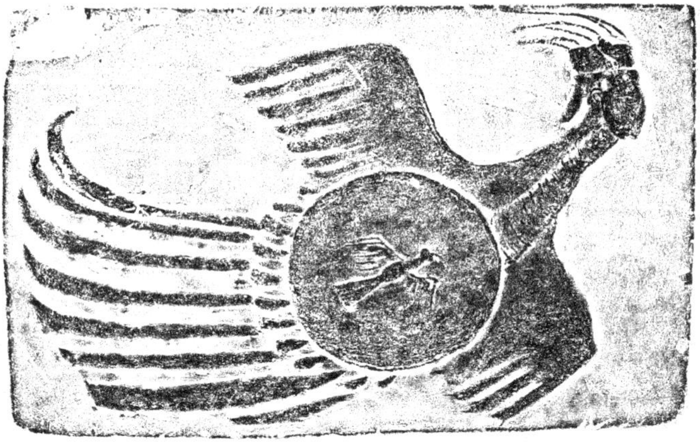

圖一三　月神與日神
（上）四川新都漢畫像磚月神
（下）四川彭縣漢畫像磚日神

（上）圖一四　四川出土漢磚西王母
（下）圖一五　山東宋山小石祠漢石刻西王母

是當代名醫，時人就用神話的扁鵲稱他。遠古神醫扁鵲則真的作鵲鳥之「物」形，人首雀身，手執金針為人治病，見於山東東漢畫像石。〔圖一六〕

一九七三年湖北江陵鳳凰山發掘的漢墓，八號墓出土一件彩繪漆木龜盾，形似龜腹甲，即遺策所稱的「龜盾」。[10]據簡報，正面上部繪有一人，側身，面左，前額後腦各一長條飾物，前後翹起，寬袖，長褲，兩腿開展似奔走狀，足部則多毛而禽爪，作騰空之狀。這樣的圖像很難逕稱曰「人」。其下部繪一怪獸，昂首屈身，頭有觸角，兩鬚（？），三足，蜷尾，雙腿大開，逼似奔走。足爪甚利。〔圖一七〕這是十足的古典物怪，形象地印證叔孫氏戰甲上的「物」。

一九七七年湖北隨縣擂鼓墩發掘的曾侯乙墓，出土的漆木器繪有多種物怪，發掘報告《曾侯乙墓》[11]云，衣箱E繪雙首人面蛇身，其正立的一「獸」，似獸非獸，似龍非龍。（頁三五七）鴛鴦盒右側繪擊鼓圖，建鼓右有一「獸」直立，手執鼓槌擊鼓。左邊一「武士」，佩劍，起舞，（頁三六二）〔圖一八：1〕但是不是「人」，恐怕還難下定論。至於墓主內棺的漆繪，物怪更多，報告歸納云：動物作鳥首龍軀或鳥首獸軀，有的龍首鳥軀或龍首獸軀，有一首二身龍，有雙首龍（蛇），有鳥首魚尾蛇，有人首雙身獸等等，不一而足。（頁二八—三一）還有各種形狀的所謂「神人」（當稱

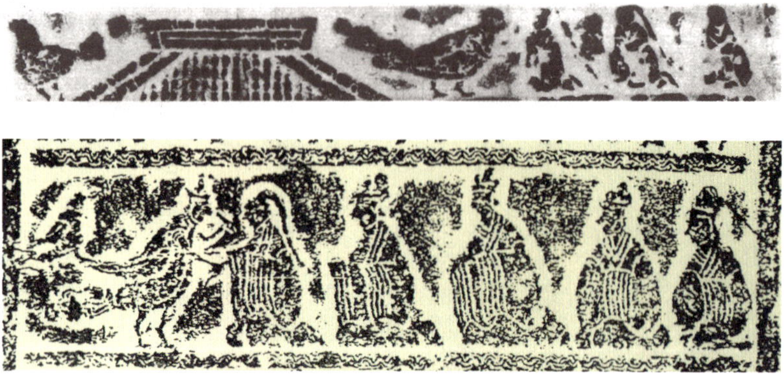

圖一六　漢畫像石扁鵲

（上）兩城山　（下）微山縣兩城鄉

圖一七　江陵漢墓漆龜盾「仙人」與物怪

1
3 2
4

圖一八　隨縣曾侯乙墓物怪漆畫

「神物」），如云人首、人面、頭上兩隻尖角，大耳，身遍鱗甲，有手足及翼，一條大尾，形狀似龜非龜，似獸非獸，（頁三七）〔圖一八：2—4〕以上都是物怪，總之，曾侯乙墓的漆畫可為《山海經》的物怪作見證。

一九四二年長沙子彈庫楚墓盜掘，出土一件帛書，長方形，中央部分的左右有兩篇文字，四周則有十二組圖文，文字無題，研究者以甲、乙、丙（A、B、C）篇稱之。甲、乙兩篇在中央，丙篇在周圍。[12]〔圖一九〕甲篇以「日古大熊雹戲」開篇，雹戲即伏羲，講天地開闢的神話傳說；乙篇講日月星辰之運行以及曆法，亦述祭祀與忌宜。丙篇，四個角落各畫一樹，分別題春、夏、秋、冬，四周依次列序一年十二個月的圖像，並題寫當月忌宜，類似考古出土的日書。這三篇文字不是我們討論的重點，與本書主題物怪相關者則是十二月份的月神形象，整理如下圖。〔圖二〇〕

這些神象分為以動物和人形作主體，或二者合體，即使動物也包含不同種屬的部分形體，都不是自然界的實物。茲分別列述於下：

（一）以動物為主體者六，正月神曰取（陬）（括弧乃《爾雅》名稱，下同），似獸體、其身如囊，長頸銳首；二月日女（如），二鳥身合成一體，四足背立，兩首後轉相向；三月日秉（寎），獸體一臂一足，方首和十二月神的人首一樣而更像面具；

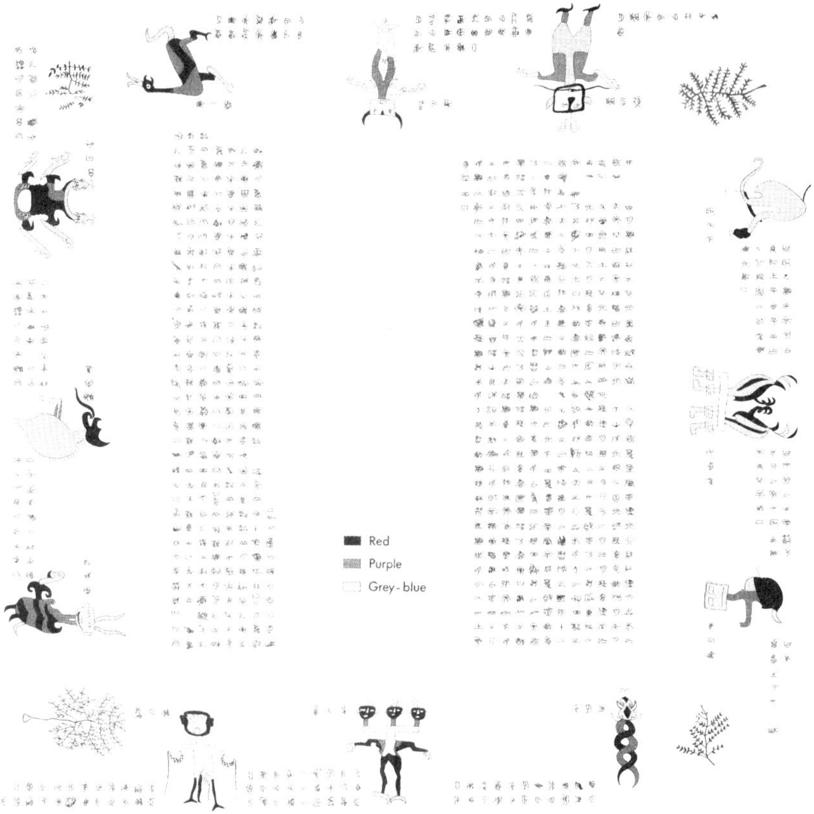

圖一九　長沙子彈庫楚帛書

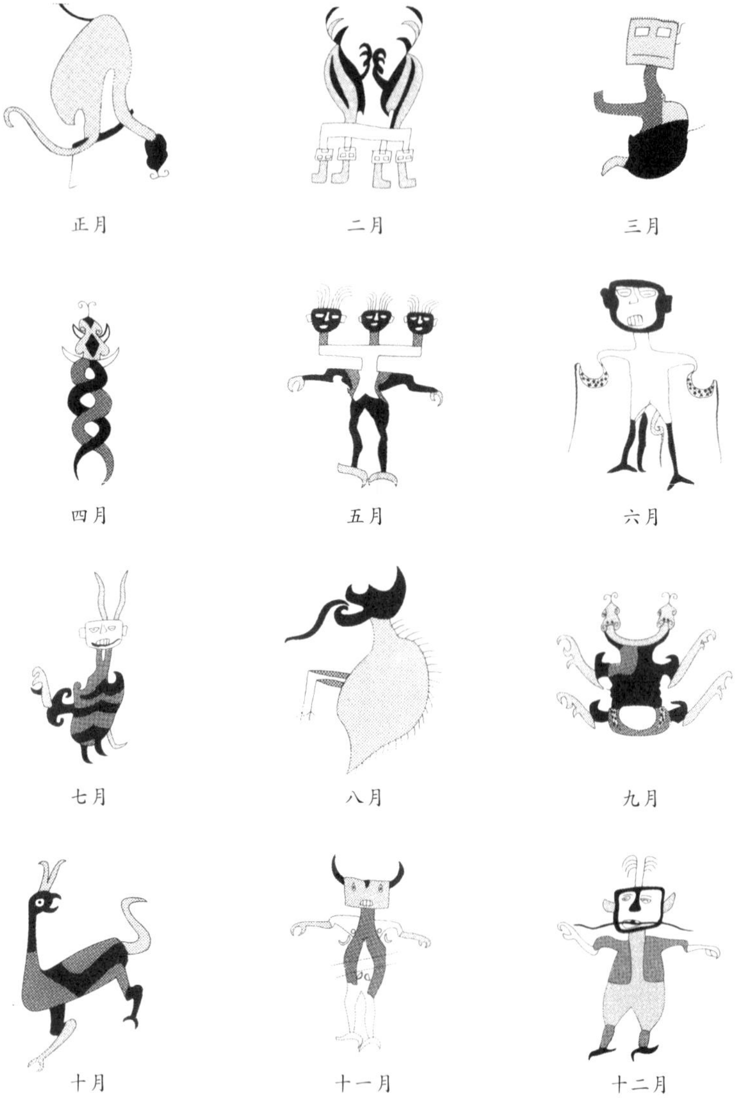

圖二〇　楚帛書十二月神圖

七月曰倉（相），鳥身長尾，二足修頸，人首，五官具全，頂有兩根長角；八月曰臧（壯），獸身獸首，銳角，大口，長舌；十月曰陽（《爾雅》同），鹿身，二足鳥頭。

（二）以人形為主體者四，五月曰𢼄（皋），人體三首，長髮聳立，手指與腳趾皆有利爪；六月曰䖒（且），人形，有臂無手，掌作垂帶狀，鳥足，兩尾；十一月曰姑（辜），人立，上下肢具全，人面牛角；十二月曰荃（涂），人身禽爪，方面大耳，口銜長蛇。

（三）另外四月和九月的月神，難以名狀。四月曰余（《爾雅》同），形體似交纏雙蛇，亦如利剪雙鉤，頭部上下兩層利器狀銳齒（？）；九月曰玄（《爾雅》同），正面坐姿，雙手雙足、兩個蛇頭。

子彈庫楚帛書的十二月神，應該屬於南方的物怪，《山海經．中山經》云洞庭之山「多怪神」者也，比曾侯乙墓棺畫或江陵鳳凰山八號漢墓的龜盾還奇詭瑰麗。秦漢以後，南方沒能主導政治，文獻乃多湮滅，今難一一考證，即使有人引經據典考據，頂多只有部分符應而已。今考《搜神記》卷十二所引《夏鼎志》記述的罔象，「如三歲兒，赤目，黑色，大耳，長臂，赤爪」，（《搜神記》卷十二引）與子彈庫帛書的十一月姑和十二月荃倒頗類似。

長沙馬王堆一號漢墓，一九七二年發掘的漢初軑侯利蒼夫人墓，槨內四層套棺，第二層黑地彩繪的棺頭擋、右側面、足擋和左側面等部分，繪有上百個圖像。報告稱：「有怪神、怪獸、仙人、鸞鳥、鶴、豹、梟以及牛、鹿、馬、兔、多尾獸和蛇等，計十餘種，其中怪神或怪獸最多，占總數一半以上。」這些形象可以統稱作物怪，散布在流動的雲氣紋中，構成一組組相呼應的場面。報告分作五十七組，賦予不同名目，如怪神吞蛇、怪神騎鶴，怪獸追豹、怪獸相逐，仙人騎獸、仙人鬥怪等等。[13]對照附圖，大概人身衣裳而獸首者，報告謂之「怪神」，人形者謂之「仙人」，至於難以名狀、非現實世界所見的動物則謂之「怪獸」。怪獸一如怪神，亦執戈、射箭、騎獸、舞蹈，怪神則鼓瑟。仙人和怪神、怪獸同樣騎獸、操蛇、張弓、樂舞，可見他們的本質是相近的。〔圖二一〕

報告概述說：畫面出現最多的，「是一種面部似羊非羊，似虎非虎，頂豎長角，獸身有尾的怪物，往往銜蛇操蛇，也有袍服人立的，但四肢似猿非猿，手足不分。」其實不只所謂的怪獸是物怪，人身獸首的怪神也是物怪，據圖像之姿態、行為呈現的共通性，連所謂的「仙人」也應是物怪。總之，這個棺畫的圖繪都屬於「物怪」之列。報告認為即是《山海經．大荒北經》的彊良，「銜蛇操蛇，其狀虎首人身，四蹄長肘。」並引《續漢書．禮儀志》十二神獸之一的彊梁為證。但孫作雲則指向宋玉《楚辭．招魂》的土伯，說是管理地下世界的侯伯，如王逸注：其形「九約（屈），其角觺觺（銳利貌）。」[14]不過，不論銜蛇操蛇，或有銳利的角，都不能含蓋這些圖像；何況有限文獻既側重北方傳承，更難符應現代出土的南方新資料，我們還是概稱作「物怪」為宜。

總之，物怪可以是人形，可以是獸身，可以是人獸合體，也可以是多種動物形狀元素的組合。諸如此類的形象來源甚古，從女媧、伏羲等人蛇（獸、禽）合體諸神皆是，可證遠古神話世界即是物怪世界。

圖二一　馬王堆漢畫物怪

・古之博物君子

上文引述的文獻以及考古文物圖像都屬於古典物怪，他們對人可以有利，也可以加害於人，而其形象即使形形色色，卻不是現實世界可能存在的物種。這點是古典物怪的共通現象，知曉物怪的人士通稱「博物君子」，以春秋後期的鄭子產和孔仲尼最著名。

《左傳》昭公元年（前四五一）記載晉平公有疾，鄭國國君派子產赴晉報聘兼問疾。叔向謂子產：「我君之疾，占卜人說是實沈、臺駘為祟，史官不解，請問這兩位是什麼神？」子產於是講述遠古高辛氏（帝嚳）二子的傳說，長曰閼伯，少曰實沈，居於曠林，兄弟不睦，「日尋干戈，以相征討。」帝堯難以忍受，乃遷閼伯於商丘，負責祭祀大火辰星（即心宿，屬於天蠍座）；後世的商人承繼此任務，故辰星也稱作商星。實沈則遷於大夏，今山西南部汾澮二水間，古之唐人負責祭祀，歷經夏商到周初。武王后妃邑姜懷孕時，夢見天帝對她說：「我命名你兒子曰虞，賜給他唐地，屬諸參。」對應西邊天的參星（參宿，屬於獵戶座）。據說嬰兒出生時，掌紋呈現「㚈」，即古文「虞」字，乃命名虞。周成王滅唐，其地封給叔虞，國號曰晉，所以參為晉星。地上東方是商，西方是晉，遙不可及；而天空的星座，商與參交互升沉，不會出現在同一星空，鬩伯和實沈就不會成天打鬥了，中國人遂有「參商」這個典故，表示兄弟不和。卜人懷疑作崇於晉侯致病的是實沈，因為他是晉星。

至於另一作崇的臺駘則是水神，子產又講一則神話傳說。遠古金天氏（少皞）的子孫有一人名叫昧，任水官之長，生允格臺駘。「臺駘能業其官，宣汾洮，障大澤，以處大原。」說他能守父業，疏通汾水和洮水，築隄防，圈圍大澤，遂浮出適合人居的高地（大原）。顓頊帝嘉獎他，封以汾水，臣服原來在地的古國沈、姒、蓐、黄，到了周初，晉殖民於汾水，把這些古國都滅了。由此觀之，占卜得知的臺駘應該就是汾神。

不過鄭子產認為晉侯之疾不是卜人所說的實沈、臺駘為崇所致，他說：山川之神帶來水旱癘疫，日月星辰之神會讓雪霜風雨失調，晉侯身體不適恐怕關乎出入、飲食、哀樂，「山川星辰之神又何為焉？」出入，出以聽政，入則房中，他接著發揮「出入」的論述，歸結於晉侯多內寵，並且妃妾有同姓者，於是釀成難以治療的疾病。

這一席話，使晉國傑出貴族叔向佩服得不得了，承認他聞所未聞；而晉侯聽了子產之言也稱贊他「博物君子也」，餽贈以貴重的禮物。山川與星辰之神屬於「物」嗎？上文引述《周禮．大司樂》說，祭百物以六樂的變樂，「六變而致象物及天神」，星辰的天神即是象物，不限於鄭玄舉例的二十八宿而已，〈大司樂〉與子產之論正相契合。

另一位著名的博物君子是比子產稍晚的孔仲尼，《國語．魯語下》記錄三則與孔子有關的物怪故事：羵羊、大骨和楛矢。魯國首席執政「季桓子穿井，獲如土缶」。挖得的陶罐中有一隻像狗的動物，不知何物，派人問仲尼。聽了來人描述，孔子說：像狗嗎？應該是羊，因為古人說過：「木石之怪曰夔、蝄蜽，水之怪曰龍、罔象，土之怪曰羵羊。」不同物怪各有其名，也有其生存空間。孔子周遊列國，在陳，適有隼墜於陳侯之庭而死。這隼已中箭，「楛矢貫之」，其石砮長一尺八寸。陳惠公令人帶著中箭鷹隼到國賓會館請教仲尼，孔子指出，楛矢石砮是東北遠夷肅慎氏之矢。於是說起武王克商，肅慎氏貢楛矢、石砮，當大姬許配虞胡公而封諸陳，武王以此貢物作嫁妝，孔子斷言應該收藏在存放寶物的故府。經查，果然從一個金櫝內找到，與鷹隼身上的楛矢石砮相同。

第三則傳說發生在東南方的越國，「吳伐越，墮會稽，獲骨焉，節專車。」挖掘會稽山，出土人骨，一節骨頭裝滿全車箱，這樣的人絕對是巨人無疑。吳國乘使節聘於魯之便，「執骨而問」仲尼，孔子乃講說夏禹「致群神於會稽之山，防風氏後至，禹殺而戮之，其骨節專車」的故事，所以這節骨頭應該是巨人防風氏的。客問：「防風何守也？」孔子乃說歷史上的「大人」部族，「在虞、夏為防風氏，[15]商為汪芒氏，於周為長狄，今為（謂之）大人。」客又問大人有多大？仲尼說：「僬僥氏長三尺，至短之人，至長者不超過十數之極。」大人身長頂多是小人的十倍吧，推測防風氏身長大概三丈。

關於孔子這三則物怪故事，恐非真有其事，可能是戰國時代孔子神聖化過程中創造出來的，以顯示他無所不知。「羵羊」一則出於季桓子時（前五〇五—四九二執政），「楛矢」有陳惠公（前五三二—五〇六在位），考孔子出國流浪（周遊列國）約定公二十二或二十三年至哀公十一年（前四九八—四八四），前者若有其事，只當在孔子出國前；而他到陳時，惠公已卒，故事便無所依附。至於吳王夫差獲得大人之骨事，據《左傳》，哀公元年（前四九四）吳伐越，在孔子返魯之前十年。吳之使臣「發幣於大夫」，出使魯國，孔子還在外國流浪呢，不可能「及仲尼」，更不可能「仲尼爵之而宴」。

孔子這三則物怪故事顯然非實有其事，不過，物怪研究並非要追究世間是否真有「物」，而是故事所反映的社會文化現象，定位在探索社會心態，不是當事人的史實。當然，只要故事流傳，其反映的心態就存在，便成為一種歷史的「真實」。《國語》三則故事即使是後人的想像，亦無礙於世人認定孔子是一位「博物君子」。

《左傳》倒有一則物怪故事卻是真實的，即《春秋經》慎重記述的「十有四年春，西授獲麟」。魯哀公十四年（前四八一），孔子去世前二年，魯貴族在大野澤春獵，叔孫氏之車子鉏商狩獲一野獸，前所未見，「以為不祥，以賜虞人。仲尼觀之，曰：麟也。然後取之。」（《左傳》哀十四）這頭不知名的野獸，可能長相奇怪，所有狩獵的人都不認識，以為是不祥之物，叔孫武叔才賞給山澤管理官員。但經過孔子認定是「麟」後，令人想起《國風．周南》〈麟之趾〉這詩篇，麟是象徵家族人丁興旺的吉祥動物，叔孫氏又向虞人要了回來。

麟長成什麼模樣？《左傳》無說，《公羊傳》留下一點線索。「西狩獲麟」事，公羊高說：有人來告訴孔子，獵獲野獸，「有麕而角。」麕是鹿一類的動物，如果是鹿，不論牝或牡，自然有角，應不稀奇，虞人不可能不識。但據《史記．武帝本紀》云：武帝「郊雍，獲一角獸，若麃然」。麃即麋，有司報告曰：「上帝報享，錫一角獸，蓋麟云。」形似鹿而一角之獸，祭典官員推測是麟。《春秋》西狩所獲之麟大概也如漢武帝在雍郊祭所獲的若麃之獨角獸吧，管理山林的虞人不識，但孔子知曉。孔子是一位知人所不知的「博物君子」，這點正符合古典意義「聖人」的要件。

孔子講述陳國楛矢和越國大骨的來歷，類似子產之說闕伯實沈與允格臺駘，而魯的羵羊與麟則近於《逸周書．王會篇》之遠方異物，和《山海經》相通。西漢末劉歆（秀）〈上山海經表〉亦指出「博物君子」的能耐，曰：大禹與益、伯翳治水，「禹別九州，任土作貢，而益等類物善惡，著《山海經》。」《山海經》這部先秦奇書，這位漢代最稱博學有識的劉歆說：「文學大儒皆讀學，以為奇，可以考禎祥變怪之物，見遠國異人之謠俗。故《易》曰：『言天下之至賾而不可亂也。』博物之君子其可不惑焉。」[16]《山海經》多載天下物怪，讀之可以通天下幽深玄妙的事物，可以變成博物君子不迷惑，可見古代知曉百物是何等重要！

•日常生活的物怪

古典物怪有的與人生活日常離得很遠，有的卻是在周遭，隨時隨地可能碰上。王孫滿所說的百物，出沒於川澤、山林之間，是遠離人居的物怪。齊桓公北伐孤竹途中的俞兒，（《管子．小問》）或田獵所見的委蛇，（《莊子．達生》）一在山谿，一在野澤，以及淮陰高莊戰國墓出土銅器的物怪刻紋，也都以山林川澤為背景。這一類古典物怪和一般人較少接觸，除非像虞舜接受大位考驗，或禹、益導河，「隨山刊木」，才會進入大麓或高山大川，才有機會遇見《山海經》記述的形形色色物怪。

魏晉以降，修道之士出入山林，故葛洪的《抱朴子》有〈登涉〉篇傳授山林川澤物怪的知識與防範術，但那是中古物怪，與古典不同。

另外的物怪則出現於人群容易交涉的地方，從原野到城內再到家中，所在都有，與日常生活關係密切。《周禮・秋官》有幾個部門談到一些和人生活、生產有關的物怪，並記述官府作為。〈庶氏〉曰：「掌除毒蠱，以攻說禬（除也）之，嘉草攻之。凡毆蠱則令之比之。」毒蠱，鄭玄注：「蟲物而病害人者」，去除之法包含攻、說和嘉草。攻和說是法術，據《周禮・春官・大祝》云：掌六祈以同鬼神示，……五曰攻，六日說。」鄭玄云，祈者嘄也，有災變告神以求福也……攻、說則以辭責之。」譴責毒蠱，不是低聲下氣地祈求，反而是大聲命令差遣。概略言之，不是宗教（religion），而是巫術（witchcraft）。從實際經驗得知焚燒特定藥草有效，故一則施以煙薰；一則「令之比之」，即用巫術「使人毆之，」（賈公彥疏）大概是敲鑼擊鼓以驅趕鬼物，動作近似〈大祝〉的「攻」。

又〈翦氏〉曰：「掌除蠹物以攻禜攻之，以莽草熏之，凡庶蠱之事。」鄭注：攻禜，祈名；莽草，藥物。翦氏去除器物的蠹魚（蠹），法術如同庶氏之除蠱；禜也是大祝六祈之一，鄭玄注：「如日食以朱絲縈社」，屬於巫術。

發生在居家附近或城內外的物怪，有所謂的妖鳥或聞聲而不見影的鳥獸。〈哲族氏〉曰：「掌覆夭鳥之巢。」夭鳥，鄭玄注云：惡鳴之鳥，但不一定如他舉例的鴞和鵩。[17]從採用的法術看，夭鳥也是物怪。哲蔟氏的法術是在一塊木版上書寫十日之號（天干甲至癸），十二辰之號（地支子至亥），十二月之號（《爾雅》從陬至荼或如楚帛書的十二月神），十二歲之號（攝提格至赤若奮），以及二十八星宿之號（從角至軫的二十八宿），懸在鳥巢之上。時、日、月、年的特殊名稱寫在木版上，跡近後世之符。

這些蟲蠱，人類文明開化後都以不同程度的「科學」方法驅除之，《周禮》的時代已經知道煙薰的方法了，但蟲蠱仍帶有遠古物怪的神祕性質，巫的功能依然不衰，法術必不可少，有的且居於主導地位，「科學」方法反而只是輔助而已。驅逐鳴聲會帶來惡運的妖鳥，想不出什麼「科學」方法，更需要法術。

又〈庭氏〉曰：「掌射國中之夭鳥，若不見其鳥獸。」飛進城裡的妖鳥以及「夜來鳴呼」，聞聲而不見形的野獸，（鄭注）如陳勝、吳廣起義前夕，叢祠中，夜篝火，狐鳴呼。（《史記．陳涉世家》）一旦發生這些怪異現象，庭氏「以救日之弓與救月之矢射之」，救日月蝕的法器有驅逐妖鳥的法力。

不只田野，不只城中，物怪甚至充斥於家屋內外。雲夢睡虎地秦簡《日書甲種・詰》篇條列生活周遭的鬼物，都屬於物怪，[18]粗略分為六類：

有專名而顯形	16種
有專名而隱形	13種
人鬼	8種
鳥獸蟲豸之怪	10種
天象之怪	4種
變化、附身	6種

這裡每類略舉數種及對付之法術，以見其概。

1. 專名而顯形之物

——人毋故而鬼攻之不已，是刺鬼，以桃為弓，牡棘為矢，羽之雞羽，見而射之，則已。

——人毋故而鬼昔（藉）其宮，是丘鬼，取故丘之土以為偽人犬，置墻上，五步一人一犬，睘（環）其宮室，鬼來揚灰、擊箕以譟之，則止。

雖名為「鬼」，不是人死後的鬼，也不是附身，而是有形體的鬼物，人故得以射箭、揚灰，或敲擊畚箕鼓譟等方法驅趕之。

2. 專名而隱形之物

——一宅中，毋故而室人皆疫，或死或病，是是棘鬼在焉，正立而貍（埋），其上旱則淳，水則乾，屈（掘）而去之，則止矣。

宅中土地，乾旱天呈濕潤，潮濕天反而乾，必是棘鬼所在。通常棘鬼隱而不顯，掘而丟棄，室人感染的疫病就不再發作。

——竈毋故不可以孰（熟）食，陽鬼取其氣，燔豕矢室中，則止矣。

陽鬼吸收灶的熱氣，食物久煮不熟，去除方法是在室中焚燒豬屎。陽鬼以乎沒有現形。

3. 無專名而顯形之物

——大袾（魅），恒入人室，不可止，以桃梗擊之則止矣。

魅是看得見的鬼，故能以桃枝打擊之。以桃枝製作的解除法器，與對付刺鬼的桃弓相似。

——鬼恒從人女，與居，曰：「上帝子下游。」欲去，自浴以犬矢，繫以葦，則死矣。

鬼物調戲人女，居之不去，自稱「上帝之子下遊人間」。去除之法是潑灑狗屎，以葦草繩縛繫之則死。可灑、可縛的鬼物，當是實在的形體，不是縹緲虛無的東西。

葦的妙用，葛洪猶傳，《抱朴子．登涉》說：「山中見吏，若但聞聲不見形，呼人不止。」這是某種物怪來干擾入山修道人，「以葦為茅以刺之，即吉。」另外，「山中鬼常迷惑使失道徑者，以葦杖投之，即死也。」

——人行而鬼當道以立，髮奮以過之，則已矣。

鬼站在路中阻擋行人，人乃解開髮髻，披散頭髮，勇敢衝過去，它就會消失。

4. 鳥獸蟲豸之怪

——狼恒呼人門曰：「啟吾。」非鬼也，殺而烹食之，有美味。

真實的動物作怪，是具體的狼。會叫人開門的野狼當然是物怪，習俗信以為然，陳勝準備造反，才利用這種習俗觀念讓吳廣假造篝火狐鳴：「大楚興，陳勝王。」

——鳥獸虫豸甚眾，獨入一人室，以若便（箬鞭）擊之，則止矣。

鳥獸與有足虫、無足豸諸種昆蟲昆蟲成群侵入人室，用筍籜作鞭打擊之，才能將之趕出戶外。

——鳥獸恒鳴人之室，燔蠢（鬊）及六畜毛邋（鬣）其止所，則止矣。

鳥獸經常在住家外鳴叫狂吠，於其逗留處，焚燒人掉落的頭髮及家畜鬃毛，便會停止。

——夏大暑，室毋故而寒，幼蠪處之，取牡棘烰室中，蠪去矣。

蠪，蚍蜉之類的小虫。《說文通訓定聲》云：丁螘也。引《爾雅‧釋蟲》曰：「蠪，朾螘。」注：「赤駮蚍蜉。」按，丁猶頳也。（《詁林》一○：八五四）烰，《大雅‧生民》：「烝之烰烰」，毛《傳》：「烰烰，氣也。」在室屋內燃燒牡棘生煙，近似《周禮．翦氏》以莽草熏蠹物，雖有「科學」成分，但觀念上仍以為是物怪作祟。

——一室人皆夙（縮）筋，是會蟲居其室西臂（壁），取西南隅，去地五尺，以鐵椎椯（段）之，必中蟲首，屈（掘）而去之。弗去，不出三年，一室皆夙（縮）筋。

居室西南角處，掘地五尺，得會蟲而槌之。解除法看似「科學」，但居室西南角，地下五尺，即是巫術。縮筋之疾，大概是抽筋。

5. 人死之鬼物

——人恒亡赤子，是水亡傷（殤）取之，乃為灰室而牢之，縣（懸）以葟，則得矣；刊之以葟，則死矣；享（烹）而食之，不害矣。

未成年的水鬼常取人家嬰兒，有點像臺灣所謂的「抓交替」，但不是鬼魂，而是鬼物。這種鬼物很特別，兼具溺水而死之「鬼」與具體的「物」。家屋撒石灰，可以控制之；懸掛葟草，可以捕得；用葟莖砍殺，則死，可以烹煮來吃，便不再危害嬰兒。

據馬王堆帛書《五十二病方》云：「藘者，荊名曰盧茹，其葉可亨（烹）而酸，其莖有刾（刺）。」[19]如果盧茹是茹盧之誤倒，據《神農本草經》便是茜草。

——人生子未能行而死，恒然，是不辜鬼處之。以庚日日始出時，濆門以灰，卒，有祭，十日收祭，裹以白茅，貍（埋）野，則毋央（殃）矣。

不辜鬼與上條水亡殤類似，專門為難嬰兒，但同樣有形體，怕石灰。按法術施行，庚日日出時以石灰噴灑門戶，就可以殺死不辜鬼。祭之，十日後收祭，將不辜鬼裹以白茅，埋於野外，便不再給幼兒帶來災難。這麼具體的鬼雖然是還不會行走的嬰兒夭折後變的，當然也不是鬼魂，而是鬼物。按不辜鬼亦見於包山楚簡，云：「由（鬼）攻解於不𣧑。」[20]不𣧑即不辜，如秦簡的不辜鬼；攻解，用攻的法術解除之。

6. 天象之怪

——天火燔人宮，不可御（禦），以白沙救之，則止。

房屋發火燒，白沙可滅之，合乎「科學」。然火燒非人為，所謂「天火」

者，或是雷電造成，故認為怪。

——雷攻人，以其木擊之，則已矣。

——雷焚人，不可止，以人火鄉（嚮）之，則已矣。

可用木棍打擊的雷應該有形體，他起火燒人，人同樣引火燒他，則止。這樣的雷是具體的物，和我們通常說的遭雷擊或引起的焚燒不同。

雷長成什麼樣子？據王充說：「圖畫之工，圖雷之狀，纍纍如連鼓之形；又圖一人若力士之容，謂之雷公。使之左手引連鼓，右手推椎若擊之狀。」〔圖二二〕漢代「世無智愚，莫謂不然」。（《論衡．雷虛》）秦簡日書的雷是不是像大力士之容貌，不得而知，不過漢人所傳的大力士雷公圖像道教化以後變成雙翼鳥喙的雷震子，形狀更符合物怪。

・剋制物怪的方術

日常生活既然充斥鬼物或物怪，人類遂發明種種破除方術。秦簡〈詰〉篇每條講一種物怪，據上面徵引的資料，多傳述剋制方法，諸如攻、說、鼓譟、散髮等等，《漢

圖二二　嘉祥武氏祠漢石刻雷神圖
（上）武開明祠第 130 圖
（下）武開明祠第 135 圖

書．藝文志》還有執與劾，雜占門收有《執不詳（祥）劾鬼物》八卷。使用的物品道具，除桃弓棘矢外，其他如石灰、犬豕矢（狗豬糞便）、芻矢（草箭）、箬鞭、桑杖、桃梗、牡棘、葦草，甚至隨手可取的木棒、草鞋和黃土、白沙，都是家常易得的東西，不是特別的法器。

因此，只要擁有〈詰〉篇的知識，對付生活周遭的物怪並不需要專業神職人員。這是遠古「家為巫史」的流衍，《漢書．藝文志》所列《禎祥變怪》、《人鬼精物六畜變怪》、《變怪誥（詰）咎》、《執不祥劾鬼物》和《請官除訞祥》諸書應該都和秦簡〈詰〉篇同一性質。

同是超自然的存在，人對物怪與天神的態度是截然不同的，《周禮．大祝》的六祈：類、造、禬、禜、攻、說，「以同鬼神示」，希望天神、人鬼、地祇對祈祝者和同滿意，不降災難。這六種方法其實有區別，或誠心謙卑地祈求，或頤指氣使地威脅，前者是宗教，後者則是巫術。據鄭玄注：「祈，嘄也，謂有災變，號呼告神以求福。」六祈前四種屬於祈求，第一是「類」，祭於上帝；第二是「造」，祭人鬼（祖先）。鄭玄說：「類、造，加肅求如志。」對日月星辰山川，則行第三的「禬」與第四的「禜」。禬，鄭玄已不知其儀式；禜，他舉日食為例，「以朱絲縈社」，祈禱「告之以時有災變也」，如水旱癘疫。然朱絲縈社，似不只是祈求而已。至於第五的「攻」與第六的「說」，鄭玄云：說者「以辭責之。」這兩種法術往往結合在一起。〈詰〉篇有例證曰：「一室中臥者眯也，」某種鬼物作祟，使人寢臥沉迷不醒，乃取桃枝擊房屋四隅和中央，以牡棘刀敲墻壁，呼喚鬼物，命令快速離開，今日不出就用棘刀割剝它的皮。桃枝棘刀的敲擊是「攻」，呼喊的話是「說」。

這六種方法，《周禮》雖同稱為祈，但漢代人早就分判其中的區別。《論衡．解除》開宗明義說：「世信祭祀，謂祭祀必有福；又然解除，謂解除必去凶。」祭祀有所求，解除則驅剋，這是宗教和巫術的區別。王充不信解除，但他舉證辯駁的事例，則可看出解除法術是人真實地「挺劍操杖，與鬼戰鬥，戰鬥壹再，錯指受服」。鬼為杖所擊而屈服，「知（如）不服，必不終也」，不把鬼驅逐是不會罷休的。

〈解除〉云：宅中有外來的客鬼，也有鎮宅的十二位主神。從秦簡〈詰〉篇，雖知屋宅內有很多不同名號的鬼，但未提到主神。不過，記載孔子日常生活的《論語．鄉黨》都間接可斷，曰：「鄉人儺，朝服而立於阼階。」孔安國注：「儺，驅逐疫鬼，恐驚先祖，朝服而立於阼階。」參證《續漢書．禮儀志中》大儺的儀式，皇宮不但有鬼物，也有剋制的十二神。

〈禮儀志中〉云，歲末大儺，選百二十位十至十二歲的小宦官，紅頭巾，黑衣裳，執大鼗；另有一個成人宦官扮方相氏，黃金四目，蒙熊皮，玄衣朱裳，執戈揚盾。他們列隊進行驅逐疫鬼的儀式。先呼喝道：

甲作食殄，胇胃食虎，雄伯食魅，騰簡食不祥，攬諸食咎，伯奇食夢，強梁、祖明共食磔死寄生，委隨食觀，錯斷食巨，窮奇、騰根共食蠱。

甲作、胇胃、雄伯等是神獸，衣毛帶角，由中黃門扮演；殄、虎、魅等是物怪，〈禮儀志中〉沒有說明實相，也許設定其存在，沒有扮演者。「使十二神追惡凶」，一邊追，一邊威脅說：

赫女（汝，下同）軀，拉女幹，節解女肉，抽女肺腸。女不急去，後者為糧。

一如上引秦簡〈詰〉篇驅逐室中眯人的鬼物，予以敲打，並且恐嚇說：再不走，我就把你肢解，拉出內臟來，十二神獸會把你們吃掉。這套儀式，最後叫開城門，讓鬼物逃跑，把他們趕到洛陽南邊的洛水才告完成，最後一幕類似臺灣「送王船」。

從漢宮大儺到臺灣「送王船」於海而燒的祭祀，多少可以看出其根源或類似的心態。所以大儺就是大清掃，清除 pai bih、清除 lâ-sâp（骯髒）。臺灣話的 lâ-sâp 有雙重意義，一是實體的骯髒垃圾，另外的意思是不潔淨。一個地方 lâ-sâm（不潔淨）指出現鬼物精怪，要驅除送走，人畜才得平安。

遠古相信因鬼物而致病，以「攻」「說」逐之，馬王堆三號漢墓出土的《五十二病方》猶保存一些儀式，[21]如治癰疽，祝曰：

我……桯（梃）若以虎蚤（爪），抉取若刀，而割若葦，而刖若肉，□若不去，苦。

以虎爪捶你，取刀挖你，以葦割你，斷你的腿肉，你再不走，有苦頭吃。治嬰兒瘛（小兒驚風）的祝詞也說：

取若門左，斬若門右，為若不已，磔薄（膊）若市。

門左捉住你，門右斬殺你，猶不罷休，再將你肢解，暴尸於市。

從京城宮殿到城中有圍墻的里（如後世的坊），以至編戶齊民之家，都有鬼物，解除的方術即使多端，目的則一致。〈詰〉開篇序曰：

> 鬼害民罔（妄）行，為民不羊（祥），告如詰之，道（導）令民毋麗兇（凶）央（殃）。鬼之所惡，彼窋（屈）臥箕坐，連行奇（踦）立。

了解鬼物，才不至於遭罹凶殃，一如王孫滿所說：「使民知神姦。」人民進入川澤山林，乃能「不逢不若；魑魅罔兩，莫能逢之」，不至於陷入麻煩。

形形色色的辟邪方術，基本姿勢是「屈臥箕坐」和「連行踦立」，因為這是「鬼之所惡」也。箕坐者，雙腿向前張開，形如簸箕。按古代服式，張腿則下體裸露，鬼物怕見性徵，勢必會遠避，猶如古人認為祕戲圖具有辟邪厭勝之作用。[22]連行踦立可能即是禹步，治療超自然因素的疾病則行走禹步。馬王堆《五十二病方》謂蚖（毒蛇咬傷）、疣（贅瘤）、腸穨（疝氣）、瘩（癃）、癰（惡性毒瘡）、鬾（小兒鬼）的醫療方術，就用上禹步。[23]葛洪《抱朴子》〈仙藥〉載「禹步法」云：「前舉左，右過左，左就右。次舉右，左過右，右就左。次舉右，右過左，左就右。如此三步，當滿二丈一尺，後有九跡。」〈登涉〉亦有禹步法，而日：「凡作天下百術，皆宜知禹步。」

剋制物怪的方術，除坐姿、步法外，個人身體還可以利用的是披頭散髮。〈詰〉篇有一條：「人行而鬼當道以立，解髮奮以過之，則已矣。」鬼物阻擋去路，要解開髮髻，披散頭髮衝過去，就沒事。對付「夢」這種物怪，也要散髮。睡虎地秦簡《日書甲種》「夢」條，請屋宅十二神之一的豿(犭奇)驅逐惡夢，祈禱時「釋髮西北坐，禱之日：皋，敢告爾豿(犭奇)。某有惡夢，走歸豿(犭奇)之所。豿(犭奇)強飲強食，賜某大福，非錢乃絮」。[24]夢是住宅內的物怪，豿(犭奇)即伯奇，漢宮大儺儀，高唱的「伯奇食夢」即是。（《後漢書．禮儀志中》）敦煌卷《白澤圖》亦云：被（披）髮而呪日：「伯奇，伯奇，不飲食，宍常食高興地，其惡夢歸於伯奇。厭夢息，興大福。」[25]唐代驅夢祝詞可以追溯到先秦時期。

注釋

1 睡虎地秦墓竹簡整理小組，《睡虎地秦墓竹簡》，北京：文物出版社（一九九〇），頁二一四。

2 這個觀點我將在另外一本拙作詳細論證。

3 參拙作〈古代物怪之研究（上）——一種心態史和文化史的探索〉，《大陸雜誌》一〇四卷二期（二〇〇二）。

4 浙江省文物考古研究所反山考古隊，〈浙江餘杭反山良渚墓地發掘簡報〉，《文物》一九八八年一期。

5 梁思永未完稿、高去尋輯補，《侯家莊》第二本《一〇〇一號大墓》，臺北：中央研究院歷史語言研究所（一九六二），頁五六—五七。

6 參張光直，《中國青銅時代》，臺北：聯經出版社（一九八三），頁三五八；圖六引自陳芳妹，《商周青銅粢盛器特展圖錄》，臺北：國立故宮博物院（一九八五），頁一九八。

7 淮陰市博物館，〈淮陰高莊戰國墓〉，《考古學報》一九八八年第二期。

8 參山本忠尚，《日中美術考古學研究》，東京：吉川弘文館（二〇〇八），頁一七—七五。

9 参洛陽博物館，〈洛陽西漢卜千秋壁畫墓發掘簡報〉，《文物》一九七七年六期。

10 長江流域第二期文物考古工作人員訓練班，〈湖北江陵鳳凰山西漢墓發掘簡報〉，《文物》一九七四年六期。

11 中國社會科學院考古研究所編，《曾侯乙墓》，北京：文物出版社（一九八九）。

12 Noel Barnard, *The Ch'u Silk Manuscript-Translation and Commentary*, published by Depart. of Far Eastern History, Research School of Pacific Studies, Institute of Advanced Studies the Australian University, Canberra (1973). 饒宗頤，〈楚帛書新證〉，饒宗頤、曾憲通編著，《楚帛書》，香港：中華書局香港分局（一九八五），頁一—九六。

13 湖南博物館、中國科學院考古所編，《長沙馬王堆一號漢墓》，北京：文物出版社（一九七三），頁一五—二五。

14 孫作雲，〈馬王堆一號漢墓漆棺畫考釋〉，《考古》一九七三年四期。

15 「為防風氏」，今本《國語》脫漏，玆據《說苑．辨物》補。

16 劉秀，〈山海經敘錄〉，見郝懿行，《山海經箋疏》，北京：中國出版社（一九九一，據光緒十二年刻本影印）。

17 鴟鴞在《國風．豳風．鴟鴞》，作者以之自比，不當是惡鳥，但到漢代就變了。至於鵩，《漢書．賈誼傳》曰：誼謫居長沙，為王傅三年，「有服飛入誼舍，止於坐隅。……誼自傷悼，以為壽不得長，乃為賦以自廣。」即世傳之《鵩鳥賦》也。班固曰：「服似鴞，不祥鳥也。」

18《日書甲種釋文注釋》，《睡虎地秦墓竹簡》，頁二二二—二二六。

19 馬王堆漢墓帛書整理小組，《馬王堆漢墓帛書》〔肆〕，北京：文物出版社（一九八五），頁五五。

20 湖北省荊沙鐵路考古隊，《包山楚墓》，北京：文物出版社（一九九一），頁三六六。

21《馬王堆漢墓帛書》〔肆〕，以下兩段引文分別出自頁六七、頁三二—三三。

22 參高去尋，〈崖墓中所見漢代的一種巫術〉，《古今論衡》二期（一九九九）。

23 馬王堆漢墓帛書整理小組編，《馬王堆漢墓帛書》〔肆〕，北京：文物出版社（一九八五），頁三八、四〇、四九、六七、七四。

24《日書甲種釋文注釋》，《睡虎地秦墓竹簡》，頁二一〇。

25 敦煌伯希和二六八二號《白澤圖》，黃永武主編，《敦煌寶藏》一二三冊，頁二七七。

第三章——變怪與變形

‧從「狗怪」說變怪

物的變怪在秦漢人的觀念中是相當普遍的，《史記‧齊悼惠王世家》的魏勃故事可以見之。魏勃父以擅長鼓琴，得見秦始皇，為始皇帝演奏。雖有這段光榮紀錄，樂工的社會地位到底不入流，因此，魏勃少時欲求見齊相曹參而不可得。既然「無以自通，乃常獨早夜埽齊相舍人門外」。隔夜早起，曹參的舍人家門前都變得乾淨了，「相舍人怪之，以為物，而伺之，得勃。」深夜等候看個究竟，原來是魏勃來掃除，不是物怪。舍人是齊相的親信，常在左右，魏勃乃得以見到曹參。

《漢書‧藝文志》著錄多種雜占書，以「變怪」為名，變是改變形狀，怪是異於正常。譬如狐變化為人是「變」，狗人立而行是「怪」，怪不必變，變則必怪，故「變怪」連言。

物怪變形是秦漢以下普遍流傳的觀念，之前罕聞。劉向《說苑．善說》收集一則齊景公的故事，林既穿著皮衣朝見景公，公問：「此是君子之服，還是小人之服？」意指穿皮革衣服非君子。林既很嚴肅地反問：「服事何足以端士行乎？」衣服怎麼可以判斷士的德行？於是列舉楚、齊、越、西戎諸國，服事皆不同，但無礙於各出賢能之士，如楚的令尹子西，齊的管仲、朋隰，越的范蠡、文種，和西戎的由余。他反駁說：若如君言，「衣狗裘者當犬吠，衣羊裘者當羊鳴，且君意，衣狐裘而朝者得無為變乎？」國君、大夫皆穿狐裘，難道就變為狐嗎？這是戰國說客的辯詞，不是真的說有人變為狐或狐變為人。對此根本是不可能有的事，齊景公故說：「子真為勇悍矣，今未嘗見子之奇辯也。」沒見過有人像你這麼狡辯的。

大體而言，先秦的古典物怪一般多以其原貌現身，齊桓公所見俞兒，人模人樣，長尺，像「公仔」；他又見的委蛇大如轂、長如轅，紫衣而朱冠，當是人首蛇身，或如漢唐的伏羲女媧圖像。都沒說它們變化，猶如《山海經》裡的種種山川神怪，或是上章所舉湖北隨縣擂鼓墩、江蘇淮陰高莊和湖南長沙馬王堆等多處出土的物怪圖像，以及湖北雲夢睡虎地秦簡《日書．詰》篇多數現形或隱形的鬼物，它們都以本來面目示人。

《史記．封禪書》說，春秋初秦文公（西元前七六五—七一六）「獲若石云，于陳倉北阪城祠之」。若石，司馬貞《索隱》引蘇林曰：「質如石，似肺。」但張守節《正義》引《三秦記》便說是石雞，或言玉雞。石不似肺而是雞的形狀。到魏晉的《列異傳》便轉而出現精彩的變形故事了。

《列異傳》故事的時間移到秦穆公（西元前六五九—六二一），大約晚了一百年。話說：「陳倉人得異物，其形不類狗，亦不如羊，眾莫能名。」類似孔子羵羊的情景。陳倉人進獻異物給穆公，道逢二童子，曰：「此名為媼，常在地下食死人腦。」媼說話了：「彼二童子名為陳寶，得雄者王，得雌者霸。」此猶存古典物怪故事之風，陳倉人遂放下媼去追二童子，「童子化為雉飛入平林。」陳倉人告訴了穆公，穆公「發徒大獵，果得其雌，又化為石」。這石雌雞先置於汧渭之間，「至文公為立祠，名陳寶。」雄雞則往南飛，停在南陽郡內，故其地設有雉縣。說故事者對秦君世系顯然不夠清楚，年代錯亂，才把文公立的石雞祠和穆公稱霸結合在一起，而演義出物怪變形的故事。

秦或先秦時期偶而出現變形的物怪，〈詰〉篇說「神蟲偽為人」，或「野火偽為虫」。簡文的「偽為」是不是真的變形，神蟲變成人樣或野火變成蟲樣？不可確知，恐怕憑依（附身）的成分居多。不過，家喻戶曉的物怪變化故事，當數張良在下邳橋上所見的老父，以及劉邦在豐西澤中遇見的夜哭老婦，一個是石頭，一個是大蛇。又秦始皇晚年，使者夜過華陰平野道，逢持璧遮車的人，還璧後倏忽不見，始皇說是山鬼。這些變怪故事都產生於秦始皇時代，中國歷史已經進入另一階段了。

大體而言，時間洪流告別古典世界後，中國方方面面都產生新的樣貌。奉共主為首的諸侯邦國消滅，代之以具有絕對權威的皇帝統治郡縣帝國；眾人累世傳唱的無名氏歌謠被突出的個人創作所取代，如《詩》而《楚辭》；連物怪故事也脫離多種動物綜合體的古典樣貌，而以「人形化」現身。這一變怪的歷史，容我從臺灣話的「狗怪」（gau kuy）說起。

我小時候，大約一九四〇年代，對於喜歡惡作劇，不太聽話，但還不至於犯下罪行的小孩子，父母長輩往往會嗔責「狗怪」。臺文不能寫作「九怪」，應作「狗怪」。「狗怪」一語大有來歷，至遲可以追溯到東漢，西元二、三世紀之際，應劭的《風俗通義》就出現這個詞彙了。他描述漢代社會里俗語言云：「里中相罵，不言無狗怪。」（卷九）「不言」者言也，「不」是發語詞，基層社會的人相罵，斥責對方別作怪，猶如今日臺語責備惡作劇的人「mai gau kuy」。狗會作怪，其來有自，見於睡虎地秦簡《日書·詰》，有一則云：

> 犬恒夜入人室，執丈夫，戲女子，不可得也，是神狗偽為鬼。以桑皮為□□之，烰（炮）而食之，則止矣。[1]

家犬夜入屋室，抓拿男人，戲弄女人，捕捉不了，當是神狗，憑依犬身，而為物怪。但這神狗沒有變成人形，人有法術可獲，炮煮而食，怪變乃止。

狗是家居日常與人很接近的動物，可能經常成為物怪故事的主角，遂產生「狗怪」一詞。應劭是在講述物怪故事的情境時引用了這句俗語，《風俗通義．怪神》：「世間多有狗作變怪，扑殺之，以血塗門戶，然眾得咎殃。」條曰：「桂陽太守汝南李叔堅，少時為從事，在家，狗人立行，家言當殺之。」家犬人立而行，十足怪異，家人遂多主張殺掉，但叔堅不從。爾後這條狗還把叔堅放在榻上的冠戴著到處跑，也會「於竈前蓄火」，種種怪異反常行為，但叔堅都不肯殺。

應劭其實是太史公所謂「多言無鬼神然言有物」的「學者」（《史記．留侯世家》），講李叔堅故事，著重否定世俗相信的變怪，像王充要破除習俗，帶著批判的態度看物怪，故特別交待結局：「後數日，狗自暴死，卒無纖介之異。」甚至還把故事主人翁未來的仕途羅列出來，「叔堅辟太尉掾、固陵長（縣長）、原武令（縣令），終享大位。」他佩服李叔堅「心固於金石，妖至而不懼，自求多福，壯矣乎！」但應劭到底還是相信有物怪存在的，只是用「邪氣乘虛」的氣論來解釋罷了，（詳參下章「氣的玄解」節）這點也近似王充。今本《風俗通義》為故事所下的標題：「有狗作變怪，扑殺之，以血塗門戶」，傳述了當時庶民的習俗。

有的狗怪比李叔堅家的狗更惡作劇，《風俗通義》同卷講南陽人司空來季德的靈異，「季德死，停喪在殯，忽然坐祭牀上，顏色服飾，聲氣熟是也。」孫兒婦女做過的事，一一教誡，歷數奴婢犯的過錯，予以鞭撻，「飲食飽滿，辭訣而去。」死而復活乎？竟又告別，回到殯棺，令信以為真的家人更加哀慟。這樣死而復活，活又復死，「如是三四，家益厭苦。」最後一次是「飲醉形壞」，來季德這個「人」不見了，「但得老狗」，家人「便扑殺之」。經過追查，這條作怪狗原來是里中賣酒家的家犬。

《風俗通義》同卷收錄張漢直的故事，則明顯是狗怪附體。話說張漢直，陳國人，到南陽拜京兆尹延叔堅為師，讀《左氏傳》。行後數月，回娘家的妹妹突然像臺灣的乩童，如漢直般地發話說：「我病死在路上，常苦飢寒。我在家時曾把一雙草鞋掛在屋後楮樹上，傅子方送我五百錢，放在北墻中，都忘記取。我又買李幼的一頭牛，本券放在書篋中。」家人果然都找到。其妹出嫁後，不知漢直這些瑣事，所以愈加相信漢直已經亡故。父母諸弟遂穿著喪服，趕到南陽迎喪，在距離學寮數里之地，遇見漢直和同學十餘人一起出遊。漢直看到家人，奇怪怎麼這般模樣；家人見漢直，說他是鬼，雙方一頭霧水，久久不釋。漢直乃走到父親跟前下拜，父親說出來龍去脈，大家既悲且喜。

這是怎麼一回事？說到這裡，故事敘述就結束了，接著應劭發表一套「死者無知」的論說，但相信「人用物精多，有生之最靈者也」。最後他說：「時有漢直為狗鼠之所為。」時人都說張漢直家遇到狗怪或鼠怪，大概如秦簡〈詰〉篇犬夜入人室戲弄主人，是家犬被神狗附體而成的物怪。

張漢直故事的物怪託附於其妹，是活人；另有人已死之例，不像來季德「停喪在殯」，尚未埋葬，故可以「忽然坐祭床上」，那恐怕就是變形，而非憑依。桓譚《新論》有一則故事，話說呂仲子婢死，葬後經常回家照顧剛剛四歲的女兒，亦能為兒沐頭洗濯。家人「甚惡之」，求助於方士，方士說：「汝家青狗為之，殺之則止。」果然，爾後幼女之「母」「遂不復來」。[2]

呂仲子婢故事記載頗簡略，既已埋葬，是物怪憑依或者變形，容或還有辨析之地，及至南朝宋劉義慶《幽明錄》的一則故事，可以確定應是物怪變成人形。故事說：

晉祕書監太原溫敬林亡一年，婦柏氏忽見林還，共寢處，不肯見子弟。兄子來見林，林小開窗出面見之。後酒醉形露，是鄰家老黃狗，乃打殺之。3

溫敬林既已死亡一年，故事也沒說在殯，應已入土，「他」之返家，又與其妻生活起居，當然不可能如來季德的形體尚未壞。卻因為招待訪客，醉酒而現形，竟是鄰家的老黃狗。可見這是變形，一如後世習知的狐變為人。

・中古變形的物怪

相較於螭魅罔兩的多種綜合之古典物怪，漢唐間的中古物怪，不論家居或山野都是自然界可見的生物與無生物；而這個時期，物怪變化為人形的故事，則與古典物怪以原形出現者亦截然異趣。不過近代考古，唐代西域猶出土人首蛇軀的伏羲女媧畫幡，4〔圖二三〕其去古典物怪原生的時代與地域皆極遙遠，新疆此類畫幡不止一件，雖分別出自不同唐代墓葬，但卻只見於阿斯塔那墓地，所透露的歷史訊息尚待釐清。

現在分別就六朝志怪小說的家養禽畜、野生動物以及日用器物三方面，舉幾則變形

圖二三　唐絹畫伏羲女媧圖

故事，以見中國人相信物怪的心態，中古與上古是不同的。

上面說的狗怪，顯示與人類最親近的飼養動物竟是變怪的要角，其他家畜家禽也會變幻為人。《祖台之志怪》[5]和干寶《搜神記》（卷十八）記載家豬變成二八佳人，情節雷同。話說晉時吳郡一王姓士人，行舟回曲阿途中，日暮，見埭上一女子，年十七八，呼之留宿。至曉，解金鈴（或作鈴）繫其臂，令暮更來。屆時未至，明日使人尋求，所見女子都沒有如此美貌者。忽過一豬圈邊，見母豬前肢繫有金鈴。家豬變化為游女，邂逅男子而發生關係。

其次，家禽變成人的故事。《太平廣記》卷四六一「朱綜」條（原注引自劉義慶《幽明錄》）云：臨淮朱綜遭母喪，守喪外宿，因病而移住內室，其妻對他說：「守重喪，不要常回來。」綜曰：「自母喪，我何時至內？」婦云：「君來多矣。」朱綜知是物魅變成他的形貌，令婦、婢，「候來便即閉戶執之。」等到再來時，按照交待辦法從事，此物不得逃去，遽變為老白雄雞。查問得知是家雞，殺之，魅祟遂絕。

南朝梁任昉《述異記》有一則鴨怪，說前秦周訪少時與商賈泝江行，一天傍晚，止於宮亭廟下，同伴推問誰敢入宿廟中？訪素來膽大果決，上岸廟宿，一夜無怪事。晨起，見廟中有白頭老公，訪將他逮住，化為雄鴨。捉回船上，準備烹煮，俄而飛去。

（《鉤沈》），頁一七二）

第二類的變形物怪是野生動物，概略分作獸、禽、水中生物以及昆蟲。走獸的故事，魏晉南北朝時以狸占多數。「狸」當作「貍」，後世「狐狸」連言，先秦文獻狐、貍則截然區分。經典多言狐，少及於貍，《淮南子．繆稱訓》特別說：「今謂狐狸，則必不知狐，又不知狸；非未嘗見狐者，必未嘗見狸。」近代動物分類，狐屬犬科狐屬（Vulpes），貍屬貓科貓屬（Felis），故有「貍貓」之名。明清「貍貓換太子」的劇目，就是貍（狸），不是狐。

應劭《風俗通義．怪神》有一則老狸作怪故事。汝南郡北部督郵郅伯夷，某日晡時巡行，抵達懼武亭，準備留宿。手下的錄事掾（書記）說：「今尚早，還可趕到前面的亭。」伯夷說：「欲作文書」，便留下。吏卒皆惶惶不安，因為此亭久傳有怪。伯夷命掃除，須臾上樓；又命曰：「我思道，不可見火，樓上階下之燈火皆滅去。既瞑，整服坐頌《六甲》、《孝經》、《易本》，然後臥寢，拔劍解帶。夜晚，但見「有正黑者四、五尺稍高，走至柱屋，因覆伯夷。伯夷持被捉足，跣脫幾失」，如是再三，「徐以劍帶繫魅腳」，叫樓下人擎燈火上來，照視之，「老狸正赤，略無衣毛。」捉下樓燒殺，「明日，發樓屋，得所髡人結百餘。」物怪害人，大概人死之前先拔下頭皮，故剩存髮髻。郅伯夷算了一下，過去被傷害致死者百餘人，自是，此亭物怪乃絕。

這故事，《搜神記》（卷十八）說是老狐，恐怕反映魏晉以下較晚的傳言，在東漢當如曹丕《列異傳》所述的「舊說」：「狸髡千人得為神。」有狸變人的故事（《鉤沈》，頁一四六）《後漢書．方術列傳下》：

費長房曾與人共行，見一書生黃巾被裘，無鞍騎馬，下而叩頭。長房曰：「還它馬，赦汝死罪。」人問其故，長房曰：「此狸也，盜社公耳。」

〈方術列傳〉記載不少物怪被費長房法術制服的故事，所以這隻狸怪見到他就下馬求饒。這是東漢晚期的故事。

即使時代在變，貍逐漸退場，由狐取代，兩晉之際干寶猶記錄一些老狸變人的故事，宋劉義慶《幽明錄》也有多則貍怪故事，茲舉淳于矜一例以概其餘。話說晉太元中，瓦官寺的淳于矜逢一美女，結為伉儷，女家父母送銀百斤、絹百匹，助矜成婚，經久，養兩兒。淳于矜後任官祕書監，官府派人來迎，有獵者經過，所帶數十隻獵狗突入迎接行列，「齚婦及兒，並成狸。」（《鉤沈》，頁二七六，引自《法苑珠林》卷三）

淳于矜的故事，亦見於唐牛僧孺《玄怪錄》，《太平廣記》卷四四二又收錄。

魏晉南北朝的野禽變怪，《晉書．藝術列傳》記廣州刺史王機「入廁，忽見二人著烏衣，與機相捍，良久擒之，得二物似烏鴨」。擅長道術的鮑靚告訴機：「此物不祥。」機將焚之，徑飛上天。（〈鮑靚傳〉）正史之餘，《古小說鉤沈》也收錄這時期多種野禽變人的故事，如白鵠、白鶴、白鷺、白燕以及姑獲鳥等，可見魏晉南北朝時期野禽物怪的傳說甚為普遍。

郭璞《玄中記》云：「姑獲鳥，夜飛晝藏。」他認為姑獲鳥不是鴟鴞（貓頭鷹），「蓋鬼神類」，世傳不同名稱，如天帝少女、夜行游女等。郭璞說：「衣毛為飛鳥，脫毛為女人。」是會變化成人的鳥怪。晉代流傳，「姑獲鳥無子，喜取人子養之以為子，今時小兒之衣不欲夜露者，為此物愛以血點其衣為誌，即取小兒也，故世人名為鬼鳥。」此一民俗傳說一直延續到晚近，我小時候鄉人猶視衣服晾在星空下為禁忌。據郭璞，姑獲鳥荊州為多，他講了一則豫章男子的故事。說男子見田中有六、七女人，乃匍匐潛往，得一毛衣取藏，諸女子驚覺，各去就衣，衣之飛去；一鳥無衣，獨不得去，男子取以為婦，生三女。後來婦人叫女兒問父毛衣所在，乃知藏在積稻下，婦遂披衣飛逝。後又以衣迎三女，三女得衣亦飛去。（《鉤沈》，頁三七八）姑獲鳥變成人後，和俗人結婚生子，連孩子穿上毛衣也會變為鳥，這則傳說的情節應是董永七仙女故事最早的原型。

白鵠變人，見於《幽明錄》；白鶴變人，見於劉敬叔《異苑》，[6]都是少年邂逅美女，欣然燕好，而被第三者擾局，破壞好事，以杖打擊，女即化成白鵠和白鶴，翻然高飛。《幽明錄》有一則白鷺幻化故事，說商賈馮法夕宿荻塘，見一穿喪服的白皙女子求寄載，竟然來偷馮法的絹匹，被逮住後化作大白鷺，「烹食之，肉不甚美。」《續異記》的白燕化為童子，被婦人黃氏以釵擲之，躍入雲端。黃氏夜聞戶外歌：「今居黃氏居，非意傷我目。」晨起查看，原是家屋燕巢的白燕，其左目受傷。（《鉤沈》，頁四〇五）

水中生物之變怪有鼈、龜、鼉、鯉、鮫和獺。《後漢書・方術列傳下》費長房傳云：「汝南歲歲常有魅，偽作太守章服，詣府門椎鼓，郡中患之。」一次魅又來，適逢長房謁太守，魅遇到剋星，「惶懼不得退，便前解衣冠，叩頭乞活。」長房呵之，令於中庭變回原形，即成老鼈。費長房的「呵」是法術「劾」，漢代有不少劾鬼物書籍傳世。

會稽吏謝宗休假返回吳中（蘇州），經皋橋，同船之人都上岸逛市場，宗獨在船。有一女子，姿性妖婉，來入船，問宗：「有佳絲否？欲買絲織布。」宗與她調戲，女遂留宿歡宴。第二天破曉船將行，求寄載，宗便許之。自此，船人夕聞言笑兼芬馥氣。經過一年，往來頻繁，同船者密伺，不見有人，方知是邪魅。於是共同搜尋，得一物大如枕，又得二物小如拳，舉火視之，乃是三龜。謝宗沉思數日方悟，自言自語說：「此女一歲生二子，命名道愍和道興。」既已變回龜，乃送之於江。這是《孔氏志怪》的傳述，但同記此故事的《雜鬼神志怪》就比較煞風景，三龜被謝宗叔父放在籠中展示。（《鉤沈》，頁二一八、四二四）

《雜鬼神志怪》有鼉（鱷）化為男子的故事。廣陵王家女病邪，請來會唸神咒、施法術的沙門竺僧瑤治邪，瑤入門瞋目大罵：「老魅干犯人。」但聞內室女子大哭道：「人要殺我夫。」魅在側哀嘆命盡於今，旁人都聽到對話，但見老鼉爬出庭中，瑤令撲殺之。（《鉤沈》，頁四二四）曹丕《列異傳》云鯉魚變成婦人，與人妻一模一樣而和丈夫共寢。（《鉤沈》，頁一四六）任昉《述異記》說：蘆塘有鮫魚，五日一化，或為美婦人，或為男子，後為雷電所殺，怪絕而塘乃乾涸。（《鉤沈》，頁一六七）

不過六朝最廣泛流傳的水中物怪則是獺，東晉戴祚《甄異傳》和上文多所引述的宋劉義慶《幽明錄》都講楊醜奴和獺魅的故事。寓居章安的楊醜奴以採蒲為業，時日向暮，見一女子容姿殊美，乘小船前來。醜奴以歌嘲之，女亦以歌和之，遂滅火共寢，覺

其腥氣，手指甚短，心疑是魅。此物知曉人意，立刻起身出戶，變為獺，徑爬入水中。（《鉤沈》，頁一六〇、二八八）

同書另一則獺怪故事比較曲折。話說東平呂球，「豐財美貌」，富有又英俊，令人羨慕。一日，呂乘船至曲阿湖，值風不得行，遂泊於菰蘆中。見一少女，搖舟採菱，衣荷葉。呂球問她：「是鬼嗎？衣服何至如此？」女答：「先生沒聽過『荷衣兮蕙帶，倏而來兮忽而逝』的詩句嗎？」然有懼容，迴舟而去，球遙射之，即獲一獺，而剛剛看的小船都是蘋蘩之葉變的。呂球又見一老母立岸側，像是等候歸人，見球問道：「有沒有看到湖中採菱女子？」球騙說：「在我後面。」又射，是一老獺。故事說到這裡，不由令人感慨，變成美女的物怪無來由被殺，難道不顯得人比物還拗蠻嗎？作者卻替人合理化，追述云，居湖邊者都說：「湖中常有採菱女，容色過人，有時至人家，結好者甚眾。」（《鉤沈》，頁二八七）但這個頗有文采的獺魅好像沒害過人，何至於死？

不止水中生物，連昆蟲也會變為人形。佚名的《續異記》記載，晉武帝時，中書侍郎徐邈於官署值勤，左右人經常覺得他獨在帳內與人共語。舊門生一夕窺伺，無所見；天微光時開窗，「瞥覩一物從屏風裡飛出」，直入鐵鼎中。門生乃逐一檢視，只發現鼎中菖蒲根下有大青蚱蜢。雖疑此魅，但從未聞蚱蜢作怪之事，於是折其兩翼。入夜，徐邈夢見情人來訴苦說：「為君門生所困，往來道絕，相去雖近，有若山河。」醒來形色悽慘，門生一看，稍稍透露他幹的事，徐邈才說出原委：「我始初來值班，見一青衣女子從前經過，猶作兩髻，還未成年，但姿色甚美，聊試挑逗，即來就己，遂愛溺情深，也不知她從何而至。」門生於是一五一十和盤托出，但沒再追殺青蚱蜢。（《鉤沈》，頁四〇三）

同篇有臺灣俗稱「度比仔」的螻蛄之怪。東晉義熙中（四〇五—四一八），零陵施子然到田園收成，宿田廬看守。某夜未寢，見一漢子來，中等身材，穿黃練單袷衣，與子然談論甚暢，問其姓名，答云：「姓盧名鉤，家在粽溪邊，臨水。」半個月後，田作人掘田塍西溝邊蟻丘，忽見大坎，滿是螻蛄，一個甚碩大。子然始悟那漢子名「盧鉤」，即螻蛄；家在粽溪，即西坎。施子然可不如徐邈之念情，通通澆灌以沸湯，物怪遂絕。（《鉤沈》，頁四〇四）

古典物怪的蛇與帶有神聖王權成分的龍，其實一也，郭璞《玄中記》曰：「伏羲龍身，女媧蛇軀」，但漢唐圖像，不論伏羲或女媧則多繪成蛇軀。《史記・高祖本傳》有高祖斬蛇的傳說，被斬的蛇稱白帝子，斬蛇的劉邦稱赤帝子，恐怕都是蛇。至於傳說邦母劉媼曾在大澤之陂休息，夢與神遇。「是時雷電晦冥，太公往視，則見蛟龍於其上，已而有身，遂產高祖。」（〈高祖本紀〉）東漢緯書《詩含神霧》云：「赤龍感女媼，劉季興。」（《史記索隱》）與白帝子對稱的赤帝子就從蛇轉為龍了。總之，司馬遷記錄劉邦的蛇、龍傳說，古代二者實一，故伏羲、女媧或都是蛇軀，或同樣加上四足而成龍身。後世中國人揚龍而抑蛇，只要當上皇帝，便是龍種，甚至晚到二十世紀末，臺灣的中國民族主義歌手仍高唱「龍的傳人」，謂之校園民歌，影響那個世代的學子。

其實古典蛇體之神人與後世流傳的蛇精完全不同，《列異傳》魯少千故事的蛇魅並不是劉邦斬白帝子的蛇軀，而是一種新的變怪形態。魯少千據云得仙人符，善於除魅。話說楚王少女為魅所病，魅變化成男子來與少女燕好，少女沉迷，產生異常行為，往往性情乖僻，閉戶獨處，甚至喜怒無常，如近人說的精神病症狀，家人乃請少千除魅。

少千走到距離楚王府數十里外之地，天色晚暮，止宿。夜有客來訪，乘鼈（甲蟲）蓋車，隨從數千騎，自稱伯敬，「納酒數榼（榼），肴餤數案」，與少千共飲。臨別時說：「楚王女病，是吾所為，君若就此打道回府，我贈君二十萬致謝。」少千受錢，轉回家去，卻在半途從別路詣楚，治女病。少千走到女舍前，有人破門而去，但聞喊說：「少千欺汝翁（欺騙恁爸）！」一股風朝西北方而去。還視舍前有血滿盆，楚王女昏絕過去，半夜才蘇醒。楚王派人循風向尋覓，在城西北隅得一死蛇，長數丈，小蛇千百，伏死其旁。

後來皇帝下詔郡縣，說某月某日大司農失錢二十萬，太官失案數具。官府失竊乃蛇怪所為，用以賄賂魯少千者；少千於是載錢上書，說出來龍去脈，天子甚覺奇異。後世傳說物怪能於千里外盜攝錢物，直到清代，本書開篇所講《聊齋誌異》的「狐嫁女」就有此一情節。

上述《風俗通義》張漢直家發生的附體怪異，應劭說，時人以為狗鼠之所為，鼠亦如「狗怪」一般，成為鼠怪。《論衡．遭虎》曰：「命吉居安，鼠不擾亂；祿衰居危，鼠為殃變。」這句話，不論是民間俗話或是王充的論斷，漢代人相信家居常見的鼠，和家犬一樣，也會變怪，使人遭殃。

《列異傳》說，魏正始中，中山王周南為襄邑長時，有鼠衣冠從穴中出，在大廳上呼叫周南的名字，說：「你某月某日當死。」周南不應，鼠還穴。到那天，鼠「更冠幘，絳衣出」，謂周南：「你日中當死。」周南又不應，鼠緩緩退回穴中。中午，將至日中時，「鼠入復出，出復入，轉更數。」正午，鼠說：「周南，你不回應，我還能說什麼呢？」言畢，「顛蹶而死，即失衣冠。」（《鉤沈》，頁一四七）

其實鼠怪早見於睡虎地秦簡日書〈詰〉篇，曰：

鬼恒召（詔）人曰：「爾必以某月日死。」是鬼偽為鼠，入人醯、醬、湑、漿中，求而去之，則已矣。7

不論是預言或是詛咒，謂人死期的鼠怪，秦簡竟與曹魏志怪小說如此雷同。不過秦簡是鬼變為鼠而作人言，和《列異傳》這則故事真鼠變人不同。

鼠呼周南，南不應，任昉《述異記》說過類似故事，唯物怪不是鼠，而是山𤞞，曰：「土俗云山𤞞知人姓名則能中傷人。」（《鉤沈》，頁一七七）物怪呼人姓名，你不回答，物怪就死；但一回答，人便受害，如《搜神後記》記載周子文回應便失魂了。8

回到周南的故事，鼠怪出場時，應該是人模人樣，所以《列異傳》特言「衣冠」，或「冠幘絳衣」，死後「即失衣冠，周南使卒取視之，具如常鼠」，即使鼠怪能變為人，一死則恢復原形。

以上整理漢唐間的物怪類別，從家畜豬狗、家禽雞鴨，到野生的走獸狸、飛禽鴟鶴鷺燕、水中生物鼉、龜、鼊、獺、鯉、鮫，以及昆蟲蚱蜢、螻蛄，還有蛇（龍）鼠，不論習見或罕見，總之都是人世間的生物，與古典物怪之多種動物組合體截然有別。相對於近世以下的物怪，多集中在狐等少數幾種動物上者，中古時代顯得物怪的來路更加多元，不只動物還有植物，甚至連無生物也會變怪。

老樹成精，《風俗通義．怪神》「世間多有伐木，血出以為怪者」條云：江夏張遼，字叔高，去鄢陵令，家居買田。田中有大樹十餘圍，枝葉扶疏，蓋及數畝地，播種長不出穀子，於是遣人伐之。想不到竟然流出六、七斗血，驚告叔高。叔高大怒，親自砍斫，血大流灑。叔高使人先斫其枝，上有一空處，見白頭公可長四、五尺。這株大樹，幹高葉廣，必是老樹，其枝幹中空處出現的白頭老翁，奔赴叔高，叔高與之格鬥，斫其頭，如是凡殺四頭。「左右皆怖伏地，而叔高恬如也。」仔細一看，「非人非獸」，顯然是樹的精怪，叔高遂伐其樹。[9]

郭璞《玄中記》云：「千年樹精為青羊，萬歲樹精為青牛，多出游人間。」同書又講漢桓帝和秦文公的故事。桓帝出游河上，忽有一青牛從河中出，直走衝桓帝，帝身邊以勇力著稱的殿中將軍走往逆之，牛乃反走還河，最後被將軍砍斷牛頭。大概變回一塊古木吧，郭璞才說：「此青牛是萬年木精也。」關於樹精青牛，見於秦文公營建長安宮的傳說。文公伐終南山梓樹，大數百圍，隔夜癒合，連日不剋。有人留宿樹下，夜聞鬼與樹對話，得知使人披頭，以赤絲繞樹便可斷。秦王依其言，樹斷，中有青牛駭逸，走入河中。秦王於是組建一支軍隊，叫做旄頭騎。（《鉤沈》，頁三七七）秦文公之使人披頭斫樹，《列異傳》另有一種說法，梓樹先化為牛，文公「以騎擊之，騎不勝」。有人墮地落馬，「髻解髮散，牛畏之入水。」前面說過披頭散髮能辟邪驅鬼，「秦因是置旄頭騎，使先驅。」（《鉤沈》，頁一三四）

《抱朴子．登涉》曰：「山中大樹有能言語者，非樹能語也，其精名曰雲陽，呼之則吉。」山中夜見火光，皆老枯木所為。山中夜「見秦者，百歲木之精」。秦乃相對於胡之稱，見於漢簡，秦者，中國人也。[10] 凡此皆樹精作怪，知之則見怪不怪，故葛洪叫人「勿怪之，不能為害」。

至於無生物，《玄中記》曾舉幾種礦物之變形，云：「玉精為白虎，金精為車馬，銅精為僮奴，鉛精為老婦。」（《鉤沈》，頁三八〇）據《搜神記》，魏郡張奮家宅的怪異，金、銀、錢都戴高冠，分別穿黃衣、青衣、白衣的人形出現。（卷十八）《太平廣記》精怪類所收錄的變怪器物，包含飯臿、枕、鐘、瓶蓋、鼓槌、履、布偶、瓷人、木人、掃帚、袋和塑像等。（卷三六八）而《搜神記》也有枕、飯臿和杵的變怪。今存器物變怪故事，我們不能完全統計，不過單以這裡舉例的《搜神記》和《太平廣記》兩卷，足見日常用品都可能作怪。

也許是因為器物無生命吧，這類物怪故事很少有如動物變怪之男女情色，雖然有的

比較素樸，近似民間傳說的原型，但有的也相當複雜，而且和政治大事相連，茲舉《太平廣記》精怪類幾例以見其概。（卷三六八）

「游先朝」條云：「廣平游先朝，喪其妻，見一人，著赤袴褶，知是魅，乃以刀砍之。良久，乃是己常著履也。」自己日常穿的鞋子變作人。此故事原出自唐人薛用弱《集異記》。又「僧太瓊」條說，唐開元中，都僧太瓊到奉先縣京遙村村寺講《仁王經》，某日持缽將上堂開講，闔門時，有物墜於簷前，時天才破曉，趨近視之，「乃一初生兒，襁褓甚新。」僧驚異，以他的大袍袖裹著嬰兒，送往村裡託人照顧，「行五、六里，覺袖中輕，探之，乃一弊帚也。」破掃帚變成新生嬰兒。此則出自唐張讀的《宣室志》。張讀是撰作《玄怪錄》之牛僧孺的外孫，講物怪故事似有家族傳統。

東晉的鼓槌精怪能預言權臣桓玄的下場。故事說，首都建康朱雀門下忽見兩小兒，通身如墨，互相唱和〈芒龍歌〉，路邊小兒，從而和者數十人，歌云：「芒龍首，絕縛腹，車無軸，倚孤木。」歌聲哀傷淒楚，聽者忘歸。日暮，兩小兒進入建康縣，至縣衙閣下，變回一雙漆黑鼓槌。鼓吏說，槌向來經常失蹤，不久又出現，想不到竟會變作人。明年春，桓玄叛變，兵敗身亡。說故事的人解釋物怪歌詞正符應此大事件，所謂「車無軸，倚孤木」即是「桓」字，桓玄在荊州被殺，敗籠裝首級傳送京師建康，又以芒繩束縛其尸，沉於長江，俱如童謠所言。這則物怪故事的情節內容，不論傳於桓玄反叛之前或之後，都反映社會輿論，雖是佚聞，不一定是憑空杜撰，也許可以增補史官刪削的歷史。這則故事原來出自六朝的《續齊諧記》。

唐人段成式《酉陽雜俎》續集卷二〈支諾皐中〉「姚司馬」條，講器物變怪故事，寄居汾州的姚司馬有二小女，戲釣溪中，各得一物，若鱔而有毛，若鼈而有鰓，是不曾見過的奇物。帶回家，養於盆池之中。如此經過一年，「二女精神恍惚，夜常明燈挫針，染藍涅皂，未嘗暫息。」她們染織所用的顏料，家人不知是如何取得的。又過半年，女病愈甚，姚家人點燈戲錢，忽見二小手出燈下，要求給一錢。家人或唾之，民俗吐口水以辟邪，但聽聞鬼怪說：「我是汝家女婿，何敢無禮！」一自稱烏郎，一自稱黃郎，後且常與家人狎戲，混得很熟。姚家聘請善「持念治魅」的上都僧人瞻作法，收拾物怪，刺得一物，血流如注，循血跡到後屋角落，見一個烏革囊，發出像吹火鞴囊的喘氣聲，應該就是烏郎，一女於是病癒。另一女兒猶病，僧瞻立於女前，舉伐折羅（Vajra，金剛杵）叱之，女驚恐，額頭一直冒汗。瞻見此女衣帶上有一黑色袋子，解開來看，中有小籥，搜查其服玩，發現有一竹編器內，盡是喪家搭帳衣，只有黃色和黑色。黃郎很可能是黃色搭帳衣，沒逮到，後來女臂腫脹如瓜，瞻以禁針刺之，出血數合才痓癒。

・人鬼之鬼物

中國語文的「鬼」，原是一具體的存在，《周易・睽》卦所謂「有鬼一車，或張之弧，或說之弧」即是。《小雅・何人斯》罵人云：「為鬼為蜮」，鬼和水中毒蟲的蜮並稱。《莊子・達生》：齊桓公問皇子告敖：「人世間有鬼乎？」告敖明白回答說「有」，於是列舉家屋內外與山野不同所在的鬼名，沈（水下污泥中）之鬼曰履、竈曰髻，戶內土下曰雷霆，室東北方之下曰倍阿鮭蠪，西北方之下曰泆陽。河川曰罔象，丘陵曰峷，山曰夔，野曰彷徨，沼澤曰委蛇。人只要見到委蛇，差不多就要稱霸了。

我們在「古典物怪」那章講到知曉百物之神姦的博物君子，古典晚期極負盛名的鄭子產、孔仲尼都是此中翹楚。然而中國語文又早有天神和人鬼的鬼神，是和百鬼不同的信仰系統，前者無形，後者則是具體的存在。

至遲到春秋晚期，多數人認為「祭如在，祭神如神在」，「如」這個字正說明這種心態，孔子遂說：「吾不與祭，如不祭。」（《論語・八佾》）未曾參與祭典則和不祭相似，可見是否實地與祭，差別可真大。因為古代祭典儀式，與祭者於祭前一段時日必須嚴格齋戒，為的在祭祀之日能進入一種特殊的精神狀態，於是似乎看見過世父祖回家接受宴饗，聽聞他們一如平生的言談。《禮記．祭義》曰：

入室，僾然（髣髴也）必有見乎其位；周還出戶，肅然必有聞乎其容聲；出戶而聽，愾然必有聞乎其歎息之聲。

僾然、肅然、愾然，「然」與「如」同樣說明人對鬼神的狀態，這不是正常的視聽感官所能及的，故和百物的具體化截然不同，所以才有一種學者「多言無鬼神，然言有物」。

信有物怪卻不信人鬼的如實存在，王充可作為代表。《論衡．論死》開宗明義說：「世謂人死為鬼，有知，能害人。」雖是世俗多數人的共識，他不以為然，而堅持「人死不為鬼，無知，不能害人」。然而人死之後無知，不為有知之「鬼」，是戰國的新看法，其根源可能出自魂魄二分之說。

根據文獻，人有魂魄始見於東周，而且是先有「魄」才有「魂」。雖然春秋晚期吳季札葬子，祝禱云：「骨肉復歸于土，若魂氣則無不之也。」（《禮記．檀弓上》）不過稍早的鄭子產則明言：「人始生，化曰魄，既生魄，陽曰魂。」（《左傳》昭公七年）杜預注說：「魄，形也。」所以季札說的人死骨肉留下來掩埋，魄大概在骨肉內，而陽魂既然屬於氣的一種，便到處飄蕩，遂不可能呈現具體的形象。只有像子產說的，「用物精多則魂魄強，是以有精爽至於神明。」魂魄強的人死後，不會輕易消散。而魂魄之強或不強，則來自於此人的「物」是不是「精」和「多」，其「物」即是存在於人體內的「德」，德之大小因其家世階級而異。[11]子產解釋大貴族伯有橫死而變成厲鬼駭人，才說：「匹夫匹婦強死（橫死也），其魂魄猶能憑依於人，以為淫厲。」何況伯有是鄭穆公之裔胄，子良之孫，子耳之子，從政三世。「其用物也弘矣，其取精也多矣，所憑厚矣，而強死，其為鬼，不亦宜乎！」（《左傳》昭七）那麼鄭國人「相驚以伯有」，就是這緣故。一個人如果不是「用物精多」，正常情況下，死後便魂飛魄散，不會成為讓人看見的鬼。

理解子產說話的原委，要知道幾年前鄭國的政爭。伯有執政，與子皙不合。西元前五四三年，子皙以家族軍攻之，伯有出奔。子皙同母兄弟子罕與公孫段結盟，又盟鄭伯及國人以孤立伯有，伯有自外地攻入鄭，死於羊肆。（《左傳》襄三十年）八年後（前五三五），《左傳》記述：「鄭人相驚以伯有，曰：伯有將至矣。」也有人「夢伯有介而行，曰：壬子，余將殺帶也；明年壬寅，余將殺段也」。駟帶、公孫段八年前都參與攻殺伯有的政爭。到那兩個日子，兩人果然分別死亡，國人益加恐懼。（昭公七年）子產解釋說，這是伯有「強死」之故，其魂魄大概「憑依」（附身）或託夢，而不是有一個具體可見、可聽、可觸的「鬼物」。

然而到戰國時代，人體的氣論進一步完備，出現「多言無鬼神然言有物」的「學者」，他們的理論在王充《論衡》有清楚的說明。王充說：「人之所以生者，精氣也；死而（則）精氣滅。能為精氣者，血脈也；人死血脈竭，竭而精氣滅，滅而形體朽，朽而成灰土，何用（以）為鬼？」骨肉之形體一旦腐朽，其血脈隨之不存，無血脈，精氣自然無所寄託，於是散滅，只剩下「骸骨歸土，故謂之鬼」。（〈論死〉）這樣的「鬼」既無知，也不能害人，和上文所舉睡虎地秦簡日書〈詰〉篇的種種「鬼」完全不同，後者謂之「鬼物」，不是「人鬼」。

鬼物能作怪，害人，人鬼不能，王充以囊橐和粟米作比喻。裝滿粟米的囊橐，〈論死〉曰：「立樹可見，人瞻望之，則知其為粟米囊橐。」何以故？因為有囊橐之形可察。一旦「囊穿米出，橐敗粟棄，囊橐委辟（襞），人瞻望之，弗復見囊橐矣」。他遂說：「人之精神藏於形體之內，猶粟米在囊橐之中也」，人死形體朽，精氣散亡，就如囊穿橐敗，粟米棄出，不復有囊橐之形，哪能看到「若生人之形」的鬼呢？但物怪完全不同，王充說：「夫物未死，精神依倚形體，故能變化，與人交通。」又說：「六畜能變化象人之形者，其形尚生，精氣尚在」之故。相對的，人「已死，形體壞爛，精神散亡，無所復依，不能變化」。這是與天神、地示並稱的「人鬼」和「鬼物」根本差異之所在。

這派精氣論學者講得頭頭是道，其勇於懷疑傳統觀念、提出新說的作風很為近代學者所稱頌，好像蔚成一股風氣似的。其實回到當時社會，只是少數菁英的議論而已，大多數人還是承繼傳統信仰的。中國人固然有個死後世界，可不是印度的輪迴以及地獄閻王審判，這些都還沒傳來，他們認為死後的鬼魂住在墳地，仍會回家接受祭祀，或者四處飄蕩。但這樣的人鬼不能實際接觸到，即使有所見或所聞，也都在疑似之間，「好像」看到了或聽到了而已。[12]《禮記．祭義》對人鬼的接觸才用了「僾然」、「肅然」、「愾然」這三個副詞。

不過先秦典籍也有很具象的人死之鬼，那是春秋早期晉國冤死的晉太子申生，不比鄭伯有只讓國人夢見。

西元前六五五年，晉獻公殺其太子申生，五年後，晉惠公即位，改葬太子申生。《左傳》僖公十年記這年秋發生的鬼物故事。曾與太子申生很親近的晉大夫狐突到陪都曲沃，「遇太子」，太子叫他登車御馬，太子在世時狐突是御者。太子告訴狐突，「夷吾（惠公）無禮，余得請於帝矣，將以晉畀秦。」太子向天帝請求滅晉，把晉併入秦，說秦國會祀奉他。狐突對曰：「古人有言，『神不歆非類，民不祀非族。』晉滅，君祀豈不絕了嗎？何況人民何罪？蒙受亡國之痛！」他請求太子申生三思。太子答應再去請示天帝，約定七日後，「新城（曲沃）西偏將有巫者而見我焉。」話音一落，「遂不見。」

到了約見之日，狐突去曲沃城西邊見巫者，巫者告之曰：「帝許我罰有罪矣，敝於韓。」「有罪」之人指晉惠公夷吾，「敝於韓」乃預示六年後秦穆公與晉惠公的韓原之戰，晉敗，惠公被俘。太子申生之死，通常多說遭晉獻公寵姬驪姬陷害，固然不錯；但另一關鍵是異母弟夷吾密告獻公，說申生大築城堡，暗示有不臣之心。後者恐怕才是促使獻公必殺太子的契機，所以申生死後要找夷吾報仇。

根據《左傳》這段記事，前半段狐突的確見到死去的申生，命他駕車，君臣並且有一番對話。後半段申生應該是憑依於巫者講話，如臺灣乩童之降神，不再現身。與狐突實際接觸的太子，活生生地出現，一如秦漢以下的人死之鬼變為有形之人，變成物怪，即是「鬼物」。

《風俗通義》卷八有一則故事傳述鬼物。話說汝南郡汝陽縣西門亭鬧鬼魅，賓客止宿往往死亡，嚴重者皆亡髮失精。其後，郡掾鄭奇來縣，「去亭六、七里，有一端正婦人」，乞求寄載；奇初為難，但還是讓她上車。入亭，亭吏報告說：「樓不可上。」鄭奇不以為然，「遂上樓，與婦人棲宿」，天色未明離去。亭卒上樓掃除，見死婦人，驚告亭長。亭長擊鼓召會所有廬吏，共同勘驗，才知道乃亭西北八里處住家的吳氏婦，不久前才死亡，當晚入殯時，燈火突然熄滅，及至再點火照明，家人發現亡婦尸體消失不見了。

尸首不翼而飛逝丟失，應劭在故事結尾引漢武帝的酷吏尹齊之死說：「其治嚴酷，死未及殮，怨家欲燒之，屍亦飛去。」按照《史記．酷吏列傳》云：「仇家欲燒其尸，尸亡去歸葬。」其實只說尸體遺失，沒說飛去，《漢書》作「妻亡歸葬」。但後來演變成「飛尸」之說，王充《論衡．死偽》、王符《潛夫論．巫列》都講到此一民間信仰，應劭遂說成尹齊飛尸。南朝劉宋裴駰《集解》引徐廣說也和應劭相同，可見飛尸之事是漢代民間所信的。

這個遺失的死婦卻復活，走到路上遮車，向人求載，然後與人同寢，翌日被發現時又復為死尸。這一切過程都是人死之鬼自己的變化，和酒店老狗憑依來季德尸體而使季德復活的情況完全不同。當時與鬼物交接的鄭奇，離開西門亭後，「行數里，腹痛，到南頓利陽亭加劇，物故。」鄭奇又為汝陽西門亭增加一條亡魂。

不是所有的鬼物都像鄭奇的遭遇這麼可怕，另外一個截然不同的故事，見於東晉《孔氏志怪》，講盧充的和鬼魂生死玄通，極其感人。（《鉤沈》，頁二一五—二一七）

話說范陽人盧充狩獵，追逐一頭獐鹿，忽見一里門如府舍，中一鈴（門房也），下有唱家，充向前問是何人府第？答曰少府之府。秦漢少府位列九卿，是朝廷大員。充以衣服不肅，難見貴人，隨即有人提頭巾新衣來迎，換裝後盧充進見少府，互道姓名，主人姓崔。酒炙數行，崔說：「近日得尊府君書信，為你求索小女成婚，故請你進來。」乃將書信示充，父亡時，充年紀雖小，還記得父親手跡，於是噓歎應命。

崔少府敕令為女郎打扮，使盧充就東廂，女下車而立，共拜，三日還見崔少府。少府對充說：「君可回家矣，女已有懷孕之相，生男會還你，生女我們留下自養。」於是備車，「崔少府送至門，執手涕零，離別之感，無異生人。」盧充上車而去，快如電逝，須臾至家，家人見面，悲喜交集，一經推問，才知崔少府是亡故之人，充之入府實入其墓，懊喪不已。

四年後，時值三月三日，臨水修禊，忽見二輛牛車在河，載浮載沉。既上岸，充往開車後門，見崔氏女與三歲男兒共載。充一見，歡欣不已，即欲握女之手，女指後車曰：「先見府君！」充即拜見少府，請安問訊。女抱兒還充，給他一個大口小腹的金盌（碗），隨之贈詩而別。詩曰：

煌煌靈芝質，光麗何猗猗！
華艷當時顯，嘉異表神奇。

首四句描述她生時之麗容美質。

含英未及秀，中夏罹霜萎；
榮曜長幽滅，世路永無施。

次四句哀歎她荳蔻年華而逝，像一朵含苞之花未及綻放就遭遇霜雪摧折，又像一顆耀眼明星永遠幽滅，再也不能走完人生之路。

不悟陰陽運，哲人忽來儀；
會淺別離速，皆由靈與祇。

接著回憶兩人的婚合以及不得不分離的苦痛。想不到陰陽運轉，得遇良人，卻因靈界與人世之懸隔，短暫相會後又必須很快離別。

何以贈余親，金盌可頤兒。
愛恩從此別，斷絕傷肝脾！

拿什麼東西來送給我親愛的人呢？這個金碗可以傳給兒子。一想我們的恩愛從此永別，不免痛心斷腸！盧充接過兒子以及金碗和贈詩，兩車突然消失。

他帶兒回家，四鄰都說兒是鬼魅。民俗相信鬼物見唾則現形，大家遠遠地朝兒吐口水，形卻未變如故。問他：「誰是你父親？」小孩就撲往盧充之懷。眾人仍嫌怪惡，經傳閱崔氏的詩作後，不禁慨嘆道：「這是死生之玄通啊！」生人和死鬼結婚而生的孩子從陰界回到人世生活，和一般孩童無異。

盧充倒想知道金碗的究竟，乃往市場叫賣，故意擡高價格以引起注目。不久，有一老婦問金碗的由來，得知後回去稟報女主人。女主人讓盧充持碗來，一看果然與預測的不差，乃對充說：「崔少府女是我姨姐，未嫁而亡，家父甚感痛惜，遂贈一隻金碗隨葬，置於棺中，今看你的金碗很像，可以告訴碗的來歷嗎？」盧充乃將過去的奇遇述說一遍。阿姨來充家迎兒，「見兒有崔氏狀，又似充貌。」因為孩兒是溫暖的三月暮春出生，祝福他「休強」，一生多福，身體強壯，遂給孩子命名曰：溫休。

傳述者解釋說：溫休，可能是「休溫」之倒，諧音「幽婚」也。作者並且追述說，這孩子很成材，出任幾任郡太守，著有政績。生子曰植，為漢尚書；植子毓，為魏司空。以此逆推，盧充當是東漢晚年的人，家族冠蓋相承，直到作者的時代。按《孔氏志怪》，《隋書．經籍志》只說孔氏撰，兩《唐書》不著撰人，《太平廣記》才說孔約作（卷二七六「晉明帝」條），當是東晉時代的志怪小說。盧充的死生玄通亦見於《搜神記》（卷十六），情節內容相同。

曹丕《列異傳》的談生和《陸氏異林》的鍾繇也都有人鬼婚媾的故事。談生無婦，常讀《詩經》，夜半有女子來就，年可十五、六，姿顏無雙，說：「我與人不同，勿以火照，三年後方可照。」生下一兒，談生好奇，伺其寢時，偷偷以火照之，腰已上生肉如人，腰以下猶枯骨。婦覺，怨談生不能再忍一年，致使她無法重生。但擔憂孩兒日子貧困，引領談生入一華堂，贈送一件珠袍說：「此物足可自給。」遂裂取生衣裾而去。談生抱袍賣與睢陽王家，得錢千萬。睢陽王見是亡女之袍，疑談生盜墓所得，考問之，生具以實對。王猶不信，巡視女冢，完好如故；發冢視之，在棺蓋下得談生所缺之衣裾。王見其兒，貌類亡女，乃信談生所述之經歷。（《鉤沈》，頁一四四—一四五）

《列異傳》是曹丕所撰，推測談生故事當在東漢就已流傳。

其次是鍾繇的故事。繇曾數月不朝會，意性異常，經同僚追問才說：「常有好婦來，美麗非凡。」同僚以為「必是鬼物」，勸他「來則殺之」。婦人再來，止於戶外，繇問其故，說：「公有殺意。」繇矢口否認，乃入，終以刃斫之，傷髀，婦人即出，以新緜拭血。明日使人尋路上血跡，來到一大冢木，見中有美婦，形體如生，唯左髀新傷。作者最後交待：「叔父清河太守說如此。」《陸氏異林》已佚，鍾繇這則故事見諸《三國志．魏志．鍾繇傳》裴松之的注，松之曰：「清河，陸雲也。」陸雲（二六二—三〇三），三國吳陸遜之孫、陸抗之子，是江南的世家大族，西晉著名文學家。那麼故事之流傳可能在三國末、西晉初。

東漢魏晉的史傳頗有死人復活的記載，《續漢志》〈五行五〉「死復生」條有二則事例。一在獻帝初平中（一九〇—一九三）的長沙，「有人姓桓氏，死，棺斂月餘，其母聞棺中聲，發之，遂生。」另一在建安四年（一九九），武陵充縣女子李娥，年六十餘，物故。其家以杉木棺斂，瘞於城外數里之地，已十四日，路人經過，「聞冢中有聲，告訴其家人。家人往視，聞聲，便發出，遂活。」不論棺斂月餘或埋葬十四日的死人都復活了。李娥的故事《搜神記》還有更詳細的下文，說驚動武陵太守，召見復活的李娥問事狀。娥乃講述到地府所見官僚情狀，大抵如漢朝官府，尚未見印度的地獄。太守聞之，慨嘆說：「天下事真不可知也。」（卷十五「李娥」條）

干寶所記遠在武陵的李娥奇蹟，自己也經驗過。《晉書》本傳說，寶父有侍婢，甚得寵，而寶母性素妒忌，「及父亡，母乃生推婢于墓中。」這時，寶兄弟尚幼小，知之不深。後十餘年，母喪開墓與父合葬，發現「婢伏棺如生」。載婢還家，經日乃蘇醒，「言其父常取飲食與之，恩情如生。」復活婢女能預言家中吉凶，竟然都應驗。干寶家把女婢嫁了，還生子。

郭璞注《山海經．海內西經》「貳負之臣」條，亦載一則類似故事，更稀奇。故事發生在曹魏時代，有人盜發周王冢，「得殉女子，不死不生，數日而有氣，數月而能語，狀如廿許人也。」這個周朝某王殉葬的女子，到被挖出時，至少五百年以上吧，竟然青春長駐，看來像二十多歲女子。於是「送詣京師，郭太后愛養之，恆在左右。十餘年，太后崩，此女哀思哭泣，一年餘而死。」按，郭氏，魏文帝曹丕黃初三年立為皇后，明帝曹叡尊為皇太后，青龍三年（二三五）崩。這故事還見於中國史上繪畫名家東晉顧愷之（三四八—四〇九）的《啟蒙注》，裴松之注《三國志．魏書．明帝紀》「皇太后崩」引顧愷之書，可見郭璞、顧愷之和裴松之等第一流人才都相信數百年前的殉人仍能活存。[13]

當時既然有這麼多復活的「事實」流傳，為人所津津樂道，那麼上述的鬼物故事便不足為奇。不過其間猶多一些區別。汝陽西門亭的鬼魅係猶殯在堂的新亡婦人所變，睢陽王女和大冢木中的美婦都從她們的棺槨出來與人幽會。尸體、棺槨和冢墓都是世上實有之物，這樣的變怪比較像上節動物或器物的物怪之變，而與盧充遇見的崔少府父女不同。盧充追逐中箭之麞，「不覺遠，忽見一里門如府舍」，進入府舍，與崔氏女合巹，三日後離別，「上車去，如電逝，須臾至家，家人相見悲喜。」他好像突然進入另外一個世界，又從那裡回來。四年後盧充與崔氏再度相會，首先是「忽見二犢車」在河水中「乍浮乍沒」，而告別時，也「忽不見二車處」。來無影，去無蹤。即使如此縹緲，但不論崔氏或其父少府，去世多年，猶如平生，與活人無異。

盧充死生玄通的情景比較像似蔡支之見太山府君。《列異傳》載臨淄縣吏蔡支執行公務，奉縣府文書謁郡太守，「忽迷路，至岱宗山下，見如城郭，遂入致書。見一官，儀衛甚嚴，具如太守。」這位「太守」托蔡支為他致書外孫，及問明，外孫竟是天帝，蔡支才驚覺，「乃知所至非人間。」這個太山府君是中國東漢時代才產生的地下世界總管，類似後來從印度傳入的閻羅王。[14] 蔡支完成致書任務，天帝嘉賞，知其妻物故，改支婦「籍於生錄中，遂命與支相隨而去」。故事說，支「乃蘇歸家」，這時才醒過來，隨之發妻冢，開棺，妻復活。（《鉤沈》，頁一四五）過去這段時間蔡支可在迷夢之中嗎？但他首先確實送縣府文書而到了岱宗（泰山）山下，卻如今日的轉變頻道，突然進入另外的世界，他蘇醒前的夢幻可與《列異傳》另一則故事，蔣濟妻夢見亡兒來訴苦者完全不同。（《鉤沈》，頁一三九—一四〇）

另外又有一種情況，不是夢，但沒有像談生、盧充之生子或鍾繇之斫婦那麼真實，而如依稀恍惚間的存在，陸機（二六一—三〇三）之見王弼（二二六—二四九）談玄即是。酈道元《水經注》卷十六「穀水」云，穀水流經殷湯故都尸鄉，「其澤野負原，夾郭多墳隴焉。」酈道元說：「即陸士衡會王輔嗣處也。」這兩位古今異世之人相會於尸鄉城郭間的墳地。故事出自袁氏《王陸詩敘》，曰：機初入洛，來到河南偃師，忽然天色陰暗，「望道左若有民居者，因往逗宿。見一少年，姿神端遠，與機言玄，機服其能而無以酬折；前致一辯，機題緯古今，綜檢名實，此少年不甚欣解。」談玄竟夜，天色將破曉，陸機才離去。租車馬尋找旅館，一婦問：君何宿而來？此地「自東數十里無村落，止有山陽王家墓」。機頓覺怪悵，還視昨夜來時路，「空野昏霾，雲攢蔽日」，乃知所遇之少年可能是三國時代頂頂大名的清談家王弼。[15]

鬼物活動如平生，這種故事是怎麼形成的？魏晉另一名士嵇康廣（二二三—二六二）陵散的來歷似乎能給我們一些啟發。魏中散大夫嵇康遭讒，將刑於東市，《晉書》本傳云，康顧視日影，索琴彈之，曰：「昔袁孝尼嘗從吾學廣陵散，吾每靳（吝惜也）固之，廣陵散於今絕矣！」康不輕易教人彈奏，死後，廣陵散不可能再流傳。嵇叔夜怎麼學得廣陵散呢？《晉書》說：「初，康嘗游于洛西，暮宿華陽亭，引琴而彈。夜分，忽有客詣之，稱是古人，與康共談音律，辭致清辯，因索琴彈之，而為廣陵散，聲調絕倫，遂以授康。」臨別交待嵇康，不可傳授別人，也不說自己的姓名。（〈嵇康傳〉）

《荀氏靈鬼志》證實這個「古人」是鬼物。話說嵇中散西南游，投宿華陽亭，「夜了無人，獨在亭中。」和漢代許多驛亭一樣，「此亭由來殺人，宿者多凶。」但一代奇才名士嵇康，「心神蕭散，了無懼意。」夜深一更，操琴，雅聲逸奏，空中傳來贊歎之聲，叔夜呼曰：「君是何人？」答云：身是過去之人，「幽沒于此數千年矣，聞君彈琴，音曲清和，昔之所好，故來聽耳。」可是我的「形體殘毀，不宜接見君子；然愛君之琴，要當相見，君勿怪惡之，君可更作數曲」。嵇康應其要求，復為之撫琴後，說：「夜已深，何不來也？形骸之間，復何足計！」

嵇叔夜到底是「遠邁不群」，非人所及，而出現的「人」竟「手挈其頭」而來。兩人「遂與共論音聲之趣，辭甚清辯」。客人借琴，既彈眾曲，亦不出乎平常，「唯廣陵散聲調絕倫。」嵇康於是受學，「半夕悉得」，當夜就學會了。「與中散誓，不得教人，又不得言其姓。」所以《晉書》沒有留下這位高人的名氏。天明告辭說：「相與雖一遇於今夕，可以還同千載；於此長絕，能不悵然！」（《鉤沉》，頁一九八—一九九）

這麼清冷的音樂，這麼相得的知音，在勾心鬥角的權力政爭中，在誣陷謀害的人際關係裡，如此似有還無的鬼物，也是空虛現實的一點彌補吧，在絕望中似乎還有一絲溫暖。後來的《幽明錄》傳說，會稽賀思念善彈琴，嘗於月夜，「臨風撫奏，忽有一人，形器甚偉」，至其中庭，自云是嵇中散，謂賀思念之琴法「於古法未合。……因授以廣陵散，賀因得之，於今不絕」。（《鉤沈》，頁三〇二）廣陵散從無到有，又絕而復傳，二者都緣於鬼物。

魏晉清談名士以放達見識的阮咸，其子瞻（二八一—三一〇）史稱清虛寡欲，自得於懷，恬澹沖和，不可榮辱。瞻素執無鬼論，物莫能難，為後世不言鬼神者所宗。《晉書．阮瞻》傳云，瞻「每自謂無鬼之理」，足可以辨正幽明，忽有一客通名見瞻，聊談名理。客甚有才辯，良久及於鬼神之事，瞻持無鬼說，客主有鬼論，反覆辯駁，後客乃辭窮，勃然怒曰：「鬼神，古今聖賢所共傳，君何得獨言無！即僕便是鬼。」於是變為異形，須臾消滅。阮瞻面對此變，默然不語，「意色大惡。」晉史說，歲餘病卒，年僅三十。

死人復活，或以有形之人出現的變怪，或生人進入死人世界，一如平生，又回到現實世界。凡此「鬼物」都是人鬼之變，這類故事大概從東漢晚期到魏晉普遍流傳，近世以下仍然存在。南宋初的《夷堅志》、清乾嘉盛世的《閱微草堂筆記》都可看到這種人鬼的「鬼物」。

最後說《列異傳》的一則鬼物故事，人鬼不只具形化，並且能變化為實際的物。話說南陽宗定伯，年少時去宛縣市場，途中，「夜行逢鬼。」定伯假稱自己也是鬼，一問才知對方亦欲至宛市，乃同行。經數里後，鬼建議交換擔負，以減輕旅途之勞累。鬼先擔定伯數里，曰：「君太重，不像鬼。」定伯說：「我新死，故重耳。」這是根據《左傳》「新鬼大，故鬼小」之說搪塞。輪換定伯擔鬼，略無重負。如是再三，交換而行。

定伯問：「我新死，不知鬼怕什麼？」鬼說：「只不喜人唾。」鬼怕人吐口水。唾作為驅鬼法術，前面說過。遇河，定伯命鬼先渡，了無聲息；及至定伯自渡，「漕漼作聲。」鬼說：「渡河怎麼會發出聲響？」定伯說：「新死之鬼不習渡水之故，勿怪！」

將到宛市，「定伯便擔鬼至頭上，急持之，鬼大呼，聲咋咋，索下不復聽之。」鬼被定伯牢牢抓住了，再也出不了聲音。一路走來，鬼雖然無重，卻有具體之形，相互言談無間。他可以擔負，可以捉持，不是縹緲的魂氣，和上面幾則「鬼物」沒有不同，但接下來發生的事情便有新意。定伯持鬼徑至宛市中，「著地化為一羊。」鬼著地變成羊，定伯「恐其便（變）化，乃唾之，得錢千五百，乃去」。鬼變作羊後被吐了口水，竟然變不回去，而成為具體的羊，供人貶賣宰割。

這則故事廣泛流傳，「定伯賣鬼」遂成為流行話語。超自然的鬼反而被人作弄，這是中國式的幽默嗎？或者反映中國人什麼心態？人不只是萬物之靈，並且可以超乎鬼神嗎？

・近世狐魅的來歷

近世以下的物怪，以狐最普遍。唐宋至元明，士人多以魅、媚、妖、精稱之，及至晚明通俗小說才出現「狐仙」一詞，有清一代至民國越發流行。[16]種種不同稱狐法，反映中國人的心態有相當的差距。

《封神榜》第一回，商紂王赴女媧宮進香，見女媧娘娘塑像如絕世佳人，心生褻瀆之念，女媧盛怒，遣其侍女千年狐狸精下凡，附身於蘇國公主美女妲己以迷惑紂王，終致商朝滅亡。這是非常晚近的民間傳說，周武王牧野誓師加給紂王許多罪名，稍稍關於女人的一項只說到「牝雞司晨，唯家之索」，以母雞晨啼比喻妲己干政。妲己不但不是母雞變的，更與狐精無關，因為先秦還沒有變怪和狐魅的觀念。

狐是黃河流域的野生動物，與狗不同，未被馴化，雖然會偷襲雞禽，但不像狼虎對人構成威脅。又因經常出現在人的視線內，狐反而成為人類的獵殺對象，《周易》解卦九二爻辭「田獲三狐」，三者，多也。所以各種顏色的狐裘會成為貴族階級的常服與禮服。在《詩》篇中，狐是詩人作詩起興的靈感，如《衛風》「有狐綏綏，在彼淇梁」；（〈有狐〉）《齊風》「南山崔崔，雄狐綏綏」，（〈南山〉）綏綏，形容款款而行的樣子。山西多狐，春秋時代晉國以狐名氏，如大氏族曰「狐氏」，出了狐偃、狐突，都是歷史名人。又或以「狐」名人，如董狐；以「狐」名地，如令狐、狐壤、狐廚。

狐與人的關係既然這麼若即若離，加以操作，便容易染上神祕色彩，陳勝的篝火狐鳴就是這樣來的。《史記．陳涉世家》云：秦二世發閭左謫戍漁陽，九百人屯於大澤鄉，陳勝、吳廣在行列中，任屯長。遇大雨，道路不通，估計一定延誤，秦法嚴酷，「失期當斬。」去也死，不去也死，兩人遂謀反。陳勝令吳廣在他屯駐地附近的祠廟，夜燃篝火，假造狐言狐語，嗚呼曰：「大楚興，陳勝王。」

古典世界的眾多物怪當然有狐，《山海經．南山經》云，青丘之山「有獸焉，其狀如狐而九尾，其音如嬰兒，能食人，食者不蠱」。郭璞注云：即九尾狐。據《山海經》，狐會吃人，但其肉也有辟邪作用，經文明言食之不中蠱毒；郭璞注又云：「噉其肉，令人不逢妖邪之氣」，當引述另外的傳說。其形象在漢畫往往與虎齒豹尾的西王母同出。〔圖二四〕

不過，九尾狐只是九條尾巴，比之其他古典物怪，還不算是太怪異的形貌，故能嵌入聖王大禹的傳說。東漢趙曄《吳越春秋．越王無余外傳》云：禹「循江泝河，盡濟甄淮，勞身焦思」，治水七載，年三十而未娶。行到塗山，怕逾越禮制規定「男子三十而

圖二四　漢畫九尾狐

娶」的結婚年齡，乃決定暫時放下治水之急務，要結婚了。他說：「這裡必有應驗。」果然就出現一隻白狐，九尾，來見禹。禹說：「白色是我的衣服；九尾乃王者之明證。〈塗山之歌〉曰：『綏綏白狐，九尾痝痝。我家嘉夷，來賓為王；成家成室，我造彼昌。』天人之際就在此行，再也明確不過了。」禹因而娶於塗山，與九尾狐成親，十月而生子，名啟。《吳越春秋》雖是東漢的著述，故事未見九尾狐變成美女的情節，反而透露遠古神話傳說的成分，符合古典物怪的氛圍。

以今存文獻而言，古典時代的狐似乎不如中古以下之與「魅」或「怪」繫連。不過馬王堆漢墓帛書《五十二病方》「穨」條，以祝禳方式治療癩疝，祝曰：「天神下干疾，神女倚序聽吾（語），某，狐叉非其處所，已；不已，斧斬若。」禱者身上被「狐叉」，警告「狐叉」快停止，不停止就用斧頭斬殺。狐叉，《黃帝內經太素》卷八楊上善注云：狐疝，即癩疝，[17]是一種病。但祝禱方式的巫術治療，其對象應該是超自然的「狐叉」，不知是否視狐為古典的「物」，仍待考。同條另一種療法，令癩者北首臥，北鄉廡中，禹步三，步呼曰：「吁，狐麃。」如是三次。狐麃是和狐叉一樣的物怪，但同樣不能確定是否與狐有關。

總之，春秋時代王孫滿講的「螭魅罔兩」，《山海經》的山林川澤諸神物，都以它們的真實面目出現。上引《玄中記》秦文公伐數百圍之大梓樹，「樹斷，中有青牛駭逸」，並不是樹變化為牛，而是青牛為樹精，寄宿在樹中。用於「高祖斬蛇」傳說，赤帝子斬殺白帝子，不是赤帝子變成劉邦，白帝子變成大蛇，大概類似青牛梓樹的思維吧。

當然，圯上老人與黃石，或大蛇之母作老婦狀，是「精」存於「體」，還是變化之故？凡此涉及信仰、心態的事物，不必非有嚴格邏輯不可。一般而言，秦漢物怪鮮少如後世變化為人者，即使到東漢末年，應劭收錄那麼多狗怪故事，仍然是附身、憑依，而不是變化。那麼，《漢書·藝文志》著錄的《禎祥變怪》二十一卷、《人鬼精物六畜變怪》二十一卷、《變怪詰咎》十二卷等等的「變怪」，恐怕多如睡虎地秦簡日書〈詰〉篇，而不會像後世的《白蛇傳》或《聊齋誌異》吧。

漢代的《急就篇》卷四條列飛禽走獸，有云：「豹狐距虛豺犀兕。」據顏師古注，除狐之外都是經驗世界的動物，不過罕見而已。[18] 狐，師古注則曰：「妖獸也，鬼所乘（附也）。」鬼附身於狐，故成狐魅。師古雖是唐人，但此注或本諸漢人之說，狐只如早期的變怪，沒說到能變化為人。猶如《風俗通義》那些狗怪，不是同里的沽酒家犬，（「來季德」條）就是自家的狗。（「李叔堅」條）

秦漢這類變怪也不強調後世成精者的「老」或「久」，但到魏晉，所謂「老物」、「老魅」的「老」，往往成為物怪故事的必要條件。兩晉之際，郭璞《玄中記》說：百歲鼠化為神或化為蝙蝠，千歲黿、千歲龜能與人語，食千歲蟾蜍者壽千歲，（《鉤沈》，頁三七八─三七九）精怪遂與千百年之歲月結合在一起。葛洪《抱朴子．登涉》故曰：「萬物之老者，其精悉能假託人形，以眩惑人目而常試人。」這種「精」通稱「老魅」，即「老物」也。

隨著物怪故事之流傳、歷時一久，未免增添情節，逐漸產生從附身於人衍化成變為人。其演變過程，尚待追索，不過，魏晉以下，物怪變人的故事逐漸普遍化則是事實。據東晉初期的《搜神記》，有老狗、老狸、老蠍、老雄雞、老母豬、老豨以及老狐變為人，（卷十八）變形成怪的觀念已經很普遍，不像東漢時，「怪」仍有別於「變」。

狐魅進入正史，見於《晉書．韓友傳》。話說劉世則女「病魅積年」，請巫進行攻、禱法術，並到空冢故城間尋找致病的物怪，得狸鼉數十，但女病仍未見起色，乃敦請善卜筮的韓友來治病。友命劉家作布囊，當女病發作時，布囊罩住窗牖之間，「友閉戶作氣，若有所驅。」不久，但見布囊像吹了氣般膨脹，終而破裂，女病仍然大發作。韓友命改作皮囊兩枚，如前張開，「囊復脹滿」，於是急忙縛綁囊口，將皮囊懸掛於樹，過了二十多日，脹囊漸消，打開來看，「有二斤狐毛」，女子的病就痊癒了。這隻狐在晉代似尚不如後世的故事，變成人迷惑女子，也許還是漢代變怪的流風吧。

然而中國北方與人群生活若即若離的狐，時代愈下便以嶄新姿態出現在物怪故事中。上舉《封神榜》所說狐精附身於妲己的傳說，據羅振玉在日本閱讀到的中國久佚古書，有李邏的《千字文》，其注周伐殷紂，[19]言妲己為九尾狐祟。然而九尾狐如何「祟法」，是憑依，或是變形？不知李邏有沒有講到，羅氏未言。他只說：「邏，六朝人，今里俗所傳《封神演義》，謂妲己為九尾狐精，初謂向壁虛造之語，不謂六朝時已有此說也。」[20]不論狐變化為人，或憑身於人，六朝有此一說，令博通新舊史料的羅振玉頗感新鮮，殊不知兩晉之際郭璞的《玄中記》就說過：

狐，五十歲能變化為婦人，百歲為美女，為神巫。或為丈夫，與女人交接；能知千里外事；善蠱魅，使人迷惑失智。千歲即與天通，為天狐。（《鉤沈》，頁三七八）

本文開篇講長孫無忌的故事，我們已見識過千歲天狐的威力，後世善於變化的狐，應該多是百歲老狐吧，其源起或在於魏晉時代。張華斑狐的故事，內容頗稱豐富，情節也稍複雜，很能反映狐變化為人的觀念已經確立了。

干寶《搜神記》卷十八「張華」條云，燕昭王墓前，有一斑狐，「積年能為變幻，乃變作一書生」，欲謁見朝廷重臣兼名士領袖張華。斑狐經過墓前華表，問以他的才貌，能不能獲得張司空接納？華表說：「子之妙解，無為不可」，不過張公智度超邁，你必遭辱，恐怕回不來，非但斷送你千歲之資，也將連累於我。

狐不聽，謁張華。「華見其總角風流，潔白如玉，舉動容止，顧盼生姿」，完全是第一流清談名士的風範。於是論文說史，探賾百家，深入《老》《莊》之奧，披露《風》《雅》之旨，張華乃歎曰：「天下豈有此少年乎？」心下懷疑，「若非鬼魅，則是狐狸。」於是延留住下，卻派人防護。

少年書生發現被軟禁，責備張華憎人學問，將失天下智謀之士所望。華不應，把書生的事告知來訪的博物人士雷孔章，孔章勸華以獵犬試之，然了無懼色。張華說：「聞魑魅忌狗，所別者數百年物耳；千年老精，不能復別。」千年狐精，狗奈何不得，不過聽說用「千年枯木照之，則形立見」。

千年神木何由可得？有了，「世傳燕昭王墓前華表木已經千年」，乃遣人伐華表。

使人來到華表，忽然空中出現一青衣小兒，問明使者來意，遂抱怨說：「老狐不智，不聽我言，今日禍及於我矣。」發聲悲泣，倏然不見。這個青衣小兒如秦文公的梓樹精青牛，即是華表木精。使者伐華表木，血流，帶回燃燒，以照書生，乃現一斑狐。

同篇另一則發生在南陽西郊一亭的狐魅，出現時可不是倜儻少年。邑人宋大賢嘗宿亭樓，夜坐鼓琴，「至夜半時，忽有鬼來，登梯與大賢語，矃目磋齒，形貌可惡。」鬼嚇大賢，大賢不為所動，要求手搏，大賢捉其腰，遂殺之，天亮看清，原是老狐。老狐即使變成鬼狀，總之也是變形，按照郭璞所傳的邏輯，應該還不夠老之故。

百物變怪，品類雖多，放在長遠的歷史觀察，頗有先後之別。概言之，漢多言狗怪，唐則多言狐魅。應劭《風俗通義．神怪》之狗怪數見，但無一及於狐；干寶《搜神記》雖已出現一些狐的變怪故事，但更具魏晉物怪多樣化的通相，而到唐代，張鷟竟說：「唐初以來，百姓多事狐神」；（《朝野僉載》卷六）他甚至引述當時俗諺：「無狐魅，不成村。」可見到八世紀中葉安史亂前，狐魅觀念在黃河流域已經非常普遍，深入民間，張鷟接著講述一隻野狐作弄人家釀成悲劇的故事。[21]

唐高宗永淳間（六八二）國子監助教張簡於鄉學講授《文選》，有野狐假借簡形，講一紙書而去。稍後簡至，弟子怪問老師不是剛剛來講過嗎？張簡驚異地說：「剛剛來者必野狐也。」講罷歸舍，見妹席地絡絲，謂簡曰：「煮好的菜已涼，兄何以來遲？」張簡坐下，久等妹端菜來，乃責其妹，妹說：「我根本未見兄回來，想必是野狐作弄，下次見到必打殺之。」明日，張簡講完課又從鄉學回家，見妹坐地絡絲，對簡說：「鬼魅剛剛走向屋後去。」簡持棒來尋，見其妹從廁所出來，遂擊之，妹號叫曰：「我是你妹妹。」簡不信，因擊殺之。回到前屋，只見絡絲女子化為野狐而走。讀到這裡，狐能變作張簡，也能變成其妹，到底誰是真張簡，誰是真張簡妹，誰才是野狐，你若身處其境，能弄明白嗎？

雖然張鷟說，狐魅唐初盛行，無村無之，不過正如上文張華的故事，狐的變怪早已有之，最晚東漢末年已經出現，魏晉南北朝持續普及，才有唐初以來的盛況。干寶《搜神記》卷十八「阿紫」條云，後漢建安中，西海都尉陳羨的部曲王靈孝屢次逃兵，查知是被魅迷走，於是四處搜尋，果見孝住在空冢中，形頗象狐，不理會來尋之人，只口中不斷叨唸「阿紫」。十餘日後，王靈孝心神稍稍恢復，才講出經歷始末。一日狐來，美婦形貌，自稱「阿紫」，不停地招我，我就跟隨著去。阿紫即為我妻，白晝出遊，暮還其家，快樂無比。干寶考證云：《名山記》有曰：「狐者，先古之淫婦也，其名曰阿紫，化而為狐。」《名山記》當是東漢道士之書。如上文所論，狐魅上古未見，是中古才出現的變怪，我們由此而知，魏晉時人相信狐會變成美婦人，除上述《玄中記》外，又多了《名山記》可資佐證。

魏晉至隋唐之大量流傳狐魅故事，和東漢末年以降東亞國際局勢的變化可能很有關係。中國北方草原帶，以及中亞或更遠的波斯等地的民族，紛紛進入黃河流域，而長江流域則有阿拉伯、西亞、南亞的民族也從海路抵達中土。即使他們是不同民族，但中國人統稱曰「胡」。《搜神記》卷十八「胡博士」條說，吳中（蘇州）有一皓首書生，教授諸生，忽然不見。一年的重陽節，士子相約登山，聽聞讀書的聲音，類似書生，乃命僕尋找，但見空冢中群狐羅列，聽一老狐講書。群狐見人即走，老狐獨不去，卻轉而以皓首書生的形貌現身。這是「狐」與「胡」繫連的早期證據。

史學家陳寅恪很早就注意「狐」「胡」關係的命題，考證其起於人體的腋氣，隋巢元方《諸病源候總論》稱作「狐臭」（〈小兒雜病諸候〉「狐臭」條），唐孫思邈《千金要方》則曰：「胡臭」（〈胡臭漏腋〉）。同樣的腋氣卻有二名，他推證，此腋氣本由西胡種人得名，因胡人與華夏民族通婚，血統混淆，華人亦有此臭，不宜再以「胡」名之，乃取類似的野狐之氣，改稱曰「狐氣」。[22]

陳說極具啟發性，姑且不論中國人是先知有「狐臭」，或者是「胡臭」，在物怪世界，「狐」明顯因「胡」而盛行。南朝宋劉敬叔《異苑》卷八有一條故事說，「胡道洽，自云廣陵人，好音樂醫術之事，體有臊氣，恒以名香自防。」音樂、臊氣、名香都和西胡密切相關。廣陵即揚州，胡賈聚集之都，因此胡道洽被認為是從波斯或阿拉伯，循海路東來的胡人。不過他「唯忌猛犬」，怕狗，的確是狐的特徵。道洽自知死日，遺言弟子說：「氣絕便殯，勿令狗見我尸也。」他死於山陽，殮畢，弟子覺棺空，即開棺，不見尸體。時人都說，他是狐。（引自《太平廣記》卷四四七「胡道洽」條）

雖然狐魅故事都說狐懼怕狗，不過要看狐的「道行」達到什麼層級，像長孫無忌遇到的天狐，聘請五嶽神合攻才能制服；（《廣異記》卷九）張華亦呼獵犬試，數百年的斑狐書生毫無懼色，最後動用千年神木，燃燒燕昭王墓前的華表，才使書生現形。（《搜神記》卷十八）《廣異記》的睢陽郡宋王冢旁之老狐尤其突出，狐每到衙日（朔望之翌日），邑中之狗都去朝見，「狐坐冢上，狗列其下。」睢陽人聞知東都王老有雙犬，「前後殺魅甚多」，於是集資雇請王老的狗來咋狐。「王老牽犬往，犬逕詣諸犬之下，伏而不動」，令眾人大失所望。作者戴孚說：「今世人有不了其事者，相戲曰取睢陽野狐犬。」「野狐犬」和漢代的「狗怪」一樣帶有隱喻意味，唐代的狐魅普及到構成了俗語。（又見《太平廣記》卷四五一「王老」條）

狐變作人後，往往自稱姓胡。《廣異記》說，吏部侍郎李元恭外孫女崔氏忽得魅疾，久之，狐見形，為一少年，自稱胡郎，崔家屢求術士而不能除去。元恭子博學多智，與胡郎談論，甚為相得，遂結友好。後來胡郎對崔氏說：「人生不可不學」，乃引一老人授崔氏經史，又分別請人來教崔氏書法、音樂、彈琴。李元恭子勸胡郎娶崔氏，遂成親，迎女於狐宅，原來是在李家竹園內兩欉大竹間的一個小孔內。李元恭子得知狐居所後，引水灌之，得狐數十，最後有一匹老狐從孔中走出，殺之，其怪遂絕。（《太平廣記》卷四四九「李元恭」條）

《太平廣記》同卷收有《廣異記》的「焦練師」，焦修道，聚徒甚眾，「有黃裙婦人自稱阿胡」，就焦學道術。經三年，焦之術授盡，阿胡辭去，焦苦留之，阿胡遂明告自己是野狐，今無可學，義不得留。焦練師以術拘之，失敗，乃於嵩山頂設壇，聘請太上老君降臨收拾妖狐，以免從他學習的「正道」被濫用。雲中果現老君，以刀斷狐腰，焦練師大喜，歡慶道術成效，但老君忽然從雲中下來，變作黃裙婦人緩緩而去，當場拆焦老道的臺。

如前文所論，周王孫滿慰勞楚莊王說，夏「鑄鼎象物，百物而為之備，使民知神姦」。（《左傳》宣三）古典物怪分神物和姦物，如齊桓公遇見的山神小人俞兒和澤神蛇狀的委蛇，是霸者的徵兆，當屬於「神物」，而警告人民不宜逢見的螭魅罔兩，自然是「姦物」。及至漢宮的大儺儀式，十二獸之甲作、胇胃、雄伯、騰簡、攬諸、伯奇、強梁、祖明（二神一組）、委隨、錯斷、窮奇、騰根（二神一組）即十二神物，獵食之㱝、虎、魅、不祥、咎夢、磔死寄生、觀、巨蠱則是姦物。（《後漢書．禮儀志》）神姦分明，仍然保留古典時代的傳統。

不過秦漢以降，存在於人意識的百物與人的生活交錯，流傳民間而構成的記憶，幾乎負面居多。睡虎地秦簡日書〈詰〉篇開宗明義是「詰咎」，詰猶禁也，（《周禮．大宰》鄭注）咎猶咎魅，（《潛夫論．巫列》）詰咎即禁魅（物）。日書所詰之咎魅，當即該篇所列的七十種鬼物的總稱。《漢書．藝文志》「雜占」著錄的《禎祥變怪》、《人鬼精物六畜變怪》、《變怪詁咎》、《執不祥劾鬼物》等書冊八十多卷，可見秦漢物怪之複雜多樣，而其危害於人亦必廣泛深刻。所謂「變怪」大概指有的「物」只作怪而未變形，如李叔堅家的狗怪；有的附身變形，如附於來季德的沽酒家之狗。其他如《風俗通義》收錄的精物妖怪，有能使人「亡髮失精」者，更加令人聞「物」色變。

上古並具神與姦的百物，由於歷史的沉澱轉化，中國人對變怪的百物逐漸確立正邪不兩立的意識形態，從後世流傳的許宣、白素貞故事來看，不論法海和尚多拗蠻，總代表「正」，相對的，不論白娘子多鍾情，想好好過人世間的生活，卻洗脫不了「邪」的標籤，終於被鎮壓在雷峰塔下。

中古與近世物怪故事多在人「正」與物「邪」的思維模式展開，《搜神記》的張華與斑狐，《廣異記》的李元恭之子與胡郎，以及焦練師和黃裳婦人，都是極具代表性的例證。跳脫正邪意識形態，博學有識的斑狐書生責備天下名公張華「憎人學問」，缺乏「尊賢容眾、嘉善而矜不能」的雅量，感歎以張華的領袖地位，「將恐天下之人捲舌而不言，智謀之士望門而不進。」哪句話說錯了？張華對書生的質疑與期望，一概「不應」，「置甲兵欄騎……使人防禦甚嚴」，可以算是「正」當行為嗎？再看李元恭子對待的胡郎，的確迷惑「容色殊麗」的少女崔氏，但他安排博學多藝之士（狐）循循教導崔氏，培育她成為文藝雙全的窈窕淑女，最後卻被好友設局，暴露居所，落得家破人亡。李生與胡郎孰邪孰正？不令理性思維的人邏輯錯亂嗎？至於那位廣聚眾徒的焦姓修練道士，以「大道」「正法」自居，被黃裳婦人野狐阿胡耍得團團轉，收「妖」的法術終於遺笑大方。焦練師的氣度可以稱得上正人君子嗎？

以上列舉的三則故事，作者或許站在「正」的立場破「邪」，然其故事情節已經撼動正邪的藩籬，動搖刻板的正邪二元模式。我們也發現主流意識形態的正邪二分敘述之外，唐代傳奇的狐魅，應該是開新風氣之傑作，如沈既濟的〈任氏傳〉並不視為妖邪；清代小說的狐女，如蒲松齡筆下的青鳳，更顯示人與狐交融無間。社會出現這樣的情境和土壤以後，具有正面意涵的詞彙「狐仙」也才可能產生並且流傳。

《太平廣記》卷四五二「任氏」條講兩個男人與一女狐交際的故事，情節曲折，遠遠超出一般志怪小說之上。他們之間的情愛，已多於六朝物怪故事的情色，而且在信守一定禮教之餘，更流露人性的正義。

話說唐天寶年間，長安兩個落拓姻親青年韋崟和鄭六，韋崟門高富厚，鄭六家道淪落，託身於妻族。兩人志趣投合，經常同出冶遊，唯一日，鄭六獨行，邂逅白衣女，驚於美艷絕倫，走近搭訕，相談甚歡。一路說說笑笑，行至白衣女大宅第之前，日色嚮晚，白衣女邀鄭入內，互通姓名，女曰任氏，夜飲而寢。翌日破曉，鄭六約期再會而別。走到里門，詢問鬻餅胡人那座大宅主人是誰，胡人告以此中有一狐，多出來引誘青年。鄭六遂知白衣女原是女狐，然仍「想其艷冶，願復一見」。十餘日後，鄭六入市，瞥見任氏，遽呼不應，女反而加速走避。鄭六追至身側，任氏說，因鄭知其狐，愧恥相對。鄭六誠懇告白，說他日夜想念，求之不得，安敢相棄？兩人遂賃屋而居。和其他物怪不同者，任氏不但沒有迷惑鄭六，還想避開，可見鄭六之愛任氏有清醒的自主性。故事走到這一節，人已經完全接受物怪，相處無間了。

鄭六的異常行為致使韋崟懷疑，追問出艷遇。韋既聽聞狐女之妍姿美質，舉世無雙，乃決心探看究竟，擇日盛裝往訪，適逢鄭六外出。男人不在家，突來生客，任氏走避不及，為韋崟堵遮，果然美貌遠過鄭六所傳。韋崟不能自禁，擁抱任氏，圖欲非禮，任氏抗之再三，最後力盡，神色淒然。崟問其故，任曰：「深為鄭六感到悲哀，徒有六尺之軀而不能庇一婦人，豈丈夫哉？」她還責備韋崟，門高豪侈，佳麗成群，不若鄭生窮措，怎「忍以己之有餘而奪友之不足乎？」韋崟一聽這番話，慾念全消，肅然謝罪，以後不敢再無禮。這時鄭六返家，所有的事情好像都沒發生過，三人相談甚歡。

狐女不但有情有義，而且知書達禮，她的行止合乎禮教，但更出於人性，中國聖賢教人的道理亦不過如此。韋崟同樣有愛慕之情，更有朋友之義，從此以後，「任氏之新粒牲餼，皆崟給焉。」生活費用都韋崟供給，不想讓心愛的女人過苦日子吧。兩人來往頻繁，「崟日與任遊甚歡，每相狎暱，無所不至，唯不及於亂。」他們的愛情夠上「柏拉圖式」的吧。然而真實的人生社會不會這麼「不食人間煙火」，任氏以不能負鄭六，故不得遂韋崟之歡，只要韋看上的美女，都會幫他物色。據這篇傳奇所說，多是任氏表親姻戚，有的為人妾，有的為權貴府中樂工。那麼唐代的長安，可真是狐族充斥於市井與高門了。

任氏能預知，有先識，教鄭六賺了一大筆錢。一年多後，鄭六調授金城縣槐里府果毅衛，邀任氏俱赴任，任氏婉拒，鄭懇請再三，任愈不可，乃求助於韋崟遊說勸行。任氏不得已才說出拒絕原因：「巫者說我今年不宜西行。」金城在長安西邊，所以萬萬行不得。韋笑明智如她者怎麼聽信愚巫妖惑之言？任氏說：「倘若巫言有徵，我為你死又有何益？」韋鄭兩人都責備她，絕無此理，任氏只好與鄭六赴任。

韋崟將自己的馬借給任氏，臨行拜祭路神，置酒設讌，揮袂別去。任氏騎馬居前，鄭六乘驢隨後，女奴別乘又在其後。經過一宿，一行人抵達馬嵬坡。

旬日來，長城西門圉人在洛川校練獵狗，今天剛好來到往西的官道，一時蒼犬騰出草間，鄭六但見任氏欻然墜落在地，恢復本形南馳，蒼犬急追，鄭六隨之走奔呼喝獵犬，但不能制止。跑了一里多路，狐為犬噬獲。鄭六含著滿眶淚水，出錢贖回掩埋，削木為記。回顧陳跡，但見任氏首飾落地，衣裳猶披於鞍上，履襪懸掛馬鐙，在西風斜陽中搖曳。任氏則有若道家的蟬蛻，坐騎默默在路旁囓草，女奴卻消逝得無影無蹤。

十幾天後，鄭六回到長安，韋崟一見，問任氏可好？鄭泫然淚下說：「死了。」韋崟聞之，大為悲慟，兩個男人持扶手臂痛哭。哭過，崟才緩緩問道：「病故嗎？」鄭答：「為犬所害。」崟說：「犬雖猛，安能害人？」鄭六這時才說出：「她不是人。」崟更加驚異，「非人是什麼？」鄭六乃述說原始本末，韋崟聽罷，驚訝歎息不已。明日，命人準備坐騎，和鄭六同往馬嵬，挖開墳冢來看，「長慟而歸」。

狐女任氏雖然擺脫不了妖物變怪結局的命運，但〈任氏傳〉和以前物怪之死的故事截然不同，先後知道她底細的兩個男人心中永遠留有她的倩影。不但故事的兩個男主角念念不忘，從當事人韋崟聽聞這則故事的沈既濟，以及後來聽沈轉述的旅途同伴，聞任氏之事，都共深嘆駭，遂敦促他寫下這篇膾炙人口、流傳千餘年的傳奇。

沈既濟建構的人狐交際圖像，延續到清初蒲松齡又有更多發揮，宋明以來人世間的真實禮教意識形態益加滲入物怪世界，複製中國式的人情和儒家教訓的禮義，人與狐的確愈加接近了，蒲留仙〈青鳳〉篇可以作為代表。

《聊齋誌異》卷三〈青鳳〉，話說太原耿氏，原是世家高門，宅第宏闊；後來沒落，連亙的樓舍大半曠廢。因此常常發生怪異，家人半夜驚駭，乃移居別墅。房屋沒人居住，益發荒落，常聞笑語歌聲。

耿家主人有姪名去病，狂放不羈，欲覘其異，某夜，見樓上燈火明滅，遂進入。穿過等身高的蓬蒿，登樓入內，初聞人語，見一叟儒冠南面坐，一媼相對，東向一少年，可二十許，右一女郎，及笄。酒肉滿案，圍坐笑語。去病突呼「有不速之客」而入，三人走避，只老叟端坐不動，質問道：「誰膽敢闖入閨闥？」耿去病說：「這是我家，你占有之，旨酒自飲，竟不邀請主人。」叟端詳後說：「你非主人。」去病說：「誠然，我是狂生耿去病，主人之姪。」叟乃揖生入座，呼其子孝兒來見，與狂生互稱兄弟。雙方各述祖德，老叟遠及於塗山氏，去病也能道出禹娶塗山的典故。三人言談甚歡，有若通家之好，於是引見女眷，介紹少女名青鳳，乃叟之姪女。去病瞻顧，目不轉睛，女郎發覺，俛俯其首不敢直視。狂生借酒狂言，謂「得婦如此，南面而王亦不足匹比」。老嫗隨即帶女郎離去，狂生失望，辭別而出。

從此以後，青鳳倩影縈繞狂生胸懷，念念不忘，乃遷居樓下，冀得一遇。某夜，憑几讀書，一鬼披髮前來，面目如漆，狂生泰然相對，鬼乃退去。次夜更深，滅燭欲寢，聞樓後開門聲，隨而碎步聲，有燭光自房中出，乃青鳳也；驟見狂生，駭然退卻，正待闔門，為生所攔。狂生於是訴說慕念相思，只希望能一見顏色。青鳳似有所動，生捉其臂，擁而入懷。青鳳說：「幸有宿緣，過此一夕，相思無益矣。」問明才知其叔化鬼恐嚇無效，已卜居他所，明日即發。

故事說到這裡，猶見六朝隋唐的物怪情節，曲折修飾，細緻過之，又多了人間的禮教，如去病之見女眷。但以下的故事則屬於另一層次，殊不同於中古物怪。當青鳳說明日就要離開耿氏樓邸後，起身將出，狂生強止求歡，此時老叟突然排門而入，怒斥青鳳：「賤婢，辱我門戶，還不速去！」青鳳低頭急走，叟亦出，狂生尾隨，但聞詈罵不休，於是放聲抗言，謂咎在他，不在青鳳，他願承擔罪責。從此以後，耿樓不再有怪。狂生於是移居此樓，但未嘗忘懷青鳳。

逾年，清明上墳，狂生耿去病見二小狐為犬逼逐，一落荒而逝，一徬徨於路，望見狂生，依依哀啼，似若求助。生可憐小狐，抱提而歸，閉門，置床上，突然化為青鳳，狂生大喜，於是互道別後離情。青鳳說，逃脫的小狐是婢女，回去必言她已死，所以和狂生可以永相廝守矣。去疾遂把青鳳安頓在另一屋舍。

這樣過了兩年多，狂生方夜讀，孝兒忽入，問所由來。孝兒說：「家父遭難，非君莫救。」原來狂生好友獵得老狐，明日經過此地，請求狂生留下老狐。狂生因被狐叟當面侮辱，餘恨猶存，置之不理，孝兒乞求不果，只得痛哭而去。狂生立刻到青鳳所，告知此事，青鳳花容失色，訴說她少孤，依叔而長，恩義情重，乞請狂生務必救助，狂生答應。次日，友人獵罷歸途，過訪狂生，見獵物中一黑狐，皮肉猶溫，乃託言自己皮裘已敝，願得此狐皮綴補。友人慨然贈與，狂生即付予青鳳，青鳳抱於懷，三日然後蘇醒，復化為老叟。叔姪再會，疑非人間，青鳳把狂生營救的過程說了一遍，狐叟拜謝狂生，也同意他們的婚事。青鳳求借耿樓，以侍奉狐叟，狂生與狐叟如同家人父子，他的嫡長子還請孝兒當師傅，循循善教之。

蒲松齡〈青鳳〉篇的物怪世界可以說是儒家禮教理想的重構，閨門家訓，男女之防，子女孝思，以至人間的溫情與愛情，這些在人世不一定能圓滿達成的倫常，都從狐魅身上自然地流露出來。中古物怪不乏情色以及情愛，但鮮少及於禮教倫常，這點不但呈現近世物怪的特色，也宣示儒家倫理是通貫「人」「物」的普世價值。

人狐關係之親近，自沈既濟以〈任氏傳〉啟其端，蒲松齡的〈青鳳〉達到完全禮教化，固然是文士虛構的小說（fiction），但也透露社會的變化。「狐魅」不論中古或近世，其物怪變化的本質連貫千年，然而到近世，人明知是狐，猶不離不棄，甚至親之愛之，超越「狐魅」的「狐仙」這個名稱，當是此一變化的結果。明清以降，狐仙流傳於社會各階層，從市井小民至上層士大夫，即使不願公開承認，大多信而不疑。[23]物怪故事的情節，不但可以看到中國的社會與文化，也透露中國亙古流衍的心態。

注釋

1 前引《日書甲種釋文注釋》，《睡虎地秦墓竹簡》，頁二一二。

2 《太平御覽》八八五、九〇五引。

3 引自魯迅《古小說鉤沈》，《魯迅全集》第二卷，臺北：唐山出版社（一九八九），頁二八四。

4 參新疆維吾爾自治區博物館編，《新疆出土文物》，北京：文物出版社（一九七五），圖一一五、一一六；新疆維吾爾自治區文物考古研究所等主編，《新疆文物古跡大觀》，烏魯木齊：新疆美術攝影出版社（一九九九），三五六圖。裴建平，〈人首蛇身伏羲、女媧絹畫略說〉，《文博》一九九一年一期。按此文的絹畫出土於吐魯番縣阿斯塔那—哈拉和卓唐墓，但原簡報未提及。見《文物》一九七三年一〇期。

5 魯迅，《古小說鉤沈》，收入《魯迅全集》（全十三卷）第二卷，臺北：唐山出版社（一九八九），頁二一〇。按，本書節中古志怪小說凡引自《古小說鉤沈》之志怪小說，皆在文末附《鉤沈》頁碼，不再加注。

6 分別收入李昉奉敕撰，《太平廣記》，臺北：新興書局（一九五八），卷四六〇「蘇瓊」、「徐奭」條。

7 《睡虎地秦墓竹簡》，頁二一三。

8 《搜神後記》卷七「周子文失魂」條曰：晉中興後，譙郡周子文，家在晉陵。少時喜射獵，常入山，忽山岫間有一人，長五六丈，手捉弓矢，矢鏑頭廣二尺許，白如霜雪。忽出聲喚曰：「阿鼠（子文小字）。」子文不覺應曰：「喏。」此人牽弓滿鏑向子文，子文便失魂厭伏。

9 此則敘述參考王利器的校注，見王利器《風俗通義校注》，臺北：明文書局（一九八二），頁四三四—四三八。

10 中國稱秦，參杜正勝，《中國是怎麼形成的》，臺北：一卷文化（二〇二三），頁八六—八七。

11 參杜正勝，〈古代物怪之研究（上）——一種心態史和文化史的探索〉，《大陸雜誌》一〇四卷一—三期（二〇〇二）。

12 參杜正勝，〈生死之間是連繫還是斷裂——中國人的生死觀〉，《當代》五八期（一九九一），收入《從眉壽到長生》（增訂二版），臺北：三民書局（二〇二四），頁三三七—三四二。

13 干寶《搜神記》卷十五「漢宮人冢」條記類似故事，但說是「漢末，關中大亂，有發前漢時宮人冢者，宮人猶活」。魏郭后愛念之，后崩，「哭泣過哀，遂死」云云。此宮人若推到西漢末，不是周代之人，可能是傳說的分化。不過，這條故事未見各書引作《搜神記》，見汪紹楹校注《搜神記》，臺北：里仁書局（一九八二），頁一八六。

14 參杜正勝，〈生死之間是連繫還是斷裂——中國人的生死觀〉，《當代》五八期（一九九一），收入杜正勝，《從眉壽到長生》（增訂二版），臺北：三民書局（二〇二四），頁三二五—三五一。

15 酈道元、楊守敬、熊會貞疏，段熙仲、陳橋驛點校，《水經注疏》，江蘇古籍出版社（一九八九），頁一四四〇—一四四一。

16 參康笑菲著，姚政志譯，《狐仙》，臺北：博雅書屋（二〇〇九），頁七〇。

17 馬王堆漢墓帛書整理小組，《馬王堆漢墓帛書釋文注釋》，《馬王堆漢墓帛書》〔肆〕，頁五〇。

18 顏注：豹，似烏塗而圜文。距虛，即蛩蛩也，似馬而有青色；一曰距虛似而小。豻，深毛而狗足。犀，黑色，似水牛而豬頭，大鼻，痺腳，腳有三蹄，其頂額及鼻凡有三角，亦有一角者，善食棘。兕，似野牛而色青，重千斤，一角甚大。

19 按，羅氏原作「周伐殷湯」，可能他看到的古書原來就筆誤。

20 羅振玉，《羅雪堂先生全集》，臺北：大通書局（一九七三），五編（一）《眼學偶得》，頁一七七。

21 據維基網路「中國哲學書電子化計劃」電子化本《朝野僉載》多達一〇九條，這故事列在第八十八條，但不見於商務印書館「叢書集成初編」本，後者只收五十八條而已。

22 陳寅恪，〈狐臭與胡臭〉，收入《寒柳堂集》。

23 記得年輕時，聽亡友周鳳五教授說：「曲阜孔府後院有小祠，祀黃鼠狼。」黃鼠狼也是中國北方民間的一種信仰，與狐並稱。我推測鳳五可能私下得自孔德成先生，此說即使在一般讀書人家，也難得見諸文字，何況是孔府！但很能反映中國士大夫另一面不願人知的心態。行文至此，特記昔日所聞。

第四章——事實乎？寓言乎？

・紀實的傳統

不同生物綜合體的古典物怪，中古以及近世的憑依與變化，不止千年古木、百年原獸，連眼下看其成長的家禽、家畜，甚至各種器具的無生物，也都會變為人。上節說了那麼多靈巧的狐變美女的故事，不止如此，就是兇殘的猛虎，也可以蛻變成「修容靚飾、姸媚閑麗、閒慧無雙」的及笄處子，唐中晚期薛漁思《河東記》申屠澄的虎妻即是。

《太平廣記》卷四二九「申屠澄」條云，申屠澄，貞元九年（七九三）自布衣調補濮州什邡尉，赴任途中遇風雪嚴寒，投宿路旁茅舍，見老父、老嫗及二八閨女，酒宴款待。澄與女子吟《詩》酬酢，感佩求婚，然後啟程上任。夫妻情浹，及秩滿，生一男一女。澄卸職而歸，至嘉江畔憩息，作詩，妻見景和曰：「琴瑟情雖重，山林志自深，常憂時節變，辜負百年心。」潸然淚下。二十餘日後，還至妻家，草舍依然，但不復有人煙。妻盡日哭泣，忽見壁角懸掛虎皮故衣，披之，即變為虎，嘯吼突門而去。

凡此種種志怪故事，近人多認為出自作者虛構，但悠遠的物怪滲入社會，構成傳統，不同時期故事的產生並不一律，同一時期的類似著述也不盡一致。一般而言，當「曾參殺人」之說連最不信的母親也動搖時，（《戰國策．秦策二》）三人也就成虎了。（《戰國策．魏策二》）一個人的想像是「幻想」，眾人都這樣想便是「事實」。我們在開篇已經申明，討論物怪故事，不是要追究物怪是否真實存在，而是當時人是否相信真有其事才重要。當記述者及其時代多數人相信真實發生過，而不只是純粹杜撰的遊戲，那麼便成為某種形式的「歷史」。既是「歷史」，便可以從物怪呈現方式的轉變以及不同記述內容，來看故事透露的社會信息，以及其中的寓意。

（一）先秦：王孫滿、孔子

簡單回顧上文提及的故事記述，周大夫王孫滿講述夏禹「鑄鼎象物，百物而為之備，使民知神、姦。故民入川澤山林，不逢不若，螭魅罔兩，莫能逢之」。（《左傳》

宣三）解讀這段文字，要先回到王孫滿講話的情境。《左傳》說：「楚子伐陸渾之戎，遂至於雒，觀兵于周疆。」陸渾之戎在豫西，值成周之南。楚軍既侵入其地，直抵雒水，鄰近周的南疆，在此閱兵，顯然對周施壓。周王面臨威脅，乃派遣大夫王孫滿以勞軍為名，實則說服莊王退兵，楚王卻「問鼎之大小輕重」？世人認為鼎是政權的象徵，依春秋的封建禮儀外交辭令，楚王問鼎，覬覦王位的用意甚明。身負重任的王孫滿，在如此敏感時刻，何以竟講起遠古故事來？

王孫滿點出物怪故事的意涵是，知曉鼎上百物之象，「用能協于上下，以承天休」，可以因而蒙受上天之福祐，也就是保有天命，安享王位。他劈頭說，王位的獲得「在德不在鼎」，接著講述夏桀商紂的歷史教訓。「桀有昏德，鼎遷于商，載祀六百」；六百年後到商王紂，「暴虐，鼎遷于周。」歷史正是政權「在德不在鼎」的明證。因為德休明，鼎雖小，猶重也；否則，若「姦回（邪）昏亂」，鼎雖大，猶輕也。我們周國，自「成王定鼎于郟鄏，卜世三十，卜年七百，天所命也」。上天賜給周的國運還沒到底，現在「周德雖衰」，但「天命未改」，所以你還是死了心吧，「鼎之輕重，未可問也。」

封建貴族以「德」連接「天命」，王孫滿明言夏鼎實際多重並不重要，也不是王位政權的必然要素。傳說自夏傳到周的九鼎很厚重，《戰國策》第一篇「秦興師臨周而求九鼎」，秦王與楚莊王一樣，想取九鼎。不過，從春秋到戰國，時代變了，以前「德」與「天命」那套道理退不了敵，遊士乃馳騁詭譎話術，借齊師以罷秦兵，再以鼎搬遷的多種條件使齊知難而退。秦師撤回後，說客顏率說齊王曰：「凡一鼎九萬人輓之，九九八十一萬人，士卒師徒，器械被具所以備者稱之。」不但勞民傷財，從周到齊要經過魏國國境，「鼎入梁，必不出。」如果經過楚，「鼎亦必不出。」既然如此困難，齊王只好打消獲得九鼎的念頭。齊國動用一次大軍解周之危，因為搬運大鼎困難重重，最後竟一無所獲。

這則故事充滿遊說之士誇大之辭，但我們也沒有足夠的證據證明當時人不信周有極大的九鼎。然而即使今日所知中國最重的商代司母戊鼎將近八三三公斤，高一三三公分，長一一〇公分，也不必九萬人才拉得動，但史書的確有動輒把人烹之於鼎的記載，[1]應該比司母戊鼎還大。〔圖二五〕考古可以確定的夏鼎尚未見，即使夏初有鼎，應該還是初期階段，不可能鑄出厚重大鼎。我們有十足把握說夏鼎只是傳說，但長期以來流傳不輟，古人既然多信以為真，便成為「歷史」。王孫滿藉助歷史上的物怪故事而完成使命，不但他相信，楚莊王也相信，才班師回國。

圖二五　蔣介石參觀司母戊大方鼎

古典物怪故事作為論述之佐證，如果沒人相信，怎麼會有說服力呢？

其次再看春秋晚期開啟中國數千年新風氣的孔仲尼，怎樣對待遠古流傳的物怪。由於孔子最可信的史料《論語·述而》明說：「子不語怪、力、亂、神。」《國語》所記他的「博物」故事乃遭質疑。[2]關於土怪羵羊、長人防風氏這兩則故事，上文「博物君子」節已指出具體時間不合理，但並不意味孔子不信怪與神。〈述而〉的「不語」不宜過度推衍，其實孔子的學生或再傳弟子只說他「不語」，沒說他「不信」，他面臨那麼多暴力和悖亂，怎可能不信有「力」與「亂」之事？那麼「怪」和「神」，孔子當然也相信是存在的，記錄他生活細節的〈鄉黨〉可證。

〈鄉黨〉云：「鄉人儺，朝服而立於阼階。」儺是驅逐疫鬼的儀式，上文徵引《後漢書·禮儀志中》討論過歲末大儺，疾疫係由宮中物怪引起，所以疫鬼自必屬於物怪之類。孔子所居鄉里舉行大儺時，他會穿上官服，立於大堂前主人之位的阼階。他對待儺這麼慎重，如臨大祭，據何晏《論語集解》：「恐驚先祖故也。」先祖何以驚恐？邢昺《疏》說：「用祭服以依神」，讓祖先有所倚靠，不被驅鬼的方相氏嚇到。當大儺隊伍經過孔子家門前時，他竟然那麼嚴肅謹慎地保護祖神，當然相信驅趕疫鬼的十二神有可能連同祖先也一起趕掉。以此推之，他怎麼會不相信有物怪的存在呢？

〈鄉黨〉這條紀錄明顯涉及物怪，同篇另外一條云：「迅雷、風烈，必變」，就比較曲折，結合其他資料考查，恐怕不能只就字面解釋為自然天變而已。《禮記・玉藻》講君子居處行為之規範云：「若有疾風、迅雷、甚雨，則必變，雖夜必興，衣服冠而坐。」原來孔子遇到颶風、迅雷與大雨，「必變」，也要穿著官服，戴上冠弁，起來端坐，據鄭玄注是「敬天之怒」。之所以如此嚴肅，只是對於天怒不敢掉以輕心而已嗎？其實〈玉藻〉說的是風、雷、雨，不是最高的天神，也不是浩瀚的天。孔子面對颶風、暴雷、閃電、豪雨的心態，會不會亦如虞舜在山林之遇見「烈風雷雨」？不只是自然天象而已，其中有「物」，故《尚書・堯典》才強調虞舜「弗迷（眯）」。雷雨當屬於《周禮・大司樂》六物的「象物」，亦在物怪之列。孔子的生活日常行為既然有「物」，到戰國，他已經是具有指標性的人物，那麼，《國語》所載他的物怪故事，即使都是戰國時人捏造的，也有一定的社會基礎，反映普遍的社會心理。

（二）漢晉六朝：應劭、干寶、龔慶宣

傳世文獻裒集物怪故事而成專篇者，始自應劭《風俗通義》卷九〈怪神〉篇，其序雖重申「子不語怪、力、亂、神」，卻也明言「孔子稱土之怪為墳（羵）羊，……故采

其晃著者」成篇。應劭對物怪的基本態度是：

> 淫（多也）躁而畏者，災自取之，厥咎嚮應；反誠據義，內省不疚者，物莫能動，禍轉為福矣。

物怪既然多在你身邊，輕率而畏懼，其咎如聲應響，勢必自取災禍；然而若能反之於誠，秉持正義，內省無所愧疚，「物」便對你無可奈何，反而會轉禍為福。顯然，應劭也相信「咎」和「物」的事實，只是他的態度與世俗不同罷了，否則何來「物」不能干犯人（物莫能動）的想法？也無從說什麼「轉禍為福」了。

〈怪神〉篇的記述可確定為物怪者，多標明故事主人翁的生平及其郡縣，以證明所言皆信而有徵。雖然這些人物少有進入國史者，但以應劭之為漢末人言東漢事，應該不至於以訛傳訛。上文說過的例子，如家人誤以為死在外地的張漢直，陳國人，到南陽從京兆尹延叔堅讀《左氏傳》。死而復活的南陽來季德，官拜司空。不理會狗怪的汝南李叔堅，任官晉升歷程更清楚，從太尉掾經固陵長、武原令到桂陽太守；連他的兒子李條任蜀郡都尉和威龍司徒掾也有交待。孫女遭遇「摸神仔」的臧仲英，右扶風人，事發當時是侍御史，後遷太尉長史，最後任魯相；又為仲英指出物怪來源的許季山，汝南人，素善卜卦，范曄《後漢書》有傳。與新亡婦棲宿的鄭奇，宜祿人，任汝南郡侍奉掾；怪事發生在汝陽縣西門亭，死在南頓縣利陽亭。這些故事的人物、地點，甚至時間，應劭說來皆歷歷在目。

另外，應劭還講了活捉狸怪的郅伯夷，搏殺樹怪的張遼，驚見綬笥二赤虵的馮緄以及獨見室壁如門自開的橋玄等人的怪異奇遇，他們都是大有來頭的人。郅伯夷，汝南西平人，家世顯赫，祖父郅惲，字君章，曾上書王莽，《後漢書》有傳，（卷二九〈郅惲傳〉）名聲盛於漢光武朝，受命為皇太子授《韓詩》，官拜長沙太守，後坐事左遷沛國芒縣長，又免歸，避地教授，著書八篇，以病卒。子壽，官至尚書僕射，上書忤權臣兼外戚竇憲，減死，論徙合浦，未行，自殺，家屬歸鄉里。（《後漢書》本傳）那麼郅伯夷，應劭說他西平人，長沙太守，郅君章之孫，當是郅壽子姪輩，因郅壽自殺，家屬才沒放逐到廣東西南濱海的合浦，故得以出任汝南郡北部督郵。當晚伯夷在亭樓誦《孝經》、《易本》（《周易》），也和史載的經學世家吻合。應劭講述這則物怪故事，既真有其人，恐亦真有其事，大約發生在東漢章（七六—八八）、和（八九—一〇五）兩帝之世，約西元一世紀末。

至於江夏張遼（字叔高），「去隔令，家居買田。」他與樹精戰鬥可能在致仕之時，同年，司空辟叔高為侍御史兗州刺史，以二千石之尊過鄉里，「薦祝祖考，白日繡衣，榮羨如此。」東漢刺史職司監察，兗州刺史張遼按察州郡政務經過故鄉江夏祭祖，所以應劭質問：「其禍安居？」他後來還官拜桂陽太守。

第三位馮緄，應劭提供詳細經歷，巴郡人，官至車騎將軍。發現赤蛇在帶綬筐笥的怪事是他任議郎時，尚屬職司顧問應對的六百石中階官員。家傳方術的許曼為他占卜，是吉兆，預言：「君後三歲當為邊將，東北四五千里，官以東為名。復五年，為大將軍，南征。」不久果然逐一應驗，拜尚書（漢治理國事的六曹事務官，非唐宰相級的六部尚書）、遼東太守、廷尉、太常。武陵蠻攻燒南郡，緄選登亞將，帶兵出征。後為屯騎校尉、將作大匠（掌治宮室）、河南尹。這份經歷符合《後漢書．馮緄傳》的記載，可見應劭所傳怪異故事有其人亦有其事。

為緄占卜的許季山孫曼亦有來歷，范曄《後漢書．方術列傳》的〈許曼傳〉，基本上襲自應劭這條物怪故事。范《書》說：曼「祖父峻，字季山，善卜占之術，多有顯驗，時人方之前世京房」。並云：「曼，少傳峻學。」不過，從許曼預測的馮緄陞官圖，范曄以物怪發生於馮緄任隴西太守之時，實不如應劭「為議郎」之說合理。漢代物怪故事的敘述可以證正史之誤，可見早期物怪的講述者，不是信口開河的。

馮緄發跡於東漢順帝（一二六—一四四）末，其見赤蛇比郅伯夷的燒殺老狸大約晚五十年，那麼按《風俗通義》編排的次第，張叔高搏斫樹精故事應該介乎兩者之間。許曼祖父許季山善卜，破解臧仲英家的物怪，便可能與張叔高或郅伯夷同時。大體上這些物怪事跡多發生於東漢中葉稍前，故事應在西元一、二世紀之間開始流傳。

應劭講述的最後一則故事，甚至他曾親自參與過。太尉橋玄年輕時為司徒長史，見室壁開門之怪異，劭說：「予適往候之，語次相告。」於是建議橋玄往訪其鄉人許季山外孫董彥興，彥興斷言：「府君當有怪，白光如門明者，然不為害。」並預言橋玄的仕途位至將軍、三公。另外據《後漢書》〈五行五〉「射妖」條曰：「靈帝光和中，雒陽男子夜龍以弓箭射北闕，……近射妖也。」注引《風俗通》云：「劭時為太尉議曹掾」，故對此案處理有所建言。當光和年間（一七六—一八三），應劭為太尉府幕僚，至中平六年（一八九）授太山太守，（《後漢書》本傳）推測他向橋玄建言當是任職太尉府議曹掾之時。

古典時代，遠古物怪世界的餘韻猶濃，論說引述，信乎拈來，極其自然，不必特別交待來歷。但經過戰國以來「多言無鬼神，然言有物」的學者的衝擊，「學者」之流的應劭一旦要記錄他見聞的神怪，便與承襲傳統觀點的世人不同，刻意證明他所言有據，非憑空捏造。如此慎重的態度，不限於物怪，傳統的鬼神故事亦不例外。誠如魯迅的論斷，魏晉六朝之鬼神志怪書，

> 非有意為小說。蓋當時以為幽明雖殊途，而人鬼乃皆實有，故其敘述異事，與記載人間常事，自視固無誠妄之別矣。[3]

所以我們傾向認為中古物怪故事多反映社會現實，能充分透露中國的社會、文化與中國人的心態。

繼應劭而起的《列異傳》亦蒐集文獻記載與親自見聞之物怪或鬼神故事，多有歷史名人作為故事之當事者，如蔣濟。話說蔣濟為領軍，其妻夢見亡兒涕泣，訴說「在地下為泰山伍伯，憔悴困辱。」（《鉤沈》，頁一三九—一四〇）按《三國志．魏書．三少帝紀》，「正始三年（二四二）秋七月乙酉，以領軍將軍蔣濟為太尉。」《列異傳》特言「蔣濟為領軍」，符合正史，當然想證明泰山府君作為地下世界之主的信仰也真有其事。舊傳《列異傳》魏文帝曹丕撰，（《隋書．經籍志》）蔣濟之任領軍將軍雖不

知始於何年，不太可能早到文帝之世。《列異傳》有魏文以後的故事，但至少是曹魏時代之作無疑。同書咸陽縣吏王臣夜聞竈與飲缶對話是在明帝「景初中」（二三七—二三九），而上述周南所見鼠怪是「正始中」（二四〇—二四八），物怪故事都不憚其煩述說紀年，當然是為著取信於人。

不及百年，兩晉之際干寶講述的神鬼物怪故事，世人多所稱讚。《晉書》本傳提到寶記述乃父寵婢隨葬十餘年而復活的故事，又「寶兄嘗病氣絕，積日不冷，後遂悟」。醒來說，他見天地間鬼神事，不自知死。干寶「以此遂撰集古今神祇靈異人物變化，名為《搜神記》，凡三十卷」。可見他的著述動機和親自見聞有關。

《晉書》本傳錄干寶〈搜神記序〉評隲官方史書云，雖「書赴告之定辭，據國史之方策」，若要求「事不二跡，言無異途，然後為信」，前史還是不能完全做到的。但沒關係，凡記述只要「所失者小，所存者大」，便足以稱道。何況他所集民間傳言的鬼神物怪故事，既是私家著述，固難臻乎正典，「設有承於前載者，則非余之罪也；若使采訪近世之事，苟有虛錯，願與先賢前儒分其譏謗。」如果是匯集前人著作而有錯誤，罪不全在他；但如果是他訪求採集的，錯誤便由他負責。

話雖說得謙虛，干寶對自己的《搜神記》顯得極其自信。此書既「有承於前載者」，並且「採訪近世之事」，包括前人的記述與他得自實地的見聞。他的〈進搜神記表〉（《初學記》卷二十一）也對皇帝報告說：「臣前聊欲撰記古今怪異非常之事，會聚散逸，使同一貫；博訪知之者，片紙殘行，事事各異。」會聚的是前載，博訪的是近事，兼具文獻收集與田野調查兩種途徑，已經類似近代人文社會學科的研究方法了。在〈序〉和〈表〉干寶一再申明者，顯然提醒人，他的記述雖怪異，實則有憑有據，絕非杜撰虛構。同時他也告訴讀者，這些怪異之事不只他相信，從古到今，許多人相信，他才會說：如有不實或錯誤，前人遭受的譏謗，他也願一起承擔。

干寶採訪的物怪故事，上及歷史人物，下達庶民大眾，照例多會有名姓地望，甚至精確年月。人物來歷雖然不如應劭之詳實，仍不乏載諸國史者。如卷十四幾則人化為黿故事，漢靈帝時的江夏黃氏之母見於《續漢書．五行志》，魏黃初中的清河宋士宗母以及吳孫皓寶鼎元年（二六六）六月晦的丹陽宣騫母，都見於《晉書．五行志》。干寶收集很多故事，凡注記惠帝、懷帝、愍帝、元帝以及年號者，都是他當代發生的怪異事件，在在表明他記述的物怪故事雖然非常，卻經得起核驗。

相較於王充，干寶與應劭顯然既信有「神鬼」且信有「物」，而干寶甚至比應劭進一步敢斷言其著述「足以明神道之不誣」。（〈搜神記序〉）

到了東晉末年的《劉涓子鬼遺方》，[4]延續紀實的傳統，提供的信息更加詳盡。話說劉涓子射獵於丹陽郊外，「忽見一物，高二丈許，射而中之，如雷電聲，若風雨。其夜，不敢前追。」翌日大早，「率門徒子弟數人，尋蹤至山下。」見一小兒提罐，問：「何往？」答說：「我家主人為劉涓子射殺，取水為他洗瘡。」問小兒：「主人是誰？」答云：「黃父鬼。」於是隨小兒還來，「至門，聞搗藥之聲；遙見三人，一人開書，一人搗藥，一人臥席。劉涓子眾人齊聲吆喝，三人並走，遺一卷《癰疽方》，并藥一臼。」

〈鬼遺方序〉曰：「時從宋武北征」，蓋指涓子隨劉裕北伐，因見士卒被刀箭瘡傷，則「以藥塗之，即愈」。時人論曰：「聖人所作，天必助之，以此天授武王也。」恭維後來成為宋武帝的劉裕得上天之助。《鬼遺方》於是廣泛流傳，序文作者龔慶宣說：「用方為治，千無一失。」可惜這個聲如雷電、行若風雨、身長二丈多高的黃父鬼是什麼「物」，缺乏足夠資料可以擬測。

序文接著交待故事來源說：「（涓子）姊適余從祖父，涓子寄姊書，具敘此事。」劉、龔兩家聯姻，涓子和慶宣雖差三代，但即使是堂祖母，亦屬近親。劉涓子抄了一份藥書寄給龔慶宣的堂祖母，龔家於是存有抄本。慶宣說：「《方》是丹陽白薄紙本寫，今手跡尚存。」龔氏家人也用此藥方為人治療瘡傷。

龔慶宣應該不及見到堂祖母，至少他懂事年紀時，堂祖母當已過世；又因非其嫡孫，所獲訊息是間接的，遂再敘明。慶宣和堂祖之嫡孫道塵比隣而居，情款異常，道塵臨終，兒子幼小，乃將家藏神方傳給喜好方術的堂弟慶宣。慶宣說：「自得此方，于今五載，所治皆愈，可謂天下神驗。」

物怪的藥方竟然這麼靈效，因倉促逃走，不及攜去，才遺落人間。人類與物怪雖然懸隔，卻使用共同的藥方，同樣有效。劉涓子的《鬼遺方》抄本，龔慶宣以其「草寫多無次第，今輒定其前後，簇類相從。」經他編輯後，勒成一部，流布鄉曲，懸壺濟世。

序末，龔慶宣標注的日期是：「齊永明元年太歲己卯五月三日撰。」南齊武帝蕭賾永明元年即西元四八三年，不過，永明元年是癸亥年，不是己卯，這是一疑。其次，慶宣又留下道慶（當是道塵兄弟）的話說：「舅祖兄弟自寫，寫稱云：無紙而用丹陽錄，永和十九年。」東晉穆帝永和只有十二年，可疑之二。年數、干支都有可能是傳抄之誤，但如果劉涓子跟隨劉裕北伐，而他們兄弟自寫的《鬼遺方》是在永和末年，其間至少在四十年後，他從征時未免太老邁吧。

另外一篇人時地俱備的著名物怪故事，當舉初唐無名氏的《補江總白猿傳》，一般認為是諷刺唐初大臣兼書法名家歐陽詢（五五七—六四一）的著作，笑他白猿所生。（《太平廣記》卷四四四「歐陽紇」條）主角歐陽詢之父紇是南朝的歷史人物，故事時間定在梁大同末（約五四五）。如果是影射當代或近年名人，作者有意混淆事實與虛構，故事情節自然真假摻雜，與傳述聽聞而產生的錯誤不同，和自己認定的「記實」無關。所以考證此傳人物、年歷與地點錯亂，以證明作者造謠，[5]顯然是多餘之舉。其實早在故事寫作或設定的主角的年代之前二、三百年，《搜神記》已有「歐陽紇」故事的雛形，[6]中國西南或南方山中或早有人猿婚配生子的傳說，《白猿傳》是襲自《搜神記》，還是另有來源？已不可知，但干寶只泛指蜀中西南高山之物怪，無任何具體人物。初唐出現的故事之實指歷史人物歐陽紇，可能與歐陽頠、紇父子征戰於今湘粵交界山區，平定反叛的洞蠻有關吧。何況官至廣州刺史的歐陽紇，在陳朝末年據廣州，舉兵謀反，最後敗亡，斬於建康市。這樣的負面人物竟然有子歐陽詢，成為隋唐朝廷名臣，遂造出「異物之產」的傳說也不一定。由於歐陽詢貌若獼猴，乃益增加故事的可信度。終究《補江總白猿傳》還是有傳說的底子，不能因為猿生之說就認定是政敵創作造謠，漢初不是也有劉媼與龍交配「已而有身」嗎？太公還在雷電晦冥中親見「蛟龍於其上」呢！（《史記·高祖本紀》）

總之，像《鬼遺方》、《補江總白猿傳》這種物怪故事，即使有詳簡不一的履歷，仍不堪嚴謹考證。但多少有些傳說依據，如《劉涓子鬼遺方》的可信度或比《補江總白猿傳》高。總的看來，物怪之作，人時地的記述可考者不多，若主角是庶民，也難有文獻佐證；即使不能當作真實歷史紀錄，還是可以視為廣泛社會現象與心態的反映，也是一種「歷史」。

（三）唐宋明：沈既濟、洪邁、祝允明

然而本書狐魅乙節講述狐女任氏的故事，作者沈既濟是當代有名史家，既詳述獲知過程，相關人士也都有官職。其聽聞和傳述過程，〈任氏傳〉這樣說：「其後鄭子為總監使，年六十五卒。大歷中（七六六—七七九），沈既濟居鍾陵，嘗與崟遊，屢言其事，故最詳悉。」兩位男主角，鄭六已逝，而另一主角韋崟與沈既濟交遊，常講任氏事，算是第一手資料。這故事會記下來也是有緣由的。唐德宗朝政爭，建中二年（七八一），沈既濟「自左拾遺與金吾將軍裴冀、京兆少尹孫成、戶部郎中崔需、右拾遺陸淳皆適（謫）居東南，自秦徂吳，水陸同道」。這是《新唐書》〈沈既濟〉傳所謂「（楊）炎得罪，既濟坐貶處州（今浙江麗水、青田一帶）司戶參軍」之事。這幾位

中央官員貶到東南邊郡，結伴同行。從長安到河南洛陽，順潁水、淮河，在赴蘇州的路上，「晝讌夜話，各徵異說」，每人紛紛講說奇異故事消遣，頗似文藝復興時代喬叟（Geoffrey Chaucer, 1340-1400）的《坎特伯利故事集》（*The Canterbury Tales*）產生的情境。[7]他說：「眾君子聞任氏之事，共深嘆駭，因請既濟傳之以志異云。」（《太平廣記》卷四五二「任氏」條）大家聽了既驚駭又嘆息，可見物怪可變為人是當時的通識，於是共相敦促沈既濟把故事寫出來，以廣流傳。

〈任氏傳〉涉及諸官員，除沈既濟列入國史外，今多無考，包括韋崟任殿中侍御史兼隴州刺史，鄭六授槐里府果毅衛、後為總監使。按《新唐書》本傳：「沈既濟，蘇州吳人，經學該明，吏部侍郎楊炎雅善之。既執政，薦既濟有良史才，召拜左拾遺、史館脩撰。」既濟曾奏議吳兢《國史》列有〈則天本紀〉，次於高宗之下，不宜。此議雖寢，但諫阻政府放貸取息以贍用度，德宗是採納的，可見他是一位飽學多識見而敢言的直臣。他撰作「《建中實錄》，時稱其能」。史才如此而寫〈任氏傳〉，應不至於是子虛烏有的杜撰。

其次，唐代段成式（八〇三—八六三），所著《酉陽雜俎續集．支諾臯》記載一些奇怪故事，[8]也會說明來歷。如類似歐洲「灰姑娘」（「玻璃鞋」）的「葉限」乃

「成式舊家人李士元所說。士元本邕州洞（峒）中人，多記得南中怪事」。（〈支諾臯上〉）邕州，今廣西南寧，峒中人者，明非漢族也。

他還記了一件經官方認證過的借屍還魂事件。話說陰司錯捉蔡州李簡再放回，借剛死的汝陽縣民張弘義之身而復活。這故事，身體是張弘義的，卻不認得張家人，而自稱李簡，家住上蔡縣南李村，父名亮。張家人問其故，於是說他方病時，夢二人持帖來追，帶他到王城，入一處，如人間六司院，居留數日，經勘察，發覺錯追了李簡，可放還。但一吏說：「李簡身壞，須令別託生。」但他思念父母，不欲別處投胎，請還本身。少頃，見領一人至，通報是汝陽張弘義。吏說：「弘義身未壞，速令李簡託其身，以盡餘年。」遂被挾扶出城，速行，忽若夢覺，見周圍人哭泣，但無一認識的。汝陽張家人去蔡州訪得李亮，亮來問還魂人，李家的親族名氏及生平細事，無一不知。帶他回蔡州李家，看他熟門熟戶，證明果是李簡不錯，這個張弘義（身）兼李簡（魂）的人便不再返回汝陽張家。

這件借屍還魂故事，作者親自見證或聽聞，他說：「時成式三從叔父攝蔡州司戶，親驗其事。」三堂叔還是張弘義的驗屍檢察官呢！（〈支諾臯下〉）其他奇怪之事，或出自段成式家雇女工婦，「親見其說」，或他的書吏沈郅之家鄉越州發生的，並且「目睹其事」。（同上）可見他也想向人證明，他講的故事雖奇怪，皆本本原原有根據。

南宋初年洪邁（一一二三—一二〇二）《夷堅志》，在個人著述的志怪小說中，算是相當大部頭的，恐怕只有清代紀昀《閱微草堂筆記》可與之比肩。洪邁遊宦四方，採摭異聞，先後輯作甲、乙、丙、丁四志，每志二十卷，每卷十餘條，「四書為千一百有五十事」。（〈夷堅丁志序〉）[9]孝宗乾道二年（一一六六）〈乙志序〉說：「《夷堅志》（甲志）初成，士大夫或傳之，今鏤板於閩，於蜀，於婺，於臨安，蓋家有其書。」可見志怪小說在中國傳布之廣，而且沒有社會階級的局限。

洪邁亦聲明他說的都有憑有據。〈乙志序〉云：「若予是書，遠不過一甲子，耳目相接，皆表表有據依。」他和干寶不同的地方，只記述親身見聞，不包含古書的故事。《夷堅志》雖是小說，寫作態度卻非常嚴謹。乾道七年（一一七一）〈丙志序〉曰：「始予草《夷堅》一書，顓以鳩異崇怪，本無意於纂始人事及稱人之惡也。然得於容易，或急於滿卷帙成篇，故頗違初心。」他舉幾則不當記述而記之例，反省說：「蓋以告者過，或予聽焉不審，為竦然以慚。」積累的文稿經過檢點，雖加以刪削，卻又彙集刪除的部分，他承認此乃「習氣所溺，欲罷不能，而好事君子復縱臾之，輒私自恕曰：但談鬼神之事足矣，毋庸及其它」。換言之，洪邁寫作鬼神物怪，盡量避免借題發揮，即使有所寓言，也只平實地記錄聽聞的怪異故事而已。今天我們把故事當作了解當時社會心態的鑰匙，他的態度和作為反而具有更高的史料價值。

洪邁採集的物怪故事，的確多有來源，如《夷堅甲志》第一篇「孫九鼎」述九鼎遇見「鬼物」一事。孫九鼎，忻州人，宋徽宗政和癸巳（一一一三）居太學，七夕之日出訪段浚儀於竹柵巷，沿汴河北岸而行，忽有衣冠金紫之人，隨從騎士甚眾，於熙熙攘攘街道中遙呼其名號，遽然下馬說：「久別了。」仔細一看，乃姊夫張兟。兩人於是到街北一家酒肆敘談，少頃，九鼎才想起姊夫不是死了嗎？遂問他：「你已過世久矣，因何在此？我見了你不會帶衰嗎？」張兟說，他現為皇城司注祿判官，於是相談甚歡。不久，部屬來稟告該值班了，張乃起身，至麗春門下與孫道別，囑他服平藥散以除陰氣。孫九鼎歸學舍，明日大瀉三十餘次，服散而愈。

孫九鼎與洪邁之父皓（一〇八八—一一五五）在汴京太學同為通類齋生，相交頗篤。九鼎連試不捷，及金人入汴（一一二六），在入金國十餘年而及第狀元，官拜祕書少監。南宋初，洪皓出使金國，被羈留不放南歸，前後十五年之久（一一二九—一一四三），邁說：這兩位舊友「至北方屢相見，自說茲事」。故這則鬼物故事當是孫九鼎對洪皓談起，邁再得自父親的傳述。《甲志》又記孫九鼎說柳樹託夢及寶樓閣咒驅逐府學齋房妖祟，應該也都同樣來自其父。

《甲志》卷一「三河村人」條記宣和乙巳（一一二五）燕山三河村老農，一夕驚魘，夢見唐代被他射殺之人來索命。這已是三百年前的舊怨了，但老農信夢，明旦移避外鄉，卻在路上遇見「宛如夢中所覩」之人，大駭，越過官道急走，而被那人射斃。邁云：「家君初出使至太原」，陽曲主簿張維來館作伴，而說這則晉北故事，當然也是洪皓對洪邁說的。

《丙志》卷四「閬州通判子」條云，郡守韓君之子得一雙皮韈，穿上就能「騰升屋端，了無滯礙，其去如飛，竟失所往」。洪邁說：「予婦姪張寅為臨桂丞，聞之於靈川尉王琨。」同卷「孫鬼腦」條云，北宋名臣孫抃（九九六—一〇六四）曾孫斯文，「生而美風姿，嘗謁成都靈顯王廟，視夫人塑像端麗」，心欣慕之，自言「得妻如是樂哉」。是夕夢有人「持鋸截其頭，別以一頭綴項上」，醒來大駭，取燭自照，「面絕大，深目倨鼻，厚唇廣舌」，鬢髮鬍鬚如薑。呼妻視之，妻驚怖即死。風流倜儻的世家子弟對顯靈夫人心生不敬，遭顯靈王重懲。神界與人界合而為一的思維，很像明代《封神榜》紂王褻瀆女媧娘娘的故事。紹興二十八年（一一五八），「斯文至臨安，予屢見之於景靈行香處，醜狀駭人。」這位名臣後裔被換頭面，是洪邁親自見聞的怪事。

明代中期號稱「吳中四才子」之一的祝允明（一四六一—一五二七）有《志怪錄》、《語怪》等作品。[10]《志怪錄》序說：「變異之來，非人尋常念慮所及，今苟得其實而紀之」云云，變怪雖然非常，如果真實發生了，便應記錄。當然，怪異之事，「恍語惚說，奪目警耳」，是讀書人「所喜談而樂聞」的，所以會廣為流傳。他舉洪野處（邁）《夷堅志》為證，多至「四百二十卷之富」，如果沒有「真樂者」，哪能「不中輟而勉強於許久哉？」

總之，他認為志怪之作雖然有趣，即使超乎常情，仍有「其實」，非嚮壁虛造。因此，每則故事照例明確記述人與地，有的也會交待確切時間，如「貢尚書」條記成化十六年（一四八〇）李東陽（一四四七—一五一六）主持南京秋試，在貢院（考場）夢見有貴人來為其孫請託。東陽不明所以，「漫不為意。」取捨初定，又夢來致謝，及拆卷，首選乃寧國貢欽，查問才知夢中貴人乃元朝尚書貢師泰。李東陽是歷史名人，相對於另一則嘉定東門外的朱外郎，則是庶民。《志怪錄》「海神請讀書人」條說朱的小兒十三歲被攝到海中水下宮殿，又送回的奇遇，「事在成化十九年。」

同書「天裂」條：「先公說，宣德中（一四二六—一四三五）在學舍，一日，以事赴郡中，當未申時，忽見天裂於西南，凡十餘丈。」這是允明之父年輕在學時，某日下午親見的天文異象，天裂開，「見其中蒼茫深昧，不可窮極。」過了相當長的時間，天才縫合。據說，不是允明父單獨看見而已，「同輩及衙前數百人咸見之。」

「鬼告狀」條，記允明外祖在張秋治水遇見的事。張秋地處山東東阿、壽張、陽穀三縣交界，是明清兩代大運河沿岸的重要商業城鎮。治水過程中，發生鐵匠同儕債務糾紛，死亡鐵匠來向活人同事討債，投訴在場的官吏（可能即是祝允明的外祖父或其屬下）。此事發生於白晝，非在夢中。

「雷書」條，丁未（成化二十三年，一四八七）五、六月吳中大旱，七月二十五日忽大雷雨，申時崇茂庵東鄰張氏的合抱梓樹遭雷劈，樹下之地有字，橫徑五六寸，長二尺餘，入土幾寸，文曰：「子乃言」，非篆非草，雖經雨水衝灌而不湮滅。祝允明說：「張氏子為予友」，第二天他得知後去看個究竟，「以紙摹得其文。」我們不要忘記祝允明可是吳派有名的書法家。

上引這幾則故事，有的是祝允明親自所見，有的是親人聽說，天裂是他聽父親講述的，至於外祖父裁斷人鬼債務糾紛事，可能得自母親或父執輩之人。至於李東陽、朱外郎之子事，發生地點在南京、嘉定，皆離蘇州不遠，時間成化年間，值允明青壯之年，足徵他的記述明確，至於事件本身的真實情狀該怎麼解釋，則是另外一回事。

稍晚同是吳郡長洲的才子陸粲（一四九四—一五五一），年輕時也有志怪小說《庚巳編》，[11]同樣記錄資訊來源，茲舉卷一數則為例。「守銀犬」云，蘇州閶門一商行，主家蓄一犬，甚猛，人進門則噬。有商人不知而近之，犬噬其腿流血。商人怒罵主人，主人說：「明日烹殺之，請你來吃狗肉。」商人回客棧，夢中聞聲說：「我是主人之父，有銀數百兩埋在檻下，臨終未及交待，乃投胎為犬回來守銀，不意誤傷你。今我兒要把我烹煮，託你轉告，勿殺犬。」商人驚醒，速見主人，一問，犬已殺矣，告訴夢境，主人不信，商請核驗，果然在檻下得一瓦缽，盛放白銀四百兩。這故事是陸粲父親說的。

「沅江麟」，憲宗成化七年（一四七一）秋，常德沅江縣東田村民馮貴家的母牛產一麟，形略如鹿，蹄尾皆如牛，周身有鱗，額上一骨銳堅，隆起如角。愚民以為怪，擊殺之，後有人識其為麟，郡守楊宣令臘之，乾後藏於常德府庫中。這件陸粲出生前二十三年的異聞，他說：「予外祖參議公佐郡日，常命取觀，諸姨及僕妾輩皆見之。」他外祖父在府衙門任職，乃得經常取來觀看，家人亦得獵奇。但由於不會保存，也不知做標本的方法，故「歲久骨肉已化，惟存空皮」。

親族之外，陸粲記的物怪故事也有來自朋友的，「竹圃異物」條是友人徐鵬之妻朱氏沙湖娘家發生的事。前數年，其家後圃竹林間，「忽生物如人，形體差具，其首如戴席帽，斷之微有血。」竹筍長得像戴帽子的人，更奇的是割下時微微見血，不知何怪也。陸粲聽聞便記下來，算是當代史。

陸粲也和祝允明、洪邁一樣，講的故事都有人、時、地，大約百年後，撰作《聊齋誌異》的蒲松齡便承繼此一寫作傳統。

（四）清：蒲松齡、紀昀、俞樾

蒲松齡（一六四〇—一七一五）〈聊齋自序〉謙稱他「才非干寶，雅愛《搜神》；情類黃州，喜人談鬼」。松齡和東坡一樣，愛聽鬼故事，可謂意趣相投，於是追隨干寶之搜神尋怪，「聞則命筆，遂以成編。」他不像洪邁遊宦四方，只蟄居家鄉，親身的聽聞到底有限，但和洪邁一樣，每成編就以抄本流傳。傳播開了，「久之，四方同人」聞知，「又以郵筒相寄」，他再加以修飾或改寫，故「所積益夥」。[12]今傳的二十四卷抄本《聊齋》共二七四篇，可以反映相當廣袤地區中國人的心態，不局限於他的故鄉山東淄川蒲家庄。

《聊齋》有些故事蒲松齡也會提供較多訊息，以證明言之有據。如卷二「三生」篇講同時代的劉孝廉知前生事，一世為搢紳，再世生為馬，三世生為犬，四世生為蛇，蛇死，再生為人。「三生」開篇就說：「劉孝廉，能記前身事，與先文貢兄為同年，嘗歷歷言之。」劉、蒲這兩家應有相當交情，松齡也當親自聽聞，才說「歷歷」在目。卷四「尚生」篇，講尚生與狐仙的情愛，死後被狐仙度為鬼仙之種種離奇事，篇末云：「尚生乃友人李文玉之戚好，嘗親見之。」尚生，太山人，蒲松齡淄川人，兩地相去不遠，松齡親見其人，也親聞其事。又如卷一「捉狐」云：余姻家清服之伯父，晝寢，有物登床，覺身搖擺如雲霧，「物大如貓，黃毛而碧嘴」，急握其頸，以帶擊之，物忽大忽小，待欲尋刀殺之，一回頭，帶在手如環，「物已渺矣。」此「物」，當屬漢魏物怪故事的狸，故事主角是蒲松齡姻親家伯父，也是熟悉的人。

急切欲人相信所言鬼物或物怪不虛者，當非清乾隆朝的紀昀（字曉嵐，一七二四—一八〇五）莫屬。從唐代沈既濟以下，講述物怪故事的名流，不論唐段成式、宋洪邁、清蒲松齡，多僅止於直接或間接聽聞，少親身經歷，紀曉嵐卻不然，其《灤陽消夏錄》卷三有一則說：

> 余家假山上有小樓，狐居之五十餘年矣，人不上，狐亦不下。但時見窗扉無風自啟閉耳。

這群狐與紀家大小共居，長年相安無事。

樓之北曰「綠意軒」，老樹陰森，是夏日納涼處。戊辰七月，忽夜中聞琴聲、棋聲。奴子奔告姚安公。公知狐所為，了不介意，但顧奴子曰：「固勝于汝輩飲博。」[13]

戊辰是乾隆十三年（一七四八），七月某日，家奴通報綠意軒發生怪異，有彈琴和下棋的聲音，昀父紀容舒（一六八五—一七六四）知道是狐所為。雖然中國近世儒學之家認為彈琴下棋玩物喪志，不過紀容舒對狐特別寬厚，反而訓斥家奴說：「遠比你們喝酒賭博好。」

次日，告昀曰：「海客無心，則白鷗可狎。相安已久，惟宜以不聞不見處之。」至今亦絕無他意。（《閱微》，頁九八）

人狐共處，人對狐不加以干擾，自然無事。這年紀昀二十五歲，父六十四歲。容舒康熙五十二年（一七一三）舉人，官至雲南姚安知府，曉嵐書稱姚安公，屬於中上級官員，當然是高級知識人。

同卷另一則說：

丁亥春，余攜家至京師，因虎坊橋舊宅未贖，權住錢香樹先生空宅中。云，樓上亦有狐居，但扃鎖雜物，人不輕上。

錢香樹，名陳群，康熙六十年（一七二一）進士，紀曉嵐的前輩。曉嵐乾隆十九年（一七五四）中進士，三十一歲；丁亥，乾隆三十二年（一七六七）春，丁憂回鄉服三年父喪畢，又赴京師任職，這年四十四歲。我們交待這些背景，端在說明他們都是高層讀書人和官僚。紀昀一家入居錢府空宅，既知狐久居樓上，乃戲粘一詩於壁曰：

草草移家偶遇君，一樓上下且平分。
耽詩自是書生癖，徹夜吟哦莫厭聞。

怕他夜讀吵到樓上之狐，乃請狐體諒書生吟哦的習癖；雖是戲作，應該相信真有其事。一日，姬人（妾也）啟鎖取物，急呼怪事，他走上去看，但見「地板塵上，滿畫荷花，莖葉苕亭，具有筆致」。狐會畫荷，筆法意境都不俗，似乎顯示他也是風雅之士。曉嵐遂再粘一詩於壁曰：

仙人果是好樓居，文采風流我不如。
新得吳箋三十幅，可能一一畫芙蕖？（《閱微》，頁九九）

紀曉嵐欲送吳箋給狐作畫，也是玩笑話，狐大概覺得遭到戲弄，不高興了，「越數日啟視，竟不舉筆。」

紀昀把與狐對話的經過說給裘日修（一七一二—一七七三）聽，裘笑說：「錢香樹家狐，固應稍雅。」人狐相稱，主人是學士，家狐亦雅致，像東漢末年大學者鄭玄，「家奴婢皆讀書。」（《世說新語．文學》）日修是曉嵐的前輩，中進士早二十年，此時官拜尚書，也相信狐魅物怪。

紀曉嵐可是生活在狐魅物怪的世界中，還講了他小時候兩段回憶，是記事，絕非編造的故事而已。十三、四歲目睹一人無故入水，（《閱微》，頁二九〇）即臺灣習俗所謂水鬼捉交替。而兩、三歲的經驗更稀奇，《灤陽消夏錄》卷五云：「余兩三歲時，嘗見四五小兒，彩衣金釧，隨余嬉戲，皆呼余為弟。稍長，乃皆不見。」後來他把此異象經驗告知其父，父沉思良久，猛然想起說：「汝前母恨無子，每令尼媪以彩絲繫神廟泥孩，歸置于臥內，各命以乳名，日飼果餌，與哺子無異。歿後，吾命人瘞樓後空院中，必是物也。」泥偶出來和兩、三歲的紀曉嵐玩耍。後來怕泥偶為妖，想挖出來，但年歲隔久，找不到埋處矣。曉嵐前母是他生母的親姊。更玄的是有一年，前母忌辰，家祭後，生母晝寢，夢前母以手推之，說：「三妹太不經事，利刃豈可付兒戲？」生母驚醒。曉嵐說：當時，「余方坐身旁」，卻伸身去拉抽父親的革帶佩刀，刀已出鞘。據他幼童記憶，紀昀信有物怪，也有鬼神。（《閱微》，頁二〇九—二一〇）

乾隆二十四年（一七六一）紀昀奉命視學福建，提督學政，《灤陽消夏錄》卷一記述他視學汀州試院碰到的怪事。試院堂前有二棵唐代古柏，至少八、九百年了，據云有神，當地官吏勸他，新官上任都要拜古柏。曉嵐說：「木魅不為害，聽之可也，非祀典所有，使者不當拜。」古柏「柯葉森聳，隔屋數重可見」。他記得當晚月明，步上臺階，「仰見樹杪兩紅衣人向余磬折拱揖，冉冉漸沒。」立刻呼幕友來看，尚見之。次

日，紀曉嵐到古柏前，以揖禮回拜。（《閱微》，頁三四）

紀昀先後回憶記錄的鬼神與物怪故事，共輯成《灤陽消夏錄》六卷、《如是我聞》四卷、《槐西雜志》四卷、《姑妄聽之》四卷、《灤陽續錄》六卷，計一千多則，總稱《閱微草堂筆記》。這些筆記涵蓋社會史、文化史和心態史方方面面的事與言，是他晚年留下的珍貴史料。他不但記述自己的經驗，更多則來自家人、親戚和友朋。除上述父親姚安公，還有外祖、外叔祖、外祖母與母親、族祖、從舅、叔父、先兄、族兄、從弟、兒子、女兒、從侄等等，甚至遠及明崇禎末年其高祖與野狐的對答，（《閱微》，頁二二五）真是族繁不及備載。其次是家族的僕人，如三叔的健僕、姚安公的廚子奴僕、外祖家奴子，以及眾多朝廷重臣、長輩或朋友。如此各色人等，足以證明上文提出的觀念：物怪信仰最沒有階級性，上有國之大臣，下及於奴僕，涵蓋飽學之士和不識字的庶民。

紀昀記載無數物怪的傳聞，本書固難備舉，茲以他母親傳述的鱉寶為例說明之。故事發生在外祖母堂弟（即母親堂舅父）張寶南家。張家老夫人嗜食鱉肉羹，一日廚子得巨鱉，斷其首，「有小人長四五寸自頸突出，繞鱉而走。」這可把廚子嚇得昏倒在地，經眾人救醒，小人已不知所往。待剖鱉，發現小人仍在鱉腹中，但已死矣。當時紀昀祖母曾取此物來看，他母親尚幼，亦在旁目睹。據說，「裝飾如《職貢圖》中回回狀」，黃帽、藍褶，紅帶、黑靴，「皆紋理分明如繪，面目手足亦皆如刻畫。」館師認識此物，告訴張家人說：「此名鰲寶，剖臂納入肉中，地中藏有金銀珠玉皆可發現。」廚子聞之，懊悔自己嚇昏，沒能抓住，平白讓無盡財寶飛掉。（《閱微》，頁二二三—二二四）

紀昀自述一生著作階段，三十以前講考證之學，三十以後以文章與天下相馳驟，五十以後復折而講考證，老年則追錄舊聞，以消遣歲月。（《姑妄聽之》序）追錄的舊聞即指《閱微草堂筆記》五書，第一部是《灤陽消夏錄》，始於乾隆己酉，即五十四年（一七八九）。兩年後辛亥，乾隆五十六年（一七九一）撰《如是我聞》，翌年壬子（一七九二）撰《槐西雜誌》，又一年癸丑（一七九三）《姑妄聽之》，最後《灤陽續錄》，嘉慶三年戊午（一七九八）序，時年曉嵐七十有五矣。

《如是我聞》的序說他撰《灤陽消夏錄》，「屬草未定，遽為書肆所竊刊」，與洪邁《夷堅志》之暢銷相似，可見神鬼物怪之書，市場甚廣。他不單只記自己記憶的事，讀過他作品的人，「且有以新續告者」，也提供資料供他寫作，一如蒲松齡「四方同人以郵筒相寄」。物怪故事在中國社會之風行，由此可見一斑，難怪道光二十六年

（一八四六），曾國藩為徐琫的《閱微草堂筆記》選本《紀氏嘉言》作序說：「海以內幾家置一編」；光緒三十三年戊申（一九〇八）王伯恭重刊《閱微草堂筆記》，亦曰：「幾於家有其書。」（以上見吳波等會校會注會評本附錄）

即使紀曉嵐講了這麼多奇異非常的故事，包括他的親身經驗，父祖家人以及親戚朋友的見聞，但他的《四庫提要》對裴松之注《三國志》援引神怪志異之作，則多所批評。〈三國志提要〉說：松之「往往嗜奇愛博，頗傷蕪雜」，舉〈袁紹傳〉之胡毋班見太山府君及河伯，〈鍾繇傳〉載繇與鬼婦狎昵事，〈蔣濟傳〉載濟子死為泰山伍伯及太廟謳士孫阿為泰山令事。諸如此類，裴松之分別引自《搜神記》、《陸氏異林》和《列異傳》。紀昀說：「此類鑿空語怪，凡十餘處，悉與本事無關，而深於史法有礙，殊為瑕類。」他的批評著重於裴松之有礙於史法，即不符合歷史著述之規範，不能說他不信鬼神物怪，否則《閱微草堂筆記》引述他自己以及父、祖、諸多親人、尊長、朋友、同僚的怪談，不都成為幻境囈語嗎？反過來看，我們由此也知道，不語怪神是中國正宗著作的規範，我們想從高文典冊、官方正史的著述尋找中國人的心態是很困難的。但如前文所論，「不語」不表示「不信」。此一傳統可以列入史諱，中國歷史著作，「諱」的地方可多呢，有如真實歷史之被掩蓋，以此反觀物怪故事，可知過半矣。

不只乾嘉盛世的大學問家、《四庫全書》總纂紀昀喜歡談狐說鬼，清末樸學巨擘俞樾（一八二一－一九〇七），滿腹經史子集，著作多達五百卷，也深信鬼神物怪不疑，見於所著《右台仙館筆記》十六卷。[14]他說，是集「蓋《搜神》、《述異》之類，不足，則又徵之於人」。除讀干寶《搜神記》、任昉《述異記》之類的志怪小說所作的筆記，他還廣發〈徵求異聞啟〉，以收集時人見聞。〈啟〉曰：「伏望儒林丈人、高齋學士，各舉怪怪奇奇之事，為我原原本本而書，寄來春在草堂，助作秋燈叢話。約以十事為率，如其多則更佳。」其序文述說此舉之原委曰：己卯（一八七九），夫人卒，營壙於錢塘右台山，並築室其旁曰右台仙館。時「精神意興，日就闌衰」，不能認真撰述，乃纂集過去雜記，平時所見所聞，而成此《筆記》。

《右台仙館筆記》卷六，俞樾和紀昀一樣，也講了鱉寶，故事來自大兒婦樊氏，云：

其家庖人治一鱉，已以箸夾其頭，將斷之，忽其尾間又出一物如頭然。庖人詫曰：「豈此鱉有兩頭歟？」強納入之，復以箸夾其頭，頭出而尾間物亦出。庖人大怪之，乃曰：「吾熟爾於釜中，看爾有何怪異！」及熟而剖之，則中有一人焉，其狀如老翁，鬚眉宛然，頭戴風帽，身披氅衣，但不見其足耳。僕媼輩傳觀之，兒婦時尚幼，亦取視焉。雖已乾臘，尚可把玩。或語庖人曰：「此鱉寶也，生得而畜之，則可以盡得天下之寶矣。」庖人乃大悔。

鱉腹中有「物」，狀如老翁，兒媳說：她幼時還把玩過已經乾臘的鱉寶。這故事可與紀昀母親的傳述作比較，雖地分南北，時間相距百五十年的故事，從來源看，二者沒有抄襲，算是中國南北的共識。

俞樾講說的物怪故事，有的人、地資料相當詳盡，如《右台仙館》卷十一烏程鄭夢白遇天狐即是。夢白，名祖琛（一七八四—一八五一），曲園拜見過的前輩，故尊稱日先生。「道光中以藩司居憂，甲辰歲（道光二十四年，一八四四）服闋入覲，將至京師，宿於長新店。」長新店在河北宛平縣西南，光緒年間改稱長辛店。

鄭祖琛剛剛投宿客棧，有客求見，視其名刺，乃故人，欣然請入，坐談良久而去。沒幾時，此客再求見，見之而無話可說，但又久坐才離開。第三次，祖琛正要小憩，又報求見，固請，不得已見之。鄭說：「您來了幾次，對我有何教示？」客問：「你看我是誰？」細看，竟非前客，但見「面目清癯，修髯及腹，殆神仙中人」。於是悚然驚異，說不出話來。客說，第一次見者是你的故人，第二次就不是了，而是我本人。「我欲有言於君，故幻其形以求見；但怕交淺難言深，遂欲言而止。我出去想想，此事關係甚大，不得不又來見。」什麼重要事呢？客人直截說：「我是天狐，竊聞天庭之議，世間劫運將至。君此次進京，不久將領大兵，數百萬生命皆在君手，千萬留意。」話音甫落，人已不見。

這年，鄭祖琛授陝西藩司，升雲南巡撫，後又移節廣西，「而洪秀全之亂起。」俞樾說：「方其萌芽之始，猶可撲滅，先生思客言，不敢輕舉，遂以因循釀禍，毒流海內。」

俞樾又記另一則鄭祖琛和狐的傳說，北京「宣武門外有屋一區，舊有狐祟，先生居之則寂然；及去，祟如故」。後之入住者惱怒，責問狐，何以有如此差別，狐曰：「數百萬生靈皆送其手，我輩能不畏之？」鄭祖琛是連狐精也畏懼的狠角色。金田起義，祖琛未能及時處置，遂釀大禍，當年被革職問罪，翌年（一八五一）行刑處斬。他曾住過宣武門外，北京人才如此調侃他。俞曲園並不認同，而推測可能由於長新店對話，「傳訛而非其實。」曲園「所聞於鄉人者，不爾也」。鄭的鄉人與北京人傳說的狐魅不一樣。

鄭祖琛，烏程人，俞樾，德清人，同屬湖州府，是同鄉。家鄉人怎麼說，曲園未言。俞家和鄭祖琛關係都甚深，曲園之父曾任鄭家塾師，兄長曾入祖琛之幕，其子輩有與曲園同年者，道光年間曲園應已成年，曾見過祖琛一面。曲園講到洪秀全起事，說鄭祖琛想起天狐的話，不敢輕舉妄動，以致星火燎原，「毒流海內」。他不忍責備鄉前輩，轉怨天狐，「既不惜一再求見，何不直言正告，而為此模稜之辭，使人誤會其意。」顯然他是相信長新店那段人狐對話故事的。其實京師庶民嘲弄曲園熟識又尊敬的長輩卻有緣故，當洪秀全還是星星之火時，職任廣西巡撫的鄭祖琛按兵不動，未能及時撲滅，致使變亂擴及半壁江山，致使生靈塗炭。這麼重大的歷史過錯，曲園為維護前輩，竟責備天狐沒把話說清楚，又歸之於「殆亦由陽九百六厄運」，「固不可免」的天運，其為長者諱，不亦太過乎？

雖然比俞樾年長幾歲的鄞縣人徐時棟（一八一四—一八七三）說過「南中無狐」，[15]但主要記述南方怪奇的《右台仙館筆記》倒保存不少南方狐媚的故事。曲園甚至總括說：「狐居人家，載籍所記，多有其事。」（卷一）同是浙人，時代又相近，何傳聞之異也如此！狐固是北方之產，到明清，狐媚傳說恐怕已經相當廣泛。不過，物怪和地域應有密切關係，俞樾講了一個大蚌故事，發生地嘉興便介乎太湖與杭州灣之間，北方內陸既無這類水產，也很難產生這類物怪故事吧。

話說嘉興吳姓鉅室世居北門外，其屋歷二百餘年，乾隆初，某年「夏間久雨，忽有黑物出於爨室，長五六尺，廣一尺許，無頭面手足，近之則寒氣逼人，兼有冷水噴射，中之者寒顫欲絕」。此物「每陰雨則見，晴明則否」。佃人趙某宿於其家，傭僕告知，自恃拳勇，毫不畏懼。當晚大雨，物果出，佃與傭直前撲，冷水四射，傭倒地，趙以拳奮擊而臂斷，大呼求救，「聞者奔集，是物已杳。」兩人雖不死，趙佃竟成廢人。

吳家主人深患之，到德清鄰近的武康聘請有道術的貝鍊師來收妖。貝鍊師畫一符焚於竈前。頃刻間，「天色驟晦，巨雷繞屋而轉」，屋中諸物震動，不久，「辟歷一聲，硝磺之氣滿室，人有眩仆者，而天即晴霽。」環視諸物，都如其舊，只有一個可容十幾石的大缸，本來埋在地下的，「為雷拔起，碎為數十塊。」檢視其下，「清水潛潫（水流聲），有巨蚌臥其中」，大小與前見相似，已斷為二，其旁有一隻斷臂。主人說：「此缸埋自前明，貯以濁水，經宿則清而且甘，用以烹茶極佳，舉家寶之，不知有怪物潛藏其下也。」斷蚌燒成灰，臂歸還趙佃。魏晉南朝物怪書籍講述不少水產物怪，如水獺（《甄異傳》、《幽明錄》）、鯉（《列異傳》）、鮫（《述異記》）、江黃（《祖台之志怪》）、鼈（《列異傳》）、鼉（《幽明錄》、《雜鬼神志怪》）、龜（《孔氏志怪》、《續異記》、《雜鬼神志怪》），[16]但未見大蚌。

俞樾三十歲中進士（一八五〇），曾任翰林院庶吉士、編修，簡放河南學政，而以所擬試題割裂被劾而罷官，時年三十七歲，在官場只有七年。南返江南後，專心著述，主講於蘇州、上海、杭州等書院，以在杭州詁經精舍最久，長達三十餘年。曲園極負盛名，廣交遊，晚年發帖徵求異聞，蒐羅的資料撰成《右台仙館筆記》，雖遍及多省，仍以江南蘇杭一帶居多。他記錄的故事，頗有族人、親友、門生的見聞。譬如狀如老翁的鱉寶，乃大兒婦樊氏幼年所見，「雖已乾臘，尚可把玩。」（卷六）這個物怪故事應當聽樊氏講說的。二兒婦姚氏回娘家，亦聞得弟婦鬼魂附體事，類似的案例，詁經精舍監院校官之子婦歸寧也遇到。（卷二）

曲園妻弟之子及他的長子與女婿也有物怪的經驗。（卷六）蘇州閶門內有浙人唐氏的絲綢布匹店，曲園妻弟之子姚穀孫受雇其間。某晚和同事夜話，直至深更，準備到廚房煮雞蛋充饑，剛走出門，所執之燭無風而熄滅。此屋素有怪異，穀孫習以為常，笑說：「是鬼嗎？」叫同事再取燭來，及至廚下，燭又滅。穀孫說：「你能滅，我不能點燃嗎？」於是和同事再點燃，兩燭一燃一滅，一滅又一燃，如是反覆，持續到雞蛋煮熟，吃過才回房。

又小倉口一屋亦有怪異，長子紹萊與女婿許子原同臥一室，夜深不寐，想吃東西，當日剛好有祭神之雞，雖然去毛取血，尚未熟，遂放在窗外短牆上的小火爐煮。兩人不習烹飪，久煮不熟，倦極，抽薪滅火而寢。不久，聽聞窗外有搖扇聲，又有柴薪爆裂聲。「是不是剛才火未盡滅呢？」避免發生火災，兩人共同出去查看，發現鍋中沸騰，雞肉已爛熟。不知是怎麼一回事，取而飽食，亦竟無他異。

曲園去職南歸，僑居蘇州時，租過小倉口這所房子，有經驗，故斷言這兩件怪異，「必狐魅為之，非鬼也。」以上是他的親人直接面對或間接聽聞的物怪鬼神故事。

曲園傳述門生王夢薇的物怪故事，茲舉所說兩則，一是鬼物，一見龍鬥。其鄉先達，官至道臺的仲公，微時讀書蒯氏之園，見鬼物，面色微赬，有鬚。此係溺水而死的蒯氏僕來求他做保，以助成為土地神。（卷六）又，他的門生司馬晴江言其伯曾祖為江寧諸生，曾館於揚州一鹽商家，讀書大廳，夜見鬼物，有人長寸許，不久長至丈許。記其消逝之處，翌日掘得一朱棺，乃遷葬之。（卷六）

另外一則是王夢薇祖父半怡親見龍鬥的故事。王君乘舟經太湖之簫箕樓，值風雷交作，但見五龍鬥於湖中，去船不及半里，湖水沸騰，船隨風浪起落者數丈。半怡雖恐懼，心想死生有命，乃手據船舷以觀其變。不久有一龍至，「滿身鱗甲，燦若黃金，盤旋五龍之間，擺頷張鱗，夭矯騰躍。」此時「風雷益怒，湖水皆立，五龍不能敵。一龍向東南而遁，王君之舟為其所攝，竟與俱去，約二十餘里，至錢家漊一古墓前，龍觸宰樹而墮，舟亦墮地」。船首尾雖毀，同舟五人則幸無傷失。歷來講龍的故事者，大概沒

有比這篇的親眼目睹，這般活靈活現。（卷十二）

從乾隆晚年的《閱微草堂》到清末的《右台仙館》，物怪故事流傳不輟，尤其如曉嵐之博雅多方，「海以內幾（乎）家置一編。」（曾國藩語）這麼說來，直到二十世紀初，中國稍有知識、識字讀書的人，可能多備有或讀過物怪之書；近代西化後，連古典與西學兼具的一代宗師傅斯年，也藏有一套木刻本《閱微草堂筆記》。諸種志怪以蒲松齡、紀曉嵐的著述最受歡迎。至於老叟童稚、販夫走卒、農甿村婦，更無一不喜愛聽講鬼神物怪故事，一如七、八十年前我在鄉下的經驗。

物怪小說少不了龍，鄧德喻對人說嘗見餘杭大滌山中有龍。朱子評說：「見得破，方是。不然，不信。」他的態度並不絕對排斥。俞曲園門生之伯曾祖見過龍鬥，紀曉嵐父姚安公趕去看墮地之龍，但已乘風雨去矣。[17]可見近代，中國士大夫猶信有龍。

本書開篇講過家母童少遇「摸神仔」以及她母親阿姨麻竹阻路的怪事；龍這麼靠近人，我也從家母與鄰婦聊天中獲聞。記得我童幼五、六歲時，尚未上小學，家住竹滬寧靖王廟旁，夏秋霖雨之日，大雨傾盆如注，屋外烏雲密布，天昏地暗，鄰居大嬸與家母坐在大廳閒談。那是臺灣傳統家屋，廳堂中間擺著一張方形餐桌，四邊各有一長條凳。她們兩人分坐條凳，我隨侍在側，聽大嬸說，有人剛從海邊來，見海上出現烏龍，上下翻騰，似若從天垂降。說者深信不疑，我也聽得津津有味。

鄰家大嬸所說南臺灣海上烏龍，與俞樾門生祖父在看到的龍鬥頗有異曲同工之妙。我長大之後回想，當然知道大嬸說的烏龍應該是海上變幻多形的烏雲，不是什麼烏龍垂降。但如果我將兒時奇聞異事記錄下來，設想中古式的社會沒有改變，大概也可以附應劭、干寶的驥尾，為俞曲園作見證吧。中國的物怪小說恐怕就是這樣製作出來的。這不是世間有無「物怪」的問題，而是物怪故事存在的社會與世人共信的事實，才是我們要探尋的所在。怎麼探尋？前人試過，今日猶待不同學科盡其所能。我們能不能獲得令人滿意的解釋雖不可知，但可以斷言的，鬼神物怪故事絕不僅止於消遣，而是會使好學深思之士肅然起敬的學問。

・氣的玄解

（一）「無何」與氣論

怎樣看待異常的物怪是屬於認識論的範疇。大體而言，人類認識外在世界的方法，形態上可分為三類，也可以是人類知識發展的三大階段：巫學的（或神話的）、玄學的和科學的，也可以當作人類知識發展的三大階段。這三種形態與階段，各民族、各國家的進程先後不一，其斷絕或延續的程度也有別，在中國，玄學維繫時間很長，但巫學的餘音猶一直存在。

早在戰國晚期，天下最聞名的學宮稷下，最為老師的荀卿對於異常怪變便抱持質疑態度，與世俗截然有別。《荀子．天論》舉「星隊（墜）木鳴，國人皆恐」為例而設問：「是何也？」（為什麼？）他回答說：

無何也，是天地之變，陰陽之化，物之罕至者也。怪之，可也；而畏之，非也。

流星墜地，山林嘯吼，沒什麼，不過是天地陰陽變化的自然現象而已，因為不常見而覺得奇怪猶可說，因而畏懼就就不對了。

荀卿前輩莊周在他的〈齊物論〉早解釋「木鳴」了，他說：「大塊噫氣，其名為風」，風作，天地間之「萬竅怒呺（號）」。莊子馳騁其「無端崖之辭」，描述「木鳴」的壯觀景象曰：

山林之畏佳（樹木枝條扇動），大木百圍之竅穴，似鼻，似口，似耳，似枅（柱上方木也），似圈，似臼，似洼（洼曲）者，似污（污下不平）者，激者，謞者，叱者，吸者，叫者，嚎者，宎者，咬者，前者唱「于」而隨者唱「喁」。

老林喬木既然有那麼多竅穴，風一吹來便發出聲響，有如奔水湍激聲、箭鏃咻咻聲，叱責聲，呼吸聲，喊叫聲，號哭聲，深若幽谷聲，或如被咬的哀切聲。山林萬籟，yuyu（于）yonyon（喁），先後呼應。「泠（小也）風則小和，飄風則大和，厲風濟則眾竅為虛。」這是自然的景象，正可讓荀卿引為「星墜木鳴」沒什麼可怪的佐證。

同樣的，荀卿又以雩祭儀式批評民俗信仰，設問：「雩而雨，何也？」舉行過雩祭，果然久旱而雨，靈驗吧？也沒什麼，「猶不雩而雨也」，不雩祭也會下雨的。既然如此，官方何必列入祀典呢？荀卿說，天旱而雩和日月食而救之，與卜筮然後決大事同樣，「非以為得求也，以文之也。」不是真的相信有求必應，只當作禮儀文飾罷了。「故君子以為文，而百姓以為神；以為文則吉，以為神則凶。」在上者心知肚明，鬼神之祭祀只是禮儀，當作統治手段，能這樣對君子（統治者）是吉，否則若相信超自然的鬼神，君子會遭凶。只有那些無知的平民百姓，才傳承原始社會的想法，相信真有那麼一回事。

荀卿認為信神，信鬼，信怪異，信禎祥，都是統治者的治術，所謂「神道設教」也。如此走在時代前端的進步思想，秦漢以下並沒有多少人跟隨，少數批判傳統的讀書人，如王充，在中國歷史上簡直鳳毛麟角。直到將近兩千年後，明末清初才出了一個熊伯龍（一六一七—一六六九），欽佩、推崇王充的懷疑精神，並且精選《論衡》批判神怪禍福的章節加以發揮，而溯源於荀卿的「無何」，題其著作曰《無何集》。「無何」足以破亙古以來流傳的神怪，《無何集》卷之五「灾祥類」〈怪辨〉之四，引述安徽六安陳雨亭之言曰：

近聞霍山有怪，或云二角三手；或云遍身鱗甲；或云晝伏水中，夜出食人；或云炮不能傷；或云口吐黃咽；異獸數十隨後。怪至一方，人不敢出，聞者畏懼。後聞有人捶之已死，眾爭往視，人足黑色，乃一熊耳。[18]

這就像上文我舉童幼聽聞村婦說的海上烏龍一樣，傳言往往捕風捉影，以訛傳訛，添油加醋，於是愈傳愈神奇。這是無知庶民的通相，中國典籍許多神鬼物怪正可以此例彼，故熊伯龍說：

始知聖人之不語怪，非有怪而不語也，天下本無怪。

「天下本無怪」，中國歷來講這句話、信這句話者有多少人？只看中國經學史樹立里程碑的大學者清初閻若璩（百詩）評《無何集》，就知其大概了。百詩說：「予上下千古，自漢以前，得一大異人，曰王仲任（充）；自漢以後，得一大異人，曰熊次侯（伯龍）。」[19]本書前文揭開的物怪歷史也可以證實閻若璩的論斷正確無誤。所以要了解中國社會文化以及中國人的心態，不能憑藉極先進的論著，反而應從他們的反面看，或能得到更真實的歷史。

荀卿、王充至熊伯龍的認識論，固非本文主題所在，不過，我們需指出，熊氏辨證的範圍並沒有觸及兩千年來林林總總的物怪記載，也沒有解釋太史公所稱的「學者」，以及王充之流何以「多言無鬼神，然言有物」？如果要了解中國人的思維心態，可不是「天下本無怪」一語就輕易裁決得了的。

面對社會長久存在的鬼神物怪，只倡論「無何」之「破」是不夠的，還要「立」，對天地萬物正常或非常的種種現象加以解釋，解釋之道是「氣」。到戰國時代，中國先進思想界的「氣論」已發展到相當完備的程度，有一派從大自然的「氣」而推及於萬物生靈。[20]氣論認為天下萬物是陰陽二氣接觸的結果，怪與不怪，端在於人的識見。《淮南子．氾論訓》說：「雌雄相接，陰陽相薄（迫）」，乃成萬物。羽類成為雛鷇之飛禽，毛類成為駒犢之走獸；其體，柔的部分成為皮肉，堅的部分成為骨角。諸如此類，視作自然，「人弗怪也。」推之於水生蠬蜄，山生金玉，老槐生火，久血為燐，人亦皆弗怪。但「山出嘄陽，水生罔象，木生畢方，井生墳羊」，世人都怪之，〈氾論訓〉作者批評說，此乃「聞見鮮（少也）而識物淺」之故。換言之，見多識廣之人是不會以罔象、羵為怪的。

同一社會文化諸眾中，識見固有深淺，其繫於愚智之別。〈氾論訓〉接著說：「天下之怪物，聖人之所獨見；利害之反覆，知者之所獨明也。」所謂聖人、知者都是「博物君子」，相反的，世俗常民分不清同異，看不出嫌疑，才被「眩惑」。中國古來社會是分階級的，政治權力不只有「治人」與「治於人」之別，知識也有「知者」與「不可使知」之界限。中國知識份子喜歡講治國平天下的道理，自然就站在統治者一邊，〈氾論訓〉才公然宣揚：「見，不可布於海內；聞，不可明於百姓。」這正是孔子「民可使由之，不可使知之」的真傳。

最晚從幾千年前國家形成時，統治者就神道設教以治民；所謂「設教」，即因常民之相信「鬼神禨祥而為之立禁」。世傳種種禁忌為常民所遵行，多是明智的在上者假「託鬼神以伸誡之也」。譬如「饗大高者，而彘為上牲」，不是豬賢於野獸麋鹿，而是豬乃常畜易得，因民之便而尊之。又如「相戲以刃者，太祖軵（擠也）其肘」，因為以刃相戲，容易過失相傷。法律明定鬥毆相傷必遭刑戮，怕愚民不知而犯法，故稱太祖肘人之掣以恐嚇人民，令民不敢私鬥，社會才安定，統治才上手。其他習俗禁忌還很多，凡這類行為規範難以盡數列入法令，故神道設教，「以禨祥明之。」〈氾論訓〉作者認為質樸之民深信鬼神，出於本性，故在上者「借鬼神之威以聲其教所由來者遠矣」。可見中國的愚民治術淵遠流長，成為民俗，使人習以為常而不自覺，但在上者卻是心知肚明。

掌握權力或知識的統治階級為使萬民順服，雖然打從心底不信鬼神物怪，實際上卻善加利用，看到這層，正是戰國進步知識人的識見。然而這種看法有知識癖好的「學者」並不滿足，其中仍有區別，乃有一派人以新興的「氣論」解釋無鬼神而有物怪的道理；流風所及，東漢初王充撰作的《論衡》立場最為鮮明，本書「人鬼之鬼物」一節已經有所分析。

應劭也是氣論者，《風俗通義》講狗怪，認為「凡變怪皆……邪氣乘虛，故速咎證」。（卷九〈怪神〉）稍後郭璞注解《山海經．海內西經》「貳負之臣曰危」，氣論說得更清晰。《海內西經》曰：

> 貳負之臣曰危，危與貳負殺窫窳（或作猰貐、猰窳），帝乃梏之疏屬之山，桎其右足，反縛兩手，與（郭注作「被」〔披〕）髮繫之山上木。

劉秀（即劉歆）〈上山海經表〉說：孝宣帝時，上郡開採盤石，山陷，現石室，「其中有反縛盜械人。」這麼奇異的發現上報到朝廷，宣帝問群臣，博學的諫議大夫劉向舉《山海經》之文以對，宣帝大驚，覺得古書所記與「考古」竟然符合，真不可思議。向、歆父子堪稱漢代的大學者，劉歆的識見還高於其父向。

石室之人，明明右足加腳鐐，兩手反綁，披髮結於山上木，但據郭璞說：「論者多以為是其尸象，非真體也。」這派論說斷然否定開山者發現石室有具體之人，只是

「象」而已，謂之尸象，不算郭璞所謂的「靈怪變化論」，但郭璞也不得不承認西漢的發現「難以理測」。其實這個發現，漢宣帝、大學者劉向、歆父子以及世人多相信埋在山中石室的人是實體。

郭璞則介於這兩派之間，推測說：

物稟異氣，出於不（自）然，不可以常運推，不可以近數揆矣。

「不然」，郝懿行《山海經箋疏》據《太平御覽》卷五十所引而說：「不」當是「自」字之譌。[21]自然之理，稟秉「異氣」之「物」，不能以常理推測，也不可以人世之識見揆度。換言之，天地有異氣，自然會產生物怪。

郭璞又舉曹魏時代的奇異事件佐證。本書前文提到的周王冢盜掘，「得殉女子，不死不生」，過數日而有氣，數月而能語。這女子已殉葬數百或上千年，但出土時，「狀若廿許人，送詣京師。郭太后愛養之，恒在左右，十餘年，太后崩，此女哀思哭泣，一年餘而死。」此事亦見於《三國志》卷三《魏書．明帝紀》裴松之注引顧愷之《啟蒙注》。

郭太后崩年，即明帝青龍三年（二三五）。幾百年前殉葬的人被發掘出來，還活了十幾年。如此奇異之事可非流傳，不但早於郭璞（二七六—三二四）幾十年而已，繪製「女史箴圖」的書畫名家顧愷之（三四五—四〇六），以及注釋《三國志》的裴松之（三七二—四五一）都認可事實。顧、裴亦如郭璞，認為「物稟異氣」之故嗎？

（二）王充妖氣象人與干寶五氣變化

我們一再引述太史公所說：「學者多言無鬼神，而言有物。」王充《論衡．論死》對這句話的詮釋雖然認為生命基於氣，但人與「物」不同，人一死，氣無形體可資寄託，遂散而之於天地之間，不復存在，故無「鬼」；但「物」是活的，形體未壞，氣沒散，乃能以憑依或變化的方式存在，在現實世界產生種種怪異。

除了形體有無之別外，「物」的氣，王充〈紀妖〉篇歸為「妖祥之氣，象人之形」，如趙襄子部屬遇見的霍太山神使者，或夏庭妖龍即是褒之二君的古代故事。前者見於《史記．趙世家》云，知伯率韓魏兩家攻趙氏，「趙襄子懼，乃奔保晉陽。」襄子家臣原過，掉隊落後，「至於王澤，見三人，自帶以上可見，自帶以下不可見。」他們「與原過竹二節」，囑咐送趙毋卹（襄子）。襄子親自剖竹，內有朱書曰：「余霍泰山山陽侯天使也。」內容說要幫毋卹滅知氏云云。按《汲冢瑣語》，霍泰山山陽侯天使大概類似首陽神之犬形、貍身而狐尾的物怪，[22]而以上身可見，下身不可見象人之形出現，王充故謂「趙簡（襄）子之祥象人，稱帝之使也」。至於褒之二君的故事見於《國語．鄭語》，史伯引述古代的《訓語》說：「夏之衰也，褒人之神化為二龍，以同（交媾）于王庭。」貍身狐尾的犬和龍都是「物」，王充說，他們之以人形現身，只是「象」，不是實體，故算是妖。

王充妖氣象人之說不但否定古典物性，也不承認戰國晚期繼起的變怪，亦及於高祖所斬之蛇或黃石老人。斬蛇傳說，王充認為若說是白帝子則非實，「非實則象，象則妖也。妖則所見之物皆非物，非物則氣也」。換言之，只是「妖祥之氣」。物怪歸根結柢於「妖氣」，至於著名的黃石公故事，王充斷然說：「黃石不能為老父，老父不能為黃石，妖祥之氣見，故驗也。」凡此諸說，將氣論推至極端，連變怪根源的「物」也否定了，「氣」又何所依附呢？豈非與他不信人死的「鬼」而信變怪的「物」互相矛盾？而王充說的「人死無形體故精氣散而之四方，物則不然」，又如何自圓其說？

王充把氣論推得這麼極端，勢必難以為繼。干寶則不然，雖本諸「氣」，但又回歸於「物」之變怪，所以他說：「妖怪者，蓋精氣之依物者也。」因為「氣亂於中，物變於外，形神氣質，表裡之用也」。（《搜神記》卷六）氣有五種，《搜神記》卷十二開篇進一步申論「五氣變化」曰：「天有五氣，萬物化成。」五氣者木火金水土五行之氣，每一種氣各分清、濁，遂有聖德與下民之別。中土和氣所交，多聖人；絕域異氣所產，多怪物。「苟稟此氣，必有此形；苟有此形，必生此性。」天下萬物，各從其類，那些特別怪異者，如「千歲之雉入海為蜃，百年之雀入海為蛤，千歲龜黿能與人語，千歲之狐起為美女，千歲之蛇斷而復續，百年之鼠而能相卜」。他說，這是所稟特異之氣的頂峰，所謂「數之至也」，自然的道理。既是自然之理，也可以學荀卿說：「怪之，可也；而畏之，非也。」但干寶看到萬物中有的「自無知化為有知」，乃氣變易之故；有的卻「不失其血氣而形性變」。後者又分為兩類，「應變而動，是為順常；苟錯其方，則為妖眚」，所以物怪妖祥是物之氣錯置所致。

《搜神記》同卷「吳郡婁縣懷瑤家」條云，懷瑤忽聞地中有犬聲，掘得犬子，長老云：「此名犀犬。」干寶引證《尸子》云：地中不只有犬名地狼，也有人名無傷。還有《夏鼎記》也說，掘地得狗，名曰賈；得豚，名曰邪；得人，名曰聚。他認為：「名異，其實一物也。」這些「物」，古典時代認為是「怪」，如孔子所謂「土之怪曰羵羊」，（《國語．魯語下》）但經過氣論者的詮釋，干寶則斷然說：「此物之自然，無謂鬼神而怪之。」連地下發現活生生的狗、豬、人都是自然現象，不值得驚怪，人間還有什麼可駭可異的「物怪」「鬼魅」？

不過，自然界存在著變化的現象，干寶看到「腐草之為螢，朽葦之為蛬（蟋蟀之類），稻之為蛩（米中蟲），麥之為蝴蝶（蛾也）」，該怎麼解釋？他說，前者由乎草腐，後者由乎麥濕，得出「萬物之變皆有由也」的結論。實證經驗使他知道，農夫為防止「麥化為蝶」，則「漚之以灰」；可是他由此獲得的啟示卻是「聖人理萬物之化者，濟之以道」。「化」、「道」這些虛玄概念，難以定義也沒有邊際，自然容易「圓滿地」解釋人世間許多疑難，但中國就難以走上「科學」之路了。

事實上，中國自戰國至兩晉這八百年間，先進的知識人只提出氣論的玄想，缺乏實證科學方法，干寶雖然觀察到麥堆生出蝶這一事實，因為缺乏實證方法，亦無實驗科學的傳統，只能訴諸玄學。所謂五氣變化論，將「觀察」到的異象腐草「為」螢、麥「為」蛾等，用「為」而不是「出」，自然走上「皆因氣化以相感而成也」的玄解。玄解本是完整的自我解釋系統，可以通盤解釋天地萬象。正如干寶在同卷「臨川間諸山有妖物」條說的：「天地鬼神與我並生者也，氣分則性異，域別則形殊，莫能相兼也。」又說：「性之所託，各安其生。」安其生，即存在的事實。這樣的「氣變化論」就把物怪納入自然存在的萬物體系中，沒有什麼好覺得怪異了。干寶不像極端氣論的王充，他承認「怪物存焉」，卻相信一旦掌握氣論，便可見怪不怪，很有《淮南子．氾論訓》「天下之怪物，聖人之所獨見」的意味。

到底只有知識菁英中的菁英才可能思考物怪氣論，魏晉以下去古典時代太遠，古典物怪的形象基本上已經絕跡，[23]原來「物」的功能已非中古的人所能想像。可是戰國秦漢以來先進的氣論又太玄，沒有幾個人能懂，所以講物怪故事者多從眾，沿襲傳統俗說，平實地認定「物」之存在。

北宋太宗朝李昉（九二五─九九六）等奉敕編撰《太平廣記》，[24]太平興國二年（九七六）進呈，篇帙長達五百卷，其中將近一半多關係神鬼物怪。如此浩瀚的資料卻只講故事，未見有干寶之類的氣論，或試圖提出理論性的解釋。另外洪邁（一一二三─一二〇二）《夷堅》四志凡「千一百五十事，亡慮三十萬言」（〈夷堅丁志序〉）亦然。此一現象大概反映神鬼物怪既然與人同存，除極少興趣於追求知識、建構論說的「學者」，大多數人（包含讀書人）多不會打破砂鍋紋到底吧。

（三）朱熹不具足氣論

與洪邁同時的朱熹（一一三〇─一二〇〇）就是少數知識菁英中的菁英，他所博通的經典既充斥著神鬼，也少不了物怪，自然會提出解釋。他同樣主張「氣」，但氣有所不足，便提出更高層次的「理」以駕御之，可是「理」卻附於「氣」，離不了「氣」，我姑且名之曰：「不具足氣論。」「理」不像「氣」那麼具體可察，比「氣」還玄，可卻是宋代新儒家理論之根本。這問題且讓哲學家或哲學史家、思想家或思想史家去圓解吧。不過，從物怪發展歷程看，這麼曲折的造說並無多大的奧祕，恐怕多因心底存著學派爭勝的緣故吧。

《周易．繫辭上傳》說，《易》涵蓋條理天地之道，「仰以觀於天文，俯以察於地理，故知幽明之理；原始反終，故知死生之說；精氣為物，游魂為變，是故知鬼神之情狀。」（第四章）〈繫辭傳〉這段話涉及幽明、死生、精氣、魂魄、鬼神、物與變等事體或概念，朱熹《易本義》釋曰：「易者陰陽而已，幽明、死生、鬼神皆陰陽之變，天地之道也。」又進一步闡述說：「陰精陽氣，聚而成物，神之伸也。魂游魄降，散而為變，鬼之歸也。」說來說去不外堆砌玄學概念以解經，門生弟子恐怕不見得聽得懂，所以再有問答，收集於《朱子語類》中。[25]《語類》卷三「鬼神」，與理學核心概念的「理氣」「性理」並列於「總論」，所輯錄的師生問答，透露這位影響近代中國學術思想、並且壟斷科舉考試七百年的大儒，怎麼看待中國人心目中的神鬼物怪。《語類》

「鬼神卷」比《易本義》的注解、《文集》雜著〈易精變神說〉或《語類》「繫傳卷」的章句答問都還清楚些。[26]

死生鬼神，雖然是自有人類以來就出現的問題，但細究下去，便不那麼容易了。遠古尚矣，文獻不足，難以擬測，東漢初王充《論衡．論死》曰：「世謂人死為鬼」，這樣意涵的「鬼」作為共名，自漢以下一直使用到今日，漢以前可以追溯到多早呢？可信的早期文獻《周易》的「鬼」字是方國名，謂之「鬼方」，（〈既濟〉九三爻辭）但甲骨卜辭眾多方國並無名作「鬼方」者。《周易》作於周初，鬼方之名亦見於康王時期的小盂鼎。盂征伐𢦏（鬼）方，斬首俘獲無數，[27]這些「鬼」字都與人死之「鬼」無關。銅器銘文之出現人死為鬼的「鬼」字，已晚至春秋戰國之際的齊國陳肪毀，曰：「余陳中（仲）𢊁（彥）孫，𡨦（釐）叔和子，龏（恭）𡩁（寅）鬼神，襄（虔）𢘍（恭）畏忌」，[28]恭恭敬敬地畏忌鬼神。

「神」字，甲骨文作「申」，通釋為電，作為後世意義的神，最早出現在西周晚期，厲王作的宗周鐘記述他南征，南夷、東夷具來朝見共二十六邦，祈禱「皇上帝百神，保余小子，朕（朕）猷有成」。[29]神，已具後世之義，不是「電」。

雖然作為宗教信仰範疇的「鬼」「神」兩字，中文出現不早於西周，但鬼神自原始社會以來，恐怕就充斥於人間，新石器時代早期墓葬普遍出土的隨葬品，西安半坡甕棺蓋缽的透穿小孔，可能反映死後世界和靈魂的觀念。[30]朱門師弟問答，不涉文字考據，只論經典文獻所記中國人這種普遍觀念。不過鬼、神的本質是什麼，這個基本問題，朱子多存而不論，以為「那箇無形影是難以理會底」。由於孔子清楚教示過：「未能事人，焉能事鬼？未知生，焉知死！」也說過「敬鬼神而遠之」，早都「說盡了」，朱子提點弟子，「莫要枉費心力去理會。」（《語類》頁三三，下同）但理學家為抗衡數百年來極具思辨能力與邏輯分析的佛教，在原始儒家的基礎上企圖建構同樣具有思辨的新儒學，既談理氣，論性理，何能獨漏與人生死攸關的「鬼神」？何況二程「初不說無鬼神」，但他們說的只是「無而今世俗所謂鬼神」。（頁三四）以傳承二程自任的朱熹，便不能不闡明，何以無世俗所謂之鬼神。那麼，否定了家祠祭祀的人鬼和廟宇祭典之神祇，這些高級讀書人所謂的「鬼神」意何所指呢？

朱子說：神，伸也，如風雨雷電初發；鬼，屈也，如風止雨過，雷住電息。那麼世傳會賜福降災的「神」以及人死的「鬼」還存在嗎？朱熹說：「鬼神不過陰陽消長而已，亭毒（長養也）化育，風雨晦冥皆是。」（頁三四）又說：「鬼神只是氣」，這可乾脆明白，所以接著說：「屈伸往來者，氣也；天地間無非氣。」（頁三四）於是有學生問：「鬼神便只是氣否？」這位大學者兼思想家面對「直球」，卻有點游移不決，他答說：「又是這氣裡面神靈相似。」（頁三四）「氣」裡面的「神靈」或「似神靈」是什麼東西？他沒再說下去。

考亭門下有個學生包揚，態度反而比較明確，他說：「冊子說，并人傳說，皆不可信，須是親見。」前人記載以及時人傳說的鬼神，「說得滿頭滿耳，只是都不曾自見。」朱熹對包揚「眼見為憑」的求真態度並不肯定，這等於把干寶的研究方法、考據文獻與訪察田野，都否定了。朱熹當然有他的一套方法，他教示包揚：「只是公不曾見，畢竟其理如何？」你不曾見鬼，別人不一定也未見過。然而號稱見過鬼神的人到底很少，朱熹只好擡出理學更高的概念「理」來。他說：「鬼神之事，聖賢說得甚分明，只將《禮》熟讀便見。」（頁三四）原來鬼神存在於經典中，不必親見為憑；而二程也沒說過「無鬼神」的話，只是不承認「而今世俗所謂鬼神」而已。（頁三五）因為「古來聖人所制祭祀，皆是他見得天地之理如此」。（頁三四）所以按照「理」，天地間是存在鬼神的，朱子亦批評持「眼見為憑」的友人張栻說：「南軒亦只是硬不信。」（頁三五）

那麼王充之不信「人死為鬼」，也是因為他看不到「天地之理如此」的緣故嗎？

其實「不言有鬼神而言有物」的「學者」是根據他們的形神氣論，人死則氣散，散則無可見之形，所以不可能有人死的「鬼」現形。這是魏晉六朝中國本土學者與天竺沙門形神論辯的主題，一主神滅，一主神不滅；也是道家（教）與佛教人死後世界分歧之所在，[31]豈是一個「理」字就能打發的。何況放下「理」高於「氣」的威權建構，朱熹的「理」能合理（邏輯）地解釋世俗所說的鬼神嗎？

即使不能充分解釋，但朱子到底是信鬼神的，他引述孔子「敬鬼神而遠之」說：「則亦是言有，但當敬而遠之，自盡其道，便不相關。」（頁三六）換言之，鬼神是「有」的，否則孔子何來敬之，何來遠之？他論薛士龍家見鬼，而說：「世之信鬼神者，皆謂實有在天地間；其不信者，斷然以為無鬼。」（頁三六）在這兩個極端間，他反駁無鬼論者說：「然卻又有真箇見者。」（頁三六）如果鬼神是他所說「只是氣」，氣如何真箇見得？似乎非有個「實有」不可。這個實有之氣，神與鬼不同，「神祇之氣常屈伸而不已，人鬼之氣則消散而無餘。」（頁三九）換言之，神氣不滅，只是時有大小，鬼氣則終歸消失。

但人之成為人，是形體內存有魂魄，[32]魂與魄都是氣。朱子引高誘《淮南子注》：「魂者陽之神，魄者陰之神。」而論斷曰：「所謂神者，以其主乎形氣也。」（頁三七）進一步闡述說：

人所以生，精氣聚也。人只有許多氣，須有箇盡時，盡則魂氣歸於天，形魄歸于地而死矣。人將死時，熱氣上出，所謂魂升也，下體漸冷，所謂魄降也。（《語類》，頁三七）

朱子魂氣形魄升降二分之說，乃秉承《禮記．郊特牲》：「魂氣歸于天，形魄歸于地。」其實根據較早封建君子鄭子產的說法，「魄」才是根本，魂是魄陽的一面而已，稍晚的吳季札強調無所不往的魂，到戰國儒家才建構魂魄二元論。

《左傳》昭公七年因死後的伯有變為厲鬼，引起鄭國民心惶惶，執政的子產提出他的看法，成為後世魂魄論的早期文獻。他說：「人生，始化曰魄，既生魄，陽曰魂。」由此而衍生出後世的魂陽魄陰之說，但子產並不二分，子產仍然傳承西周以來的舊說，生死繫於魄之有無，[33]魄才是根本。不過到春秋時代，魄的概念多了陽的一面，名曰魂。

到春秋末年，吳季札葬子，哭喊「骨肉歸復于土，命也，若魂氣則無不之也」。

（《禮記．檀弓下》）以「氣」具體化「陽」，乃有「魂氣」的概念，那麼，剩下有質的「魄」留在埋葬的骨肉內，理論化則出現〈郊特牲〉的「魂氣」與「形魄」之說，一歸天一歸地，「求諸陰陽之義也」，成為兩千多年來中國人論生死的基本觀念。

《禮記．祭義》曰：「骨肉斃于下，陰（蔭）為野土；其氣發揚于上為昭明，君蒿悽愴。」君蒿一句是形容氣蒸出的樣子。由魄生出的魂是氣，既由此而推衍陰陽之義，當陰陽以氣解釋後，存在於骨肉的魄當然也成為「氣」了，是陰氣，與陽氣之魂分別並存。學生問：「魂魄如何是陰陽？」晦翁回答說：「魄是一點精氣，氣交待便有這神。魂是發揚出來底，如氣之出入息。……魄是精，魂是氣；魄主靜，魂主動。」（頁四〇）按戰國氣論，魂魄本質同是氣，不同只是外表而已。子產論證伯有比一般的鬼強悍，為厲鬼傷人，是因為伯有家族三世執政，「其用物也弘，其取精也多，其族也大，所憑厚矣。」這家族因為「物」弘，故「氣」強大。上文說「叔孫氏之甲有物」的「物」，封建大家族都有他們的「物」。「精」，戰國時代說是「氣」的精緻者，強大的「物」之「氣」不幸而橫死，宜乎其能憑依人身為厲鬼。

宋代理學家以「氣」闡述鬼神魂魄，雖承襲先秦儒說，而儒說也有封建的根源，然而生命氣論其實是道家的本論。在戰國諸家的論辯中，儒者與時俱進，用論敵的新名詞以禦敵，本質上還是延續古來的鬼神觀，認為祭祀的鬼神實有存在，只是一般人看不見而已。不然，如果真執氣論，既是氣，散而之四方，以至於消散，怎會有祖先來享受犧牲、粢盛和旨酒？怎麼還要那麼慎重地祭祀？

朱熹的氣論，現實上是要闢流傳千年的佛教。儒家教人專注當世，不必費心於生前死後，佛教卻毋寧更關心生前死後，故盛行輪迴轉世，釋氏謂：「人死為鬼，鬼復為人。」他批評說：「如此，則天地間常只是許多人來來去去，更不由造化生生，必無是理。」（頁三七）然而《晉書》明明記載羊祜識環，鮑靚記井，[34]都是他們前生之事，學生因此問道：「識環記井之事，古復有此，何也？」朱熹沒有懷疑史書的記載，但回答：「此又別有說話。」（頁三六）怎樣個「別有說話」？另有弟子卻記錄他斷然否定識前生事，否則就承認佛教的輪迴說了。朱子說：「史傳此等事極多，要之不足信。便有，也不是正理。」（頁三八）中國遠古以來的觀念，卻謂「人死為鬼」，（《論衡．論死》）鬼不滅，依其階級身分而享有祭祀，如果人死接受地獄審判，然後輪迴轉世，鬼魂自然不可能再回家接受子孫之祭祀。

然而朱晦庵既批判輪迴說「只是許多人來來去去」，天地間沒這個理；相對的，中國古典以來的「鬼不滅論」豈非死後世界也會「鬼滿為患」？戰國道家的氣論說：

「人之生，氣之聚也，聚則為生，散則為死。」（《莊子．知北遊》）王充繼承此義，乃說：「人之所以生者，精氣也；死而精氣滅。」（《論衡．論死》）人死，其氣不是散就是滅，也不可能回家享祀。朱熹既然接受道家氣論，而說：「氣聚則生，氣散則死。」（頁三六）又說「才散便無」，「一散便死」。（頁四三）這麼說固然方便駁斥佛教輪迴說，卻會動搖儒家祭禮的基礎，於是提出一種勉強的折衷。他說：「人死雖終歸於散，然亦未便散盡，所以有感通之理。」祖先就是靠著尚未散盡的氣與子孫感通，祭祀實質地真有其鬼，不是儀式具文而已。朱子大概注意到「鬼滿為患」的可能挑戰，遂說：「先祖世次遠者，氣之有無不可知。」也就是說，遠祖氣少以至於無，幸好先秦經典有「新鬼大，故鬼小」（《左傳》文二）的說法可以借用，[35]子孫與祖先「必竟只是一氣，所以有感通之理」，（頁三七）不論祭多遠之祖，便不會造成思想上的矛盾。不過，他還是堅持「已散者不復聚」的說法，只有回歸道家氣論才能徹底闢佛。

朱熹既借用道家氣論，但為別於道家，遂在「氣」之上加創一個流行於天地間永恆的「理」。他說：「天道流行，發育萬物，有理而後有氣。雖是一時都有，畢竟以理為主。」（頁三六—三七）但他無法迴避「有氣則生，無氣則死」，氣才是生命的根本，他釋《周易．繫辭傳》「遊魂為變」亦說：「人有不伏其死者，所以既死而此氣不散，為妖為怪。」（頁三九）怪戾的「氣」便不是「正理」，譬如《左傳》「伯有為厲」事，朱熹推測說：「蓋其人氣未當盡而強死，自是能為厲。」（頁三七）人死氣盡是「正理」，不該死而死（強死），「人氣未當盡」，不是「正理」，就會成為厲鬼害人。「氣雖是根本，有理而後有氣」，（頁三七）氣要靠理補足，我們故謂朱熹的氣論不具足。

厲鬼是「鬼物」的一種，推而之於其他物怪，朱熹也抱持這種態度。學生問「世人多為精怪迷惑」，是怎麼一回事？他舉《孔子家語》所云：「山之怪曰夔、魍魎，水之怪曰龍、罔象，土之怪羵羊。」解釋說：「皆是氣之雜糅乖戾所生，亦非理之所無也，專以為無則不可。」（頁三七—三八）物怪的「氣」雜糅乖戾，其氣之上也有「理」，「但既非常之理，便謂之怪。」（頁三七）可見朱熹承認世間有物怪，「但非正理耳。」他並且講述鬼物故事以闡明「非正理」，說昔有人在淮河上夜行，「見無數形象，似人非人，旁午克斥（四面八方吆喝），出沒於兩水之間，久之，纍纍不絕。此人明知是鬼，不得已，衝之而過之下，卻無礙。」看似許多鬼擋路，卻如空氣，無礙地通過。詢問當地人，才知此地乃古戰場，人多戰死，眾鬼遂聚集。這種鬼物和正常的人鬼雖然都是氣，區別則在理是否正，故說：「才見說鬼事，便以為怪。世間自有箇道理如此，不可謂無，特非造化之正耳。」因為「得陰陽不正之氣」，才成為物怪，「不須驚惑。」（頁三八）參比上文干寶五氣變化論，朱熹的「正理」類似於干寶的「順常」，不正的鬼怪相對於「妖眚」。當然，干寶屬於道家氣論，沒有理學家建構的高於「氣」上之「理」。

朱熹個人有過超自然的經驗，在漳州辦理一宗刑案，「婦殺夫，密埋之。後為祟，事才發覺。」（頁四四）此事當在孝宗紹熙元年（一一九〇）朱熹知漳州時，冤魂如何作祟，他沒說，但他相信死於冤憤者終是不甘心，故其氣皆不散。（頁四四）漳州刑案顯然是鬼魂出來作怪，才使朱熹知覺而破案。他既相信「若不與決罪償命，則死者之冤必不解」；又「恐奏裁免死，遂於申諸司狀上特批了」。於是婦人處斬，與婦通者絞，冤鬼便不再作祟。（頁四四）否則，冤不解，死者之氣不會散去，常會作祟害人。

以下再舉幾則他親身經歷的怪事，來看他對鬼神物怪的態度。學生問：「今人家多有怪者」，該怎麼理解？他說：「此乃魑魅魍魎之為。」於是舉建州一士人的經驗，「行遇一人，只有一腳」，問某人家之所在。與之同行，見一腳者入某人家，數日其家一子死。（頁四五）這故事在物怪筆記小說，當列入「鬼物」之類。他與學生論及巫人治鬼，而說：「鬼亦效巫人所為以敵之。」（同上）朱熹應該相信巫鬼鬥法的事，只是打趣地說：「後世人心姦詐之甚，感得姦詐之氣，做得鬼也姦巧。」（同上）鬼反而跟人學壞了。

與門生論及請紫姑神吟詩之事，扶乩請的神多不會現身，但朱熹說：「亦有請得正身出見，其家小女子見」，只有特定的人看到而已，但他無法判斷「此是何物」。並且說「衢州有一箇人事一箇神，只錄所問事目於紙，而封之祠前，少間開封，而紙中自有答語」。如何封中的紙會有答案，真比臺灣寺廟的問事還神奇。晦翁只說：「這箇不知是何？」（頁五四）顯然承認事實，但無法解釋，也不否定。

既然「鬼神只是氣」，（頁三四）氣會消殆，學生問廟食之神緜歷數百年，是何理？朱熹不說以「理」，而舉經驗，知南康軍時（一一七九），當年大旱，遍禱於神，忽到一廟，「但有三間弊屋，狼藉之甚。」當地人告訴他，「三五十年前，其靈如響，因有人來，惟中之神與之言。」朱熹說：「昔之靈如彼，今之靈如此，亦自可見。」什麼可見？是明顯見得神靈消褪了嗎？

晦翁祖籍新安（即徽州），他說，其地「風俗尚鬼，朝夕如在鬼窟」。眾多祠廟，以五通廟「最靈怪」，居民出門，祈祝而後行，士人過之，投名刺拜謁，自稱門生。他首次回故鄉時，宗族強迫他去謁廟，堅拒不去。夜會族人，買官賣酒會飲，「有灰，乍飲，遂動臟腑終夜」，當是徹夜腹瀉。次日，又見一蛇蟠於堦旁。這兩件事傳出，鄉眾鬨然，都說是他不謁五通廟之故。族中有一個「向學之人」亦來相勸，朱熹可真拗，回說，「如果因而死了，我便葬在祖塋。」硬是不去。不過，他還有政治身分的考慮，告訴來勸者說：「人做州郡，須去淫祠，若繫勅額者，則未可輕去。」（頁五三）長久以來，地方官的一項職責是掃除未列祀典的祠廟，未經官方認可的廟宇，通稱「淫祠」；淫者，多也，即禮典之外多餘的廟祠，不該存在的。但廟宇門楣上如懸有勅匾，便不可去除。五通神沒經過皇帝封勅，朱熹自然不會去參拜，但並不表示他斷然不信。史書記載許多「去淫祠」的地方官，他們的態度大概多和朱熹一樣。

從門弟子留下的講學問答紀錄，對於社會流傳的鬼神物怪，朱子的基本態度多承認其存在，但遵循孔子遺訓，敬而遠之。這是他生活行為的一面，至於思想學說上，他大抵援引戰國道家的氣論，以對抗佛教的輪迴；同時又提出附在「氣」上而高於氣的「理」，氣會消散，理則長存，那麼，理學家就不至於與道徒無別。然而不論理或氣，都不能完全解釋庶民相信的鬼神物怪，他也不否定，而是抱持存而不論的態度，故教學生不必深究。他說：「人且理會合當理會底事，其理會未得底，且推向一邊。」（頁三三）或說：「世俗所見，有其事昭昭，不可以理推者，此等處且莫要理會。」（頁三五）甚至說：「莫要枉費心力。」一再教示弟子「須要見得破」，（頁三五）「實要見得破」。（頁三六）基本上還是奉行「子不語」，而不是「子不信」。

（五）紀昀的氣論餘波

朱熹以後的學問家或近人所謂的思想家、哲學家，大概沒有人比他對鬼神物怪的本質那麼嚴肅深入地討論。至於多數講鬼神物怪的文士，以及為理學家所看不起的世俗之見，更少觸及「氣」或「理」的問題，甚至不知歷史上有這些論辯。只有博學多識的紀昀會在鬼神物怪故事中夾雜議論，可以看出他也講氣，唯與宋儒不同道罷了。

宋代理學四派之一的關中派，張載《正蒙》〈太和篇第一〉曰：「鬼神者，二氣之良能也。……天道不窮，寒暑也；眾動不窮，屈伸也；鬼神之實，不越二端而已矣。」在理學家眼中，鬼神不是什麼不可知、不可見的超自然，只是陰陽二氣的自然變化而已。其變化軌跡，〈神化篇第四〉曰：「鬼神，往來屈伸之義，故天曰神，地曰示，人曰鬼。」按照這樣定義，宋儒的鬼神，自與《周禮》的天神、地示、人鬼截然不同，因此，朱熹說二程（程顥、程頤）認為無世俗所謂鬼神，他繼承張載的說法，「鬼神只是氣」，神者伸也，鬼者屈也，鬼神只是氣的屈伸往來而已。（《語類》，頁三四）

當理學盛行，朱子學說主宰所有參加科舉的讀書人，程朱這套說法便籠罩宋元明清四代超過一千年，有清一代大儒紀昀怎麼看待呢？他藉故鄉一個好惡作劇的儒生戲弄村塾學究的物怪故事，表達他的學識見解。《灤陽消夏錄一》云，有塾師好講無鬼，不信有阮瞻遇鬼之事，而說都是「僧徒妄造蜚語耳」。夜裡，那個好戲侮人的唐生往窗子撒土，發嗚嗚聲敲門，塾師驚問：「是誰？」回答說：「我二氣良能也。」塾師大怖，以被蒙頭，渾身戰抖，使二弟子守夜，直到天亮。次日，委頓不起，朋友來問，塾師仍然說不出話來，只呻吟「有鬼！有鬼！」大家知道是唐生的惡作劇後，莫不擊掌大笑。

紀昀認為宋儒鬼神氣論被俗儒講僵講濫了，對二氣和鬼神的理解非簡單的有無可以決斷。他接著說這位塾師的故事，自此以後，「魅大作，拋擲瓦石，搖撼戶牖，無虛夕。」首先還以為又是唐生作弄，「細察之乃真魅。」塾師不堪其擾，竟棄館而去，不敢再留下來賺錢餬口了。

這件怪異該怎麼解釋呢？紀昀說：「蓋震懼之後，益以慚憹，其氣已餒，狐乘其餒而中之也。」（《閱微》，頁一九）鬼神物怪都有氣，人也有氣，人之氣餒，邪氣就乘虛而入，最後回歸古典論述的「妖由人興」。（《左傳》莊十四）人有釁隙，妖物乃興起發作。

紀昀祖上故居景城崔庄，屬河間府獻縣，後來他這一支系遷到縣城，族人仍居景城。景城是宋故縣。宋以後不再作為縣治，城墻逐漸傾圮，至清不復存在，但城址尚依稀可辨。《灤陽消夏錄六》記述古城「或偶于昧爽（黎明）時，遙望煙霧中，現一城影，樓堞宛然，類於蜃氣」。據他說，如海市蜃樓的景城，別書多有記載，紀昀「莫明其理」，卻也提出他的理解。他說：「凡有形者，必有精氣」；土厚處則地之精氣凝聚，「如人之有魂魄也。」景城周迴數里，自漢至宋千餘年，「精氣所聚已久，如人之取多用宏，其魂魄獨強。」把鄭子產「伯有為厲」的理論套在古城上，精氣盤結的景城，「非一日之所聚，即非一日所能散」，偶然出現城形，正如人死仍作人形。然而古城之現形何以不常見呢？他說，其實人也同樣，有的人死會現為鬼，有的不會。可見「鬼之存也，或見或不見，亦如是而已矣」。（《閱微》，頁二五三）紀昀不堅持非親見不信，顯然是在和張南軒或朱門包揚對話。

紀昀以氣解釋物怪，也以氣解釋世俗所謂的鬼神，後面這點比朱熹的「猶抱琵琶半遮面」還坦率，所以會借鬼神物怪故事譏刺宋儒的「二氣良能」，反駁他們的徒子徒孫。

《灤陽消夏錄一》講及孺愛和張文甫二位同在獻縣授徒的老儒，曾於月夜散步南村北村之間，去館稍遠，「荒原闃寂，榛莽翳然。」張文甫心生恐懼，欲返，說：「墟墓間多鬼，曷可久留？」不久一老人扶杖至，揖請二人同坐，說：「世間哪有鬼，沒聽過阮瞻之論嗎？二君儒者，奈何信釋氏妖妄之言！」老人遂闡發「程朱二氣屈伸之理，疏通證明，詞條流暢」，二老儒聽得不斷點頭稱是，於是「共嘆宋儒見理之真」。這時遠處傳來牛車聲，牛鈴錚錚作響，老人陡然而起說：「泉下之人，岑寂久矣，不持無鬼之論，不能留二君作竟夕談。今將別，謹以實告，幸勿以為相戲弄。」話音甫落，倏然已滅。（《閱微》，頁一八）用鬼物現身的「事實」（故事）反駁陰陽二氣的無鬼論。

紀昀的氣論特別注意到氣的消長，以免「鬼滿為患」。《灤陽消夏錄二》有一則講鬼醉酒後遭受痛擊而逐漸消散的故事。屠者許方擔二罈酒夜行，在大樹下停歇。明月如晝，遠聞嗚嗚之聲，一鬼自林中走出，形狀可怖，許方乃避入樹後。但見鬼至罈前，掀開罈蓋，歡雀痛飲，一罈酒盡，又開第二罈，飲及一半，醉倒在地。許方恨酒被飲盡，舉起扁擔連番痛擊，鬼終於「化濃烟一聚（簇）」。更捶百餘下，「其烟平鋪地面，漸散漸開，痕如淡墨，如輕縠（薄紗），漸愈散愈薄，以至於無。蓋已澌滅矣。」（《閱微》，頁六八）

紀昀聽聞這則故事後評論說：「余謂鬼，人之餘氣也。氣以漸而消，故《左傳》

稱新鬼大，故鬼小。」氣論不但用於人，也用於鬼神物怪，宋儒也是這樣說的，但紀曉嵐在人鬼之間則以「餘氣」連結之。餘氣隨著時間而逐漸淡化，故他說：「世有見鬼者，不聞見羲、軒以上鬼，消已盡矣。」（《閱微》，頁八六）伏羲、黃帝太遙遠了，他們的氣留不到近代。這點卻和朱熹不同，考亭說人死氣不散，是因「不伏死」之故，也就是不甘願，故「聚得這精神」。安於死者不會成為鬼物，他問：「何曾見堯舜做鬼來？」（《語類》，頁四三）推測朱子之意，堯舜之氣並沒有消盡，羲、軒亦然，所謂「聖人」應該也都沒有消盡，所以朱熹當地方官時，凡所做與文教有關的事，諸如行鄉飲酒禮，經史閣上梁，奉安蘇丞相（頌）祠，屏（開除也）弟子員，白鹿洞成等，多祭拜孔子，作祝文向先聖報告。[36]他這麼慎重其事地與一千多年前的聖人說話，當基於聖人之氣長存的邏輯吧。宋儒以長存的聖人之氣等同於「理」，雖然「氣」有消長，終歸於散，「理」卻是永恆的。

然而紀昀在人鬼問題上沒有「理」高於「氣」的觀念，人死氣消有個過程，故死後數日鬼魂回家，民俗謂之「回煞」，以後就不再回來了。紀曉嵐不但信俗說，也宣稱看過「回煞」。《灤陽消夏錄四》有一則回煞，舉其親身經驗，「余嘗於隔院樓窗中，遙見其去，如白烟一道出於竈突之中，冉冉向西南而沒。」（《閱微》，頁一七五）如白烟的氣就是鬼魂，即使喪家因回煞發生過鬧劇，他仍然深信不疑。

《灤陽消夏錄五》記表叔王碧伯妻喪，術士推算某日半夜子時回煞，全家外出避煞。有盜偽裝煞神，逾墻入竊，另一盜亦裝扮作煞神，二煞相遇於庭，皆以對方是真煞，皆驚悸失魂，雙雙昏迷倒地。黎明，家人哭入，突見二煞，大駭，仔細一看，才知是偷盜偽扮的，取薑湯灌醒，「即以鬼裝縛送官，沿路聚觀，莫不絕倒。」不過，紀曉嵐強調，不能根據這件鬧劇就否定回煞之說，他還說：「回煞形跡，余實屢目睹之。鬼神茫昧，究不知其如何也。」（《閱微》，頁二一〇）他目睹鬼魂的形跡像一道白煙，而且不止一次，似可重複驗證，那就是人死後的「氣」，或說是「餘氣」，所以他毋寧採取開放的態度。人的認識能力到底有限，對茫昧難解的鬼神似不宜輕下斷語。

鬼的餘氣漸消以至於滅，後之來者也有這種說法。博雅的周作人談鬼，引俞少軒《高辛硯齋雜著》曰：「鬼長不過二尺餘，漸短漸滅，至有僅存二眼旋轉地上者。」[37]眾鬼大小高矮不同，有只剩下二隻眼睛在地上旋轉，這大概和被屠者許方捶擊的醉鬼一樣，如輕紗之淡薄，「以至於無」，之後當如紀曉嵐所說，「蓋已澌滅矣。」即使沒有完全消失淨盡，肯定不可能再出來作怪了。

概言之，紀昀的氣論，不但越過宋儒的二氣良能，也越過司馬遷傳述的「學者」。

他既言有「物」，也言世俗所謂的「鬼神」，傳承遠古以來的鬼神物怪的觀念，融入戰國氣論的新元素，而以氣之消減補足其合理性。這是包涵人生以及生前死後的氣論，由人以及於物。此說道儒可以並蓄，但與佛教輪迴絕對不能相容，可謂中國本土的生死觀。

・寓意知多少

《莊子．寓言》說：「寓言十九，重言十七。」莊學後人接著闡釋云：寓言是「藉外論之」；重言，「所以己言也，是為耆艾。」換言之，話不由自己說，而藉外人之口，是謂「寓言」，如此則十言而九信；不由自己說，藉前賢長老說，是謂「重言」，可以十言而七信。

此誠深明世故的智慧經驗談。大凡人評論自己，往往會被視作宣傳，不易取信於人，至少疑多於信；但同樣的話若出自別人之口，便顯得客觀，容易使人信從。〈寓言〉作者舉例說：「親父不為其子媒」，為人父者不要替兒子作媒，因為「親父譽之，不若非其父者也」。說自己的兒子多好沒人會信，不若由第三者來說。寓言之「寓」

正是這樣的「寄之他人」，（郭象注）所以《莊子》藉用「鴻蒙、雲將、肩吾、連叔之類，皆寓言耳」。（成玄英疏）莊周學派引證的古人，不論是不是真實人物，當世人相信他們的存在時，便是「歷史」，他們的話自然就有人信。

我們既已證明歷來的物怪故事，講、傳和聽受的人多信其真，那麼，講傳的人如果帶有寓意，把他的用意放在故事中，便很容易達到目的。正如前文紀曉嵐所講他們的大家庭以及他自己和狐、鬼打交道諸多情事，他父親與長輩的態度，還有其他親族、友朋、僕人的直接經驗或間接聽聞，顯見他們就生活在物怪世界中，而曉嵐及其尊長也利用故事娓娓說教，故歷來評點《閱微草堂筆記》的序跋都強調此書具有現實的社會教化意義。

從嘉慶時代到二十世紀初，為《閱微草堂筆記》重刻本作序者不下八人，[38]除蔡元培外，都強調「勸善懲惡」，有益世道人心。嘉慶本《閱微草堂筆記》，門生盛時彥的序說：「河間先生……老而懶于考索，乃采掇異聞，時作筆記，以寄所欲言。」《紀曉嵐的《灤陽消夏錄》等五書寄存他想要講的話，雖「俶詭奇譎，洸洋恣肆」，而「大旨要歸于醇正，欲使人知所勸懲」。道光本鄭開禧的序也說：「河間紀文達公……嬉笑怒罵，皆成文章。……而大旨悉歸勸懲，殆所謂是非不謬於聖人者歟！雖小說，猶正史也。」這些序跋者所謂的勸懲，皆以聖人為準則，發揮教化作用，有助於國家治理。鄭開禧說的「正史」就是政治正確的意思，與現代學者想從物怪故事探索社會、文化與心態的史學不同。

道光丙午年（一八四六）徐瑃摘錄《閱微草堂筆記》而成《紀氏嘉言》，他稱贊「《消夏錄》等書能寓勸善懲惡之意于搜神志怪之中，使人讀之不厭，感之易深也」。那麼，物怪故事不過是引子而已，其中寄寓的用意才重要。徐瑃並且請託名臣曾國藩（一八一一—一八七二）為他的節本寫序，曾序說：「《閱微草堂筆記》五種，考獻證文，搜神志怪，眾態畢具，其大指歸於勸善懲惡。崇中國聖人流傳之至論，亦不廢佛氏之說；取愚民易入者，委曲剖析，以聳其聽。海以內幾家置一編矣。」志怪之作遠比聖人經典有趣，所以易於深入人心，方便達到儒、佛兩家勸懲的目的。直到一九二三年發行的分類廣注本，沈禹鐘序猶言：「讀之可使人惕然警覺，如晨鐘暮鼓之振於前，其有補於世道人心者，功不在禹下。」

同治十年（一八七一）有徐時棟者，也寫物怪故事《城西草堂瑣語》，及至見《閱微草堂筆記》，發現他秉持的勸懲大旨與紀昀「幾似依樣描花，實則出門合轍」，遂輟筆不作。似乎教化以外，物怪故事就沒有存在的價值了。中國到清代中後期，傳統知識階級思想之僵化，亦可見其概略。

然而清代此一勸懲主調，在近代思潮衝擊下，先進知識份子多不再唱了。一九一八年會文堂出版詳注本《閱微草堂筆記》，特請時任北京大學校長的蔡元培作序，他所強調的反而是紀曉嵐之博極群書，字字皆有來歷，勸讀者不可輕忽，失其原意。今重印而加詳注，為的使紀氏之書將益受普通人歡迎。蔡孑民對於多年來的勸懲傳統不置一詞，亦反映出革新人物的新思維。

志怪小說在中國著述傳統係屬末流，清人序評《閱微》之人既多著重勸善懲惡之功。彰顯天理，不悖於聖人，並沒有違背作者的用意，紀曉嵐自己就有「大旨期不乖於風教」的心態。這點魯迅在北京高等師範學校與北京大學講授的中國小說史就指出來了，《中國小說史略》論紀氏書，「蓋不安于僅為小說，更欲有益人心，即與晉宋志怪精神自然違隔，且末流加厲，易墮為報應因果之談也。」[39]魯迅清楚點明紀昀的《筆記》與六朝志怪小說的精神相違背，間接指出物怪故事寄寓勸懲並不是中國古來的傳統，毋寧說是有清一代才突顯的特色，此前歷代這類著作即使含有寓意，並不附合儒家的聖人風教。

本書開篇講《管子》和《莊子》兩則齊桓公遇見的物怪，登山之神的俞兒和沼澤之鬼的委蛇，都象徵霸主將出，可見古典時代的物怪故事即使有寓意，倒比較多徵兆意義。古代謂之「禎祥」。《漢書．藝文志》收有《禎祥變怪》二十一卷，《執不祥劾鬼物》八卷，「不祥」是「禎祥」之相對，也稱作「妖祥」，如《請官除訞（妖）祥》十九卷，這些書籍都是關於好或不好的物怪知識或馭使方術。

好與不好的物怪，禎祥或不祥，用王孫滿的話說，是「神」與「姦」。國家將興必有禎祥之物呈現徵兆，而國將亡，必有不祥或妖祥，《中庸》謂之「妖孽」。《史記．周本紀》說，武王第一次東伐商紂，至于盟津，渡河至中流，白魚躍入王舟中，武王俯取以祭。既渡，「有火自上復于下，至于王屋，流為烏，其色赤，其聲魄云。」烏，《今文泰誓》作鵰，（《史記索隱》）白魚、赤烏都是禎祥，象徵周之將興。而《逸周書．度邑》，武王對周公說：「維天不享于殷，發之未生，至于今六十年，夷羊在牧，飛鴻遍野。」夷羊、飛鴻兩句《淮南子．本經訓》作「夷羊在牧，飛蛩滿野」。〈周本紀〉則作「麋鹿在牧，蜚鴻滿野」。（《史記集解》）夷羊，或說是怪物，或說是土神，也有說是神獸的，[40]當以物怪之說為宜。《逸周書》和《史記》的飛（蜚）鴻，當如《淮南子》作飛蛩，高誘注：「蛩，蟬、蟣蠓之屬，一曰蝗也。」《隋巢子》作「飛拾」，也是一種蟲，和鴻雁無關。（《史記索隱》）夷羊、飛蛩都是商將亡時出現的妖孽。

周惠王時代（前六七六—六五二）的內史過，述說三代興亡之際出現的鬼神物怪，曰：「昔夏之興也，融降于崇山；其亡也，回祿信（伸）於聆隧。商之興也，檮杌次於丕山，其亡也，夷羊在牧。周之興也，鸑鷟鳴於岐山，其衰也，杜伯射王於鄗。」祝融，獸身人面，乘兩龍。《左傳》有所謂的四凶，渾敦（驩兜）、窮奇、饕餮，（文十八）驩兜，人面鳥喙，窮奇狀如有翼之虎；饕餮，有首無身，[41]檮杌與他們並列，可以想見其形貌。傳統金石學的「饕餮」，近代美術考古謂之獸面紋，〔圖二六〕杜伯死後三年成為鬼物追射周宣王的故事，據說「著在周之《春秋》」。（《墨子・明鬼下》）

到戰國，物怪的象徵，有一派認為寄寓道德教示意味。《呂氏春秋》卷十七〈慎勢〉曰：「周鼎著象，為其理之通也，理通君道也。」鼎上的物怪圖像顯示統治之道。考之他篇，還說周鼎著有三種圖像，象徵三種不同的道理。卷十六〈先識〉：「周鼎著饕餮，有首無身，食人未咽，害及其身。」能吃人但吞咽不下去，反而自己受害，「以言報更也」，教示報應之道。卷十八〈離謂〉：「周鼎著倕，而齕其指。」歷史相傳倕是堯之巧工，即使以靈巧著稱，仍不免咬到自己的手指，先王以此象「見大巧之不可為

圖二六　青銅器的「饕餮」（獸面紋）

（上）Freer Gallery 藏商尊

（下）史語所殷商銅器獸面線圖

也」。又卷二十〈達鬱〉：「周鼎著鼠，令馬履之，為其不陽也，不陽者，亡國之俗也。」馬踏鼠象徵國家滅亡。

《史記．秦本紀》云，昭王五十一年（前二五六）西周君降，翌年，「周民東亡，其器九鼎入秦，周初亡。」楚莊王所問從夏傳到周的重鼎就這樣入秦了。呂不韋及其門客應該親見此一歷史大事件，不過他們的「周鼎象物」之解應只就鼎象而言，不能涵蓋廣泛的世傳百物。即使如此，綜觀中國歷史，作為道德寓意的物怪故世，則要晚到明清才普遍，先秦仍然著重於吉凶禎祥。

物怪象徵禎祥或妖孽，隨之帶來吉凶，最大的吉凶當然是國之興亡。古來相傳如此，後世傳者怕人不明白，遂添增情節，讓古意更清楚。譬如周武王伐紂，渡盟津時白魚躍入于舟，漢代傳說就多了魚的喉下有文，曰：「以予發。」（《論衡．紀妖》）緯書《尚書．中候合符后》更說：白魚之目下題曰：「授右（佑）。」（《周頌．思文．疏》引）右同佑，助也。不論魚喉或魚目，竟顯示上天協助武王發伐紂的文字，此白魚當然是禎祥之物。氣論者王充即使有近代人推崇的懷疑精神，仍然相信「妖祥之氣，吉凶之端也」，（〈紀妖〉）禎祥、妖孽之物怪一出，吉凶就會來臨。

不過，物怪、妖祥和吉凶的連動思維，春秋時代已開始鬆動。《春秋經》僖公十六年（前六四四）正月，「隕石于宋五。是月，六鷁退飛過宋都。」《左傳》記載當時周內史叔興適聘于宋，宋襄公問他：「是何祥也？吉凶焉在？」宋國境內，天上掉下五顆隕石，同時六隻鷁鳥倒飛過首都商丘，這兩件怪事表示什麼徵兆，是吉還是凶？杜預注云：「襄公以為石隕鷁退，能為禍福之始，故問其所在。」可見遠古以來多認為物怪本身即具有某種人事的意涵，大如齊桓之霸業，小則如上文所述秦簡與庶民有切身關係的吉凶。宋襄公之問周內史正是長久以來的傳統，內史叔興順著宋襄內心的意願，揭開隕石鷁鳥象徵的吉凶說，今年魯國第一執政季友卒，明年齊桓公亦卒而齊有亂，「君將得諸侯而不終。」宋襄雖稱霸，但不會長久。果然，不足四、五年就為楚莊王所敗。

古之史官雖然守護傳統，擁有豐富知識，卻也代表先進思想。內史叔興其實另有看法，他私下對人說：「君失問。」批評襄公問得不對，並坦言他的回答是不敢違逆襄公期待之故。其實他認為這「是陰陽之事，非吉凶所生也」；而且「吉凶由人」，和自然界的陰陽無關。這種先進思想，到戰國又有進一步的發展。上文說過荀卿認為星墜木鳴，「是天地之變，陰陽之化，物之罕至者也」，可怪而不必畏。（《荀子．天論》）荀卿當傳承並發揮內史叔興的進步思想，但他們都沒有否認「物之罕至者」的「變怪」，不過只視為陰陽失調的自然現象而已，不再如遠古以來當作人事吉凶的徵兆。

秦漢時代的先進人士承襲春秋戰國這種變怪態度，既不懷疑物怪的事實，但也不相信世傳的吉凶象徵；斷言是禍是福，在「人」不在「物」。講述怪神故事的應劭就傳承此一新看法。《風俗通義．怪神》序曰：「淫躁（輕躁不沉穩）而畏者，災自取之，厥咎嚮應；反誠據義，內省不疚者，物莫能動，禍轉為福矣。」像李叔堅家的狗怪，叔堅不以為意，也不殺，「後數日，狗自暴死，卒無纖介之異。」叔堅父子卻仕途騰達，終享大位。應劭秉承荀卿「怪之可也，畏之非也」的態度，進而申論說，凡傳播變怪故事者都是「愚而善畏」的婦女和社會身分下賤之人。加上由於傳述的「文人亦不證察，與俱悼慴」，於是「邪氣承虛，故速咎證」。李叔堅則不同，他的「心固於金石，妖至而不懼，自求多福」。原來禎祥或妖孽的物怪是存在的，但是福是禍則繫於當事人；正如後世民間所謂「邪不勝正」，邪、咎當然都是真實的存在，人若秉誠持義，便不足畏懼。

類似的例證應劭還舉了臧仲英、張遼、馮緄和橋玄。臧仲英為侍御史時，家養的老青狗作怪，經許季山指點，殺此狗，仲英遷太尉長史。按東漢薪俸，侍御史六百石，太尉長史千石，臧仲英除狗怪而升官，後來還做到魯國丞相。縣令卸職鄉居的張遼，斫殺老樹精，當年三公之一的司空徵辟他為侍御史兗州刺史。馮緄發現綬笥有赤蛇時任職車騎將軍府議郎，沒幾年便拜尚書，出任遼東太守，後又進入中央任廷尉，太常，位居三公之外最高的官職。橋玄為司徒長史時，夜半見東牆壁正白，如開門之明，太怪異了，急呼問左右，左右皆說沒看到。雖遇變怪，但不久拜鉅鹿太守，後為度遼將軍，再回中央政府，位至將軍、三公。應劭講物怪故事，而詳述當事人後來仕途的發達，顯然意味妖祥變怪乃自然存在的事實，與人的吉凶禍福無關。內史叔興的「陰陽之事，非吉凶所生，吉凶由人」，以及荀卿的「天地之變，陰陽之化」，這一脈思想在講怪神故事的應劭身上體現出來。

誠如干寶《搜神記》說的五氣變化論：「天有五氣，萬物化成」，中土「和氣所交」，絕域「異氣所產」；「苟禀此氣，必有此形；苟有此形，必生此性。」萬物之氣，「應變而動，是為順常；苟錯其方，則為妖眚。」所以「萬物之變，皆有由也」。對於物之罕至者的變怪，就如荀卿說的不必畏懼。因為「常」與「變」都是自然界的一部分，與天地陰陽之不足驚異一樣。

那麼，魏晉物怪小說，如魯迅《古小說鉤沈》輯錄的三十六種，以及《搜神記》、《太平廣記》和唐宋元明之志怪筆記，這麼多汗牛充棟的物怪鬼神故事很少明言或暗示意涵，但卻都相信鬼神物怪與世人共存。雖然人與物怪接觸前後，難免會有吉凶禍福發生，但也只是故事鋪陳的緣由或演變的結果而已，不再像古典時代要揭示其神姦。同時中古以下至明代的物怪故事，記述者也不刻意證明一定與吉凶不相干；他們所傳達的故事，物怪鬼神毋寧是自然的存在。

其實故事本身就會帶有意涵，洪邁《夷堅乙志．序》說：「干寶之《搜神》、奇章公之《玄怪》、谷神子之《博異》、《河東》之記、《宣室》之志、《稽神》之錄，皆不能無寓言於其間。」而他的《夷堅》講的故事，時代不超過一甲子，「耳目相接，皆表表有據依。」然而寓有教化之意嗎？《夷堅丙志．序》說，甲、乙二書「鳩異崇怪，本無意於纂述人事及稱人之惡也。然而或得於容易，或急於滿卷秩成編，故頗違初心」。其中「蓋以告者過，或予聽不審」，以至於「誣善」，故深自警悚慚愧。洪邁的態度恐怕只想讓故事自己說話吧，不強賦寓意，達到所謂勸善懲惡的教化作用。所以再度提醒自己：「但談鬼神之事足矣，毋庸及其它。」

物怪故事在社會文化傳統中，難免自然反映出講者、傳述者或聽聞者的心態，祝允明《志怪錄》的序就說得很明白，曰：

志怪雖不若志常之為益，然幽詭之事固不能無，而變異之來非人尋常念慮所及，今苟得其實而紀之，則卒然之頃而值之者，固知所以趨避，所以勸懲，是亦不為無益矣。42

趨勢，古已有之；勸懲，則是新發展。「常」與「怪」既然並存於世，為人者當知所趨避。這觀念上承春秋王孫滿「使民知神姦，不逢不若」；但從物怪故事獲得勸懲的啟示，南宋初的洪邁尚無此意圖，到明代中期的祝允明才公開宣示，至清而鼎盛。這期間的變化，與政治專制之強化、儒家教化之普及，不但同步，恐怕還有很深的關連。

入清以後，講述鬼魅物怪故事，固非視作遊戲之言、取樂之作，反而欲寓寄深意於其間。由於物怪故事容易引起興味，深入人心，方便教化，過去不登大雅之堂的稗官小說，變得幾乎可以輔翼經典了。說者甚至將他們那個時代的觀點往上追溯，自「子不語」以下，舉凡歷來物怪之書都認為是替聖人立言。清人如此主觀的看法，並不符合歷史事實。清代最著名的志怪故事作者當數康熙朝的蒲松齡和乾隆朝的紀昀，他們都帶有濃厚的儒家教化意識。

生於崇禎末，活不過康熙朝的蒲松齡（一六四〇—一七一五），早在壯年「於制藝舉業之暇」，就筆記鬼狐奇聞怪事，後來結集成家諭戶曉的《聊齋誌異》。松齡自述其科舉不遂，撰作《誌異》的孤寂情狀說：「子夜熒熒，燈昏欲蕊；蕭齋瑟瑟，案冷疑冰。」將收集來的資料載筆成文，自謙「妄緒幽冥之錄，儘成孤憤之書」。藉狐鬼故事抒發他懷才不遇的胸臆，舉凡他對人情社會的批判，他的倫理道德準則，都在物怪故事中呈現，故說：「寄託如比。」唯感慨人微言輕，用世無門，有志難伸，「亦足悲矣！」

松齡想寄託什麼？當時兩個友人都替他說了出來。外號紫霞道人的高珩，康熙己未（十八年，一六七九）的序說，松齡之文「雖言孔子之所『不語』者，皆足補功令、教化之所不及；而《諾皋》、《夷堅》亦可與六經同功」。他提點「讀書之士，覽此奇文，須深慧業，眼光如電，墻壁皆通，能知作者之意」，也就是讀到蒲松齡的心底。三年後，號豹岩樵史的唐夢賚也說：「今觀留仙所著，其論斷大義，皆本于賞善罰淫、與安義命之旨，足以開物成務……其必傳矣。」《聊齋誌異》的確傳世了，不過豹岩樵史的「傳世」，意義和我們今天的理解並不一樣。傳統時期，這部優美的物怪故事集的確以「補功令教化」和「本于賞善罰淫」而風行，從另一途徑傳播儒家倫理，發揮協助帝王統治的功能。松齡這兩位友人，一號道人，一號樵史，應該和他同樣皆科場不遂的士人，他們期待物怪故事在帝國體制內扮演的角色也很一致。及至近代，中國啟蒙後，蒲松齡的地位遠邁於前，關鍵則不在教化，而是文學。時代風氣之變化也可以從物怪故事的發展反映出來。

蒲松齡為物怪故事創一新寫作體例，效法司馬遷，於篇末綴「異史氏曰」，抒發寓意，這裡只舉幾條說說。卷二「李公」，講李著明兩則與鬼狐打交道的事，一是在其內弟王季良家，夜宿樓閣上，月色中，「見几上茗甌傾側旋轉不休，亦不墮。」又爐上香炷炫搖空際，若有人拔香揮舞。著明起身叱責：「何物鬼魅竟敢來耍弄。」下榻覓履，僅得一隻，點燭尋覓，空無一物，天明亦無從找尋，過一天，偶然抬頭，那隻鞋子竟夾塞於梁椽之間。另一件是李著明僑居淄川發生的怪異，在松齡姻親孫氏的宅第內。著明所居南院臨高閣，止隔一堵牆，「時見閣扉自啟閉」，不以為意。有次與家人在庭院閒談，閣門忽開，見一不盈三尺之小人面北而坐，眾人直指吆喝，紋風不動，著明說：「此狐也。」急取弓箭欲射，小人見之，發出不屑嘲弄聲而消失。著明提刀登閣，且罵且搜，竟無所睹。自此怪異遂絕，居數年亦安妥無恙。[43]

篇末，異史氏曰：「浩然中存，鬼狐何為乎哉！」顯見喜講鬼狐故事的蒲松齡對物怪的態度，可以上溯到應劭，同時他也告知世人，做人正直就不怕鬼物，也不怕狐魅。

卷十七「小梅」，講蒙陰世家子王慕貞，偶遊江浙，見老婦哭於路旁，一問才知她的先夫獨子犯死刑，求人幫忙解救。慕貞素慷慨，出囊中銀兩為之打點，終於獲釋。某晚，老婦到客棧來道謝，說：「以實相告，我是東山老狐，二十年前與這兒之父有一夕之好，不忍其兒之遭遇也。」死刑犯青年並非己子，只因與其父有一夜情，情人雖逝，仍哭求人營救，讓王慕貞聽了肅然起敬。

慕貞妻好佛，懸觀音像禮拜。妻生一女，無子，唯妾舉一子，名保兒。後妻有疾，移居內室獨宿，少與人通，卻聞室內常與人語，唯不見人蹤跡。女兒出嫁後，王妻病篤，告其夫，觀音回南海，留案前侍女小梅為她服役，今將死，恐保兒母子被後妻欺凌，請王續絃小梅。王慕貞以妻言褻瀆神佛，荒唐。妻說，我已懇求過小梅，小梅也答應了。

妻死，慕貞深夜守靈，聞內室啜泣聲，大驚駭，以為是鬼。呼婢啟鑰，內有二八麗人，穿戴喪服，即是小梅。小梅接受奴婢朝見，說：「我感夫人誠意，羈留人間，夫人臥病期間，你們工作怠惰，今後切要一改惡習，為主効力。」從此，家政整飭，井井有條。

妻子喪事辦過，慕貞令妾委婉隱約地轉告小梅亡妻遺言，小梅說：「匹配大禮，不得草率，得請位尊德重的年伯黃先生來主婚，才敢從命。」黃先生來一見，驚為天人，既而優厚助妝，成禮乃去，小梅饋贈黃先生，若奉舅姑，來往益親。

合巹後，王慕貞總疑小梅是神，小梅笑其太憨，「哪有正直之神而下婚塵世？」王欲窮究，女笑而不言。數年後，王妾生一女，同時小梅舉一子，朱臂有朱點，因呼「小紅」。彌月，盛筵邀請黃先生，小梅抱兒出，請命名，黃曰：「可名喜紅。」

一日，忽門外有轎馬來迎小梅歸寧，小梅抱子坐轎，慕貞騎馬相送，至寂靜無行人處，停轎。小梅問夫君：「你說我是什麼人？」答以不知，女曰：「你記得在江南拯救一死囚吧！哭於路旁的老婦是我母，感謝你的義氣，故我來報恩。今幸生此子，我願已了。我看你將有厄運，暫時帶兒避災。未來若家有死人，要速至西河柳堤上，見有挑葵花燈而來者，遮車苦求搭載，可免災難。」言畢登車而去，行走如風。

六七年後，四鄉瘟疫，死者甚眾，王家一婢亦病死。慕貞想起小梅之言，急走柳堤，至堤頭，見燈火閃爍，車已過去，追之不及，懊恨而返，數日後病卒。自是家中財物被族人瓜分，田產被強奪，王妾所生保兒亦夭折，剩下母女兩人孤苦對泣，慘動鄰里。

值此危難之間，門外傳來人聲，小梅與子喜紅下轎，問明原由，想不到幾年之間，堂皇宅院幾成丘墟。族人圍觀，脅迫小梅，忽人人手腳痠軟倒地。小梅重招婢僕返回，並請黃先生作見證，向族眾鄰里宣示喜紅繼承家業。小梅親訴於縣令，拘捕奪產無賴之輩。不數日，田地牛馬皆物歸原主。小梅帶喜紅拜見黃先生，說：「我非世間人，叔父所知也，今以此子委託叔父矣。」黃應允而去。小梅又託兒於妾，具饌祭掃王慕貞夫婦之墓。半日不返，家人僕婢前去察看，墓前杯饌猶陳，人則杳然無蹤影矣。

蒲松齡講了這個曲折動人的狐女故事後，評論說：「不絕人嗣者，人亦不絕其嗣，此人也而實天也。」王慕貞萍水相逢老狐，慷慨解囊，救了老狐有過一夜情者之子免於刑戮。他後來遭遇雖不遂，因為先前對老狐的義舉，而狐女來給他生了一個兒子以繼承家業。傳宗接代，家族綿延，是中國人最關緊要的人生價值，王慕貞無意間為善，最後得到上天給予回報。

狐女小梅之報答慕貞，在於狐母。狐母與死因不是母子，緣於一夜之「情」而生的「義」，遂心繫死囚。蒲松齡傳述了一個情義兩全的物怪故事，在人世間，情與義往往牴觸。小梅也因為對母親的「孝」而嫁給王慕貞，以答謝慕貞對狐母的「義」助。

世家子王慕貞在世時，「座有良朋」，為人慷慨，「車裘可共」，想不到死後不久，「宿莽既滋，妻子凌夷。」家口伶仃，宅院廢墟，世人多望望然而去，狐女獨毅然回來整頓家業，蒲松齡稱讚她「死友而不忍忘，感恩而思所報」。如此匯集愛情、義氣、孝心、報恩種種傳統美德於一身，松齡問：「獨何人哉？」不是人，而是狐！他寫到這裡，不由想起孔子之讚美顏淵，心生欽敬地說：「狐啊！倘爾多財，吾為爾宰。」（《聊齋》，頁五七三—五七七）

狐女小梅，似乎讓蒲松齡找到他理想的人格世界，但卻是「人」世界不易找到的人格。這則故事的初型以及松齡增添的成分，今皆難考，但肯定遠遠超出民間傳說的形態，也比六朝志怪情節曲折得多，距離社會實況恐怕頗遠。不過，回到相信物怪世界的時代與社會，生花妙筆增益故事的感染力，發揮更大的教化作用。所以即使此篇之末沒有「異史氏曰」，單就故事的情節，松齡的寓意應該達成了。

如果故事經過較濃的粉飾，不必論贊，本身便寓作者之意，《聊齋》的事例不勝枚舉。譬如卷三的「青鳳」，狐叟家風嚴守儒家禮教，狐女青鳳避見耿生，見則俯首不敢直視；男女私下相遇，狐叟痛斥青鳳「辱我門戶」，勝似嚴守儒家規範的上等家庭。（《聊齋》，頁六五—六八）相對於唐代沈既濟的〈任氏傳〉，狐女任氏不諱言「家本伶倫（樂戶），中表姻族多為人寵妾」。任氏既情鍾於託食姻族之鄭六，堅貞不二，又感佩韋崟之供給，乃為崟物色嬌艷外寵。這兩則故事俱詳於前文「近世狐魅的來歷」一節。魏晉隋唐人與物怪情色纏綿之故事俯拾皆是，完全嗅不到儒家禮法氣息。同是狐魅，差異何以懸殊若此！豈非物怪世界也是人世間的投射嗎？人世之道德教誡或社會規範延及於物怪，講述者是否心存寓意也是重要的因素。

蒲松齡筆下的狐仙世界，為父者嚴，為子者孝，為女者貞，為友者信，進而如《聊齋》卷七的「青梅」，狐也是忠誠不渝的婢僕。青梅人狐狎遇所生，童少時，狐母離去，父旋逝世，寄食於堂叔家。堂叔把青梅賣給等待詮選的王進士為婢，王使服侍其女阿喜。青梅秀貌慧聰，與阿喜年近，相見忻悅，王家人俱愛之。

同邑有張生，為人純孝，賃居王進士房宅。青梅偶至其家，見生食糠粥，而桌上存豚肉供父母，又為臥床之父清理污穢，很受感動。歸告阿喜曰：「張生非常人，娘子欲得良匹，非此人莫屬。」由於兩家門第懸若天淵，阿喜怕父厭張貧。青梅從中掇合，力勸張母託媒求婚。王進士聽罷大笑，阿喜未及回，青梅在旁則盛讚張生之賢，認為必貴。夫人問阿喜意，俯首久之，終於答說：「貧富命也，貧者可富，富者可貧，要在父母決定。」王進士想不到女兒的反應大出意料之外，心下不樂，再問不答，勃然大怒，罵道：「賤骨子不長進！」阿喜羞愧，含淚而退，媒人也逃之夭夭。

青梅見事不諧，欲自謀，夜見張生。張生方讀書，驚問所來，青梅言語吞吐，張生正色嚴拒，梅才說：「我非淫奔，實因君賢，故願自託。」張生謝其雅愛，然不敢輕易許諾。因為青梅為王家婢，不能自主，即使能自主，他也要獲得父母同意；何況青梅身價必重，張生無錢代贖。青梅說，「倘你有意，終可設法。」回去後，阿喜責問去哪裡，及知一切過程，不禁嘆息張生兼有禮、孝、信三德，天必福佑。乃問青梅將如何，梅說：「我要嫁給他。」阿喜乃以全部積蓄幫助青梅贖身，青梅感泣而別，嫁入張家。青梅善於持家，張生得以專心苦讀，以經世濟民自任。這是後話。

且說青梅出嫁後，王進士獲吏部選派山西任職，半載，夫人卒，停柩佛寺。又二年，王以行賄免官，罰贖以萬計，家貧不能自給，僕眾逃散。是時癘疫大作，王染病卒。王家只剩一老婢，未幾又卒，阿喜遂孤苦伶仃。鄰媼勸她出嫁，她說：「能葬我雙親者，我就嫁給他。」鄰媼說合阿喜作李郎側室，縉紳之家的千金怎肯屈就？然而日日三餐不繼，最後只好勉強答應。李郎為之營葬雙親，但其妻妬悍，杖逐阿喜，不讓入門。阿喜披頭散髮，終日以淚洗門，幸遇一老尼，邀與同居。老尼鼓勵阿喜說：「我觀娘子非久臥風塵之人，暫且寄居，時間一到，你自去。」

市中無賴探知，時來庵門窺視美女，老尼無力制止；還有乘夜破墻欲入者，尼告官，嚴加督責，才稍稍收斂。過了年餘，有貴公子路過，見阿喜驚絕不已，厚賂老尼，必欲得之。老尼虛與委蛇，告訴他：「女子是官宦之後，不甘為妾，且請先回，再設法。」阿喜聞說，欲買藥求死。是夜，夢見父親來說，「不從汝志，以致於此，悔恨不已。」次日起來，老尼驚異阿喜臉上晦氣全消。不久，貴公子派人來催促再三，老尼求緩數日，阿喜大悲，又欲自盡。

次日午後，暴雨傾盆，忽聞數人撾門，阿喜恐懼不知所為，老尼冒雨打開門閂，見一大轎停駐門外，女奴數人，擁一美婦出轎。眾人對尼說：「司李內眷求暫避風雨。」導入殿中，移榻肅坐，婢眾群入禪房休息，有人走告夫人，內有淑女清麗。雨息，夫人起，請看禪室，睹女驚駭，凝視不瞬，女亦顧盼不已。夫人非他，青梅也。兩人相見，失聲痛哭，俱道別來遭遇。原來張生之父病故後，科舉連捷，今授司李之官，掌管刑獄，先奉母赴任，眷屬後隨。

阿喜與青梅原是主僕，不意世變人移，「高岸為谷，深谷為陵」，截然易位。青梅如何處理兩人的關係呢？在她的精心安排下，讓阿喜與張生拜堂成婚，當正妻，而自居側室為妾。青梅事阿喜依然恭謹，喜不自安，命相呼以夫人，然青梅始終執婢妾之禮。青梅應該是中國傳統社會作為奴婢者的典範。（《聊齋》，頁二二三—二二八）

蒲松齡妙筆營造的物怪世界，人狐相忘，狐與半狐的言行舉止，十足符合儒家倫理，比人還像人。大概松齡在人世間找不到的理想，寄托於狐的身上吧，以致於難免顯露斧鑿之痕，離民間傳說反而更遠。百餘年後紀昀的《閱微草堂筆記》雖然亦多寓意，卻比較素朴，接近始初的傳說。

相對於《聊齋誌異》，有清一代《閱微草堂筆記》的流傳較廣，從會校本輯錄的序跋判斷，嘉慶、道光、同治至光緒以至民國都有複刻本，固反映紀昀的政治、社會、和學術地位遠遠高於蒲松齡。紀昀的學識見解廣博深邃，遠非松齡能望其項背，《筆記》自然不會只是純粹的小說而已。更重要的，他還直接揭示勸善懲惡的用心，符合中國傳統政治社會的主流價值，流傳遂愈廣。

《閱微草堂筆記》五書，第一書《灤陽消夏錄》，紀氏自序說，己酉夏（乾隆五十四年，一七八九），校理祕籍之暇，「追錄見聞，憶及即書」，雖自謂是小說稗官，街談巷議，「無關於著述」，但「或有益於勸懲」。他相信所講的物怪故事，可以起教化之功能，發揮穩定社會的力量。譬如前面說過的鼈寶，持有者可以隔土見地中金銀，財源取之不盡，但要先剖臂納入。他舅公家的廚子平白失去此寶，「每一念及，輒自批頰。」外祖母批評廚子說：「以命博財。」又說：「人肯以命博財，則其計多矣，何必剖臂養鼈？」教示意味十足。最後還追述「庖人終不悟，竟自恨而卒」。既記實，也慨嘆人之貪財竟然連命也不要。

《姑妄聽之》（乾隆癸丑，一七九三）序，追溯前賢曰：「緬昔作者，如王仲任（充）、應仲遠（劭），引經據古，博辨宏通；陶淵明、劉敬叔、劉義慶，簡談數言，自然妙遠。誠不敢妄擬前修，然大旨期不乖於風教。」其實如前文所論，王充《論衡》、應劭《風俗通義》，以及淵明《搜神後記》、敬叔《異苑》、義慶《幽明錄》，他們說講物怪，毋寧「自然妙遠」，（魯迅語）並不岌岌於清人所在意的「風教」。

紀曉嵐物怪故事的寓意手法和蒲松齡不同，很少單從故事體現，而多在故事中融入評語。不論曉嵐或後世評者，都指出《閱微草堂筆記》寓寄勸善懲惡之意，有助於社會風氣與教化，唯他所寓之意不止於僵化的儒家倫理規範，往往還指點人生境界。他經常傳述其父姚安公（容舒）的訓示，風教大旨外，恐怕還體現他的家教。本書前文曾講狐魅居他們家的小樓，夜聞棋琴聲，家奴奔告狐魅作怪，姚容舒訓斥說：狐下棋彈琴總比你們喝酒賭博好。次日，其父教示他：「海客無心，則白鷗可狎。相安已久，惟宜以不聞不見處之。」（《閱微》，頁九八）這也是一種人生態度。

《灤陽消夏錄六》追憶姚安公講的故事。話說里人白以忠，偶然買得役鬼符咒一冊，想借此演習以謀生，乃依書所記備置法物，月夜著道士裝，至墳墟間作法誦咒。果然聽聞四周啾啾聲，突然暴風捲走書卷，為一鬼攫去，眾鬼譁然說：「你無符咒，我們不怕你了。」隨之瓦礫如雨而下，白以忠狼狽逃歸，是夜瘧疾大作，臥病月餘。一日，以忠又慚又愧告訴姚安公這段遭遇。姚安公安慰他：「幸好你的法術不成，落得一笑柄；如果不幸術成，安知不以術賈禍？這次遭鬼屈辱反而是你的福氣，你又何必抱怨！」（《閱微》，頁二九一）

《如是我聞三》記姚安公「正人不懼鬼魅」之論。乾隆二十四年（一七六一）紀曉嵐出任福建學政，福州學使署原係明朝稅璫署，奄宦領各省稅使，多殘殺無辜。至清乾隆時期，衙署往往見變怪，曉嵐僕從每每深夜驚惶。三年後的夏天，姚安公南來學署，聽說某室有鬼，硬要移居其中。雖竟夜安然無事，曉嵐仍勸父：「勿以千金之軀與鬼角力。」姚安公反過來訓示他：「儒者主張無鬼，乃迂腐之論，也強詞奪理。天地之理，陰不勝陽，陽不足才遭陰入侵。人之一心，慈祥是陽，慘毒是陰；坦白與深沉，公直與私曲，猶如陽之對陰。做人立心正大，氣純陽剛，雖有邪魅，譬若幽室內燃燒大火爐，寒凍自消。你唸不少書，幾曾見過正人碩士受鬼攻擊的？」紀昀直到晚年猶說，每憶庭訓，仍覺悚然。（《閱微》，頁三九二）他講這段親歷鬼怪的經驗，也記述其父之教，多少透露對於歷史上神鬼論辯的立場。也是應劭以下面對鬼神物怪所抱持的人生哲理。

世人從《四庫全書總目提要》而知紀昀閱覽廣博，學養深厚，識見高超。由於全力投入總纂《四庫》，撰作《提要》，他即使不如乾嘉第一流學人有專著傳世，但晚年消遣的《閱微草堂筆記》仍能讀到他的見解，而他對歷史上學派的分立對壘，也能獨到深邃的評斷。換言之，神鬼物怪故事中，能欣賞到他的博學銳識，這正是蔡元培為上海會文堂出版的詳注本《閱微草堂筆記》作序提醒讀者注意的地方。[44]

《灤陽消夏錄三》紀昀引述前輩何琇（勵庵）講的一則傳說。明季一書生獨行叢莽墟墓間，見一老翁為群狐講書，問所講何學，翁答修仙之途。「大凡狐之修仙有二途，一採精氣，其途捷而危；一講修鍊，其途紆而安。狐之形而不自變，隨心而變。」如是，苟能先變其心，則形自變矣。書生視其書，則皆《五經》、《論語》、《孝經》、《孟子》之類，始悟儒書亦可當作求仙之道。這真是講仙道或物怪故事的一大新聞。更有一層，其《五經》諸書皆白文，沒有諸家注疏，也是中國儒家傳統的異類。書生問其故，老翁說：「吾輩讀書，但求明理。聖賢言語，本不艱深，口相授受，疏通訓詁，即可知其義旨，何必注疏？」老翁持論之乖僻，令書生茫然莫能對。無奈之際，姑問其壽，翁言猶記入學之日尚未有印板書籍，不知年歲。於是請教世事異同，老翁說：「大都不甚相遠，惟唐以前但有儒者，北宋後都自稱聖賢，就這點差別。」（《閱微》，頁一二四）精通經義與小學的何勵庵說，單單唐宋分判這句話，已知老翁對宋明理學家的評斷矣。借狐魅故事而論學，曉嵐云：「此殆先生之寓言。」直接了當地指出是何勵庵的寓言。故事所說修仙二途，其實也是經學不同門派的比擬。這則物怪故事可以領略到紀曉嵐的神鬼物怪，就是「借他人酒杯澆自己塊壘」。

紀昀並不諱言他聽來的或講述的鬼物故事是「寓言」。朱青雷說，有一人避仇，竄匿深山，時月白風清，見一鬼徘徊於白楊樹下，遂伏地不敢起。鬼說：「君何不出來？」此人戰慄答曰：「我怕你。」鬼曰：「最可怕者莫過於人，鬼有何可畏？讓你顛沛至此者，是人還是鬼？」一笑而逝。紀昀說：必是青雷有所感的憤激寓言。（《閱微》，頁八六）這樣有意製作的鬼神物怪故事不但脫離物怪的素朴傳說，也遠離寓言的本義。

《閱微草堂筆記》的物怪故事不乏這類寓言，既批判道學，也諷刺宋學與漢學。難道紀昀筆下的鬼物比兩千年來所見知於人的都有學問嗎？當然非也，不過呈現他的學術見解罷了。《灤陽消夏錄五》又有一則同樣是朱青雷講的故事，不過這則是青雷自己的神奇遭遇。青雷曾與高西園散步河畔，時春冰初泮，西園憶起晚唐詩句：「魚鱗可憐紫，鴨毛自然碧。」謂：「無一字言春水，而晴波滑笏之狀，如在目前，惜不記其姓名矣。」朱沉思良久亦未能對，忽聞老柳後有人說：「此初唐劉希夷詩，非晚唐。」回頭看去，緲無一人，朱驚曰：「白日見鬼矣。」回家檢查劉詩，果有此二語。這應是朱青雷親自告知紀曉嵐的。有一次曉嵐偶見戴東原，說起此事，東原於是也講一個鬼物故事。說兩儒生燭下對談，爭《春秋》周正、夏正，各執己見不休，忽聞窗外嘆息說：「左氏周人，不容不知周正朔，二先生何必爭論？」出視窗外，緲無人蹤，只一小書僮酣睡而已。

戴震和紀昀這兩位大學者，所講的物怪，非擅詩詞，即明經典，他們又何必互相編撰物怪故事說笑呢？大概如古希臘名言：人圖繪的上帝像人，如果馬能執筆，所畫上帝必也像馬。[45]這則筆記之末，曉嵐可是很嚴肅地批判考證學。他說：「觀此二事，儒者日談考證，講曰若稽古，動至十四萬言，安知冥冥之中，無在旁揶揄者乎？」（《閱微》，頁二〇六）

然而《四庫全書提要》，紀曉嵐對裴松之注《三國志》多援引神怪小說頗有微詞，我們說過，他批判的立足點是史法，不是說他不信物怪，所以與他寫下那麼多物怪故事並不矛盾。紀昀在物怪故事中寄寓他的倫理觀、人生觀，以及學術評論，有很深的用意，不能單以老來「姑以消遣歲月」（《姑妄聽之》序）視之。

神鬼物怪，不只是人的想像，在那個世界，也有人的行為，所以構成真實的「歷史」。今日看來，故事存在的寓意，可以不同程度地透露當代的歷史訊息，其中有社會的，有文化的，也有潛藏的心態，可謂史料之大寶庫。周作人〈談鬼論〉早已指出：「聽人說鬼，實等於聽其談心。」他又說：「我們喜歡知道鬼的情狀與生活文獻，從風俗上各方面去蒐求，為的可以了解一點平常不易知道的人情，換句話說，就是為了鬼裡邊的人。」另一篇雜文〈說鬼〉也說：「蓋此等處，反可以見中國民族的真心實意，比空口叫喊固有道德如何的好還要可信憑。」[46]

這些論點都很具啟發性，應該說，從物怪故事可以探尋中國人的民族性，比主流經典標榜的道德還可信。經典所言可能僅是理想，也可能是宣傳，物怪故事反而平實地透露實際情況。數十年來我探索物怪故事，即抱持這種態度，所以著重「故事」更甚於「物怪」。如有所謂的寓意，便是想揭發中國社會、文化以及中國人的心態。

大凡欲從中國人的著述探求其內心之真，文不如詩，詩不如小說筆記。愈是高文典冊，冠冕堂皇，愈脫離實際；愈是聖人遺訓之詮釋，表現得愈正經者，愈是虛矯多於真情。詩歌雖抒情，往往因為傳世之心，也不會完全坦白。至於小說筆記，向來不登大雅之堂，只供人消遣，殊少顧忌，反而會流露潛藏的隱微意念，最能窺探深沉的心態。上古物怪，「人」「物」兩相忘，一切都是自然而然的存在。中古物怪故事，邂逅即燕昵者比比皆是，最新潮的青年男女恐怕也要自嘆弗如。這是否因為禮教壓抑下，借這塊「化外之地」適度宣洩？或者反映禮教尚未無所不在的現實？猶待考究。至於近世的物怪故事，嵌入禮教倫常的框架，不免失之僵化，當是儒家教化普遍滲入基層社會的成果吧。

近代啟蒙人士意欲改造中國，痛恨志怪小說為禮教張目，難免把有清一代的模式上溯到中古或上古，當我們還原長遠的物怪歷史後，不難發現這些先進前輩以偏概全。其實物怪故事的歷史有傳承，也有不同階段的變化，放在恰當的時代與社會，志怪雖是小說，倒可以當作史料，其中的訊息也許可以觸及正史忽略或掩蓋的真實歷史。

注釋

1 《史記．項羽本紀》云：說士譏諷項羽「楚人沐猴而冠，項王聞之，烹說者」。項羽部將周苛叛楚降漢，後被羽生俘，還當場斥罵，「項羽怒，烹周苛。」此外，大家習知的「分一杯羹」這句成語，就出在楚漢相爭，於廣武澗東西對峙，項羽將手中的劉太公（邦父）置于高俎上，隔山澗對邦喊話：「今不快快投降，我就烹太公。」劉邦說：「那就分我一杯羹吧。」高俎之旁應該擺一個可以烹煮人的大鼎。

2 詳見本書第二章「博物君子」節。

3 魯迅，《中國小說史略》（一九二四年校後記），臺北：明倫出版社（一九六九），頁四七。

4 龔慶宣編，《劉涓子鬼遺方》，上海：商務印書館（一九三七）。

5 陳珏，〈補江總白猿傳年表錯亂考〉，《漢學研究》二十卷二期（二〇〇二）。

6 《搜神記》卷十二「猳國馬化」條云，四川西南高山上，「有物，與猴相類」，長七尺，善走逐人，名曰「猳國」，一名「馬化」，或盜取道行美女。「取得人女，則為家室，其無子者，終身不得還。……若有子者，輒抱送還其家。……產子皆如人形，及長，與人不異，皆以楊為姓。」

7 喬叟開篇〈總引〉說，春天三月，英格蘭各地朝聖者紛紛向坎特伯利出發，「去朝謝他們的救病恩主、福澤無邊的殉難聖徒。」倫敦客棧有二十九位朝聖客，結伴成行。他們形形色色，有騎士、女尼、僧人、托鉢僧、商人、牛津學者、律師、鄉紳、商人、手工匠、船夫、醫生、婦女、神父、磨坊主人、教會法庭差役和賣赦罪券者等等。客棧主人建議每人在旅途中講故事作消遣，以免無聊。故事就這樣地展開。參喬叟著，方重譯，《坎特伯利故事集》，臺北：桂冠圖書公司（一九九三）。

8 段成式，《酉陽雜俎》（點校本），臺北：源流出版社（一九八二）。

9 洪邁，《夷堅志》，宛委別藏，臺北：臺灣商務印書館（無年代）。

10 祝允明，《志怪錄》，收入《叢書集成新編》八十二冊，臺北：新文豐出版公司（無年月），頁六五〇—六五六。

11 陸粲著，譚棣華點校，《庚巳編》，北京：中華書局（一九八七）。

12 參蒲松齡，《聊齋誌異》，二十四卷抄本，濟南：齊魯書社（一九八一）。

13 紀曉嵐著，吳波、尹海江、曾紹皇、張偉麗輯校，《閱微草堂筆記——會校、會注、會評》，南京：鳳凰出版社（二〇一二），頁九八。以下引書簡稱《閱微》。

14 俞樾，《右台仙館筆記》，收入《春在堂叢書》。又徐明霞點校，《右台仙館筆記》，上海古籍出版社（一九八六）。

15 《灤陽消夏錄》（一）記寧波吳生昵一狐女事，徐時棟評曰：「南中無狐，吾鄉亦不聞有被狐祟者。」而謂吳生所遇者乃其他邪魅，不是狐。見上引會評本《閱微草堂筆記》，頁一六。

16 以上都收入《古小說鉤沈》，獺見頁一六〇、二八七、二八八、三一三—三一四；鯉，頁一四六—一四七；鮫，頁一六七；江黃，頁二〇九；鼉，頁一三八；鼂，頁三〇五、四二四；龜，頁二一八—二一九、四〇五、四二四。

17 《灤陽消夏錄》（五）：「癸亥（乾隆八年，一七四三）夏，高川之北墮一龍，里人多目睹之。姚安公命駕往視，則已乘風雨去。其蜿蜒攫拿之跡，蹂躪禾稼二畝許，尚分明可見。」（《閱微》，頁二一一）

18 熊伯龍，《無何集》，北京：中華書局（一九七九），頁一八七。

19 盧弼，〈跋熊鍾陵無何集〉（一九二五），上引書，頁四八四。

20 參杜正勝，《從眉壽到長生》（增訂二版），臺北：三民書局（二〇二四），頁一三〇—一六三，「氣一元論的生命觀」章。

21 郝懿行，《山海經箋疏》（清光緒十二年刻本影印），北京：中國書店（一九九一），卷十一，頁一。

22 《汲冢瑣語》曰：晉平公與齊景公乘，至于澮上，見人乘白驂八駟以來平公之前，公問師曠曰：「有犬，狸身而狐尾者乎？」師曠有頃而答曰：「有之。首陽神，其名曰者來。首陽之神飲酒霍太山而歸其居，而於澮乎見之，甚善，君有喜焉。」（見洪頤煊撰集《汲冢瑣語》，收入鍾肇鵬編，《古籍叢殘彙編六》，北京：北京圖書出版社。二〇〇一，頁五三三—五三四。）這則古典物怪故事一如齊桓公之遇見俞兒和委蛇。

23 今日考古所見，遠在唐代的西域出土有人蛇合體的伏羲女媧帛畫。時代如此懸隔，地理如此遙遠，何以仍傳古典物怪之形象，並且集中在一區，不止一座墓？尚難解釋。

24 李昉等奉敕撰，《太平廣記》，臺北：新興書局（一九五八）。

25 （宋）黎靖德編，王星賢點校，《朱子語類》，臺北：華世出版社（一九八七）。文中引證簡稱《語類》。

26 〈易精變神說〉，見《晦菴先生朱文公文集》，四部叢刊集部，臺北：臺灣商務印書館（一九八〇），卷六七，頁一一六九；又上引《朱子語類》卷七四，頁一八九〇—一八九二。

27 陳夢家，〈西周銅器斷代（四）〉，《考古學報》第十二冊（一九五六年二期）。

28 白川靜，《金文通釋4》，《白川靜著作集》別卷，東京：平凡社（二〇〇四），頁四〇四—四〇七。

29 唐蘭，《西周青銅器銘文分代史徵》，北京：中華書局（一九八六），頁五〇三—五〇七。

30 參杜正勝，《從眉壽到長生》（增訂二版），頁一三〇—一三三。

31 參上引杜正勝，〈生死是連繫還是斷裂？〉；又上引《從眉壽到長生》，頁三四八—三五一。

32 參杜正勝，《從眉壽到長生》，頁一三三—一三九。

33 屈原《天問》：「月光何德，哉生則育？」月有盈虧，從晦到滿，復至於晦，一如生死，因其體中有一種特質（德）。這個「質」就是魄，謂之月魄。王國維〈生霸死霸考〉（《觀堂集林》卷一）歸納西周銘文之記日，分初吉、既生霸、既望和既死霸，提出所謂「四分曆」說。既生霸、既死霸，《古文尚書》也寫作「霸」。但孔安國《今文尚書》則寫作「魄」。月光由晦生出一像線至上弦月，是既生魄。月望以後，光又漸削，至下弦月則是既死魄。月之生死的語彙用之於人，人有魄的觀念在西周應該就形成了。

34 《晉書》卷三四〈羊祜傳〉：「祜年五歲，時令乳母取所弄金環。乳母曰：『汝先無此物。』祜即詣鄰人李氏東垣桑樹中探得之。主人驚曰：『此吾亡兒所失物也，云何持去。』乳母具言之，李氏悲惋。時人異之，謂李氏子則祜之前身也。」又卷九十五〈鮑靚傳〉：靚「年五歲，語父母云：『本是曲陽李家兒，九歲墜井死。』其父母尋訪得李氏，推問皆符驗」。

35 「新鬼大，故鬼小」緣於魯文公二年（前六二五）僖公木主升入太廟的禮儀之爭，（《左傳》文二、《國語．魯語上》）有當代政治現實的因素，後來演為新死之鬼重，舊死者輕，以及新鬼長，漸短漸滅等民俗觀念，凡此民俗可以氣論來解釋。參杜正勝，《從眉壽到長生》（增訂二版），頁一三三—一三五。

36 朱熹，《晦菴先生朱文公文集》，四部叢刊集部，臺北：臺灣商務印書館（一九八〇），卷八六，頁一四七四—一四七六。

37 周作人，《瓜豆集》，頁二六。

38 參看吳波等會校會注會評本《閱微草堂筆記》，附錄二，頁一一〇七—一一一七。

39 魯迅，《中國小說史略》，臺北：明倫出版社（一九六九），頁二二四—二二五。

40 怪物，見《史記．周本紀》集解引徐廣曰：「此事出《周書》及《隋巢子》，云夷羊在牧。牧，郊也，夷羊，怪物也。」土神，見《淮南子．本經訓》，高誘注。神獸說，見《國語．周語上》，韋昭注。

41 祝融見《山海經．海外南經》，驩兜見《山海經．大荒南經》，參用服虔注《左傳》，饕餮見《呂氏春秋．先識》。

42 祝允明，《志怪錄》，收入《叢書集成新編》第八二冊，臺北：新文豐（無出版年代），頁六五〇。

43 上引《聊齋誌異》，頁六一—六二；以下所引簡稱《聊齋》，隨文標識頁碼。

44 蔡孑民序比較清代最流行的三部小說，《石頭記》「全用白話，評本至多，無待於注」；《聊齋誌異》仿唐代傳奇，「刻意求工，其所徵引，間為普通人所不解，故早有注本。」《閱微草堂筆記》「信手拈來，頗有老嫗都解之概」，故自昔無注。不過，「紀氏博極群書，雖無意為文，而字字皆有來歷，不為證明，讀者或不免失其真意。」孑民以學界領袖、北京大學校長之尊而為《閱微草堂筆記》作序，除紀氏之學識外，恐怕與出版者會文堂主人也有關係。據研究，會文堂創辦者湯壽潛是山陰人，光緒十八年（一八九二）進士，早孑民一年，而且又是浙紹同鄉，故樂於為之作序。參羅紫鵬，〈王藝與上海會文堂書局的小說出版〉，WASEDA RILAS JOURNAL NO. 11, https://www.waseda.jp/flas/rilas/assets/uploads/2024/02/171-179_Zipeng-LUO.pdf.

45 英國史家湯恩比（Arnold J. Toynbee）十卷本《歷史研究》（*A Study of History*）第一卷「導論」開篇引希臘劇作家色諾芬尼（Xenophanes）的話：「Aethiopians（衣索匹亞人）說他們的神塌鼻黑膚，Thracian（在東南歐）說他們的是藍眼紅髮。如牛和馬有手，而想以其手作畫，一如人的創作藝術，那麼馬所畫神的形狀會像馬，牛也以其體形作模本畫它們的神。」參 *A Study of History*, Oxford University Press (1935), p. 1.

46 周作人，〈談鬼論〉，《瓜豆集》，上海：宇宙風社（一九三七），頁二二五。同，〈說鬼〉，《苦竹雜記》，上海：良友圖書公司（一九三六），頁一九五。以上皆收入《周作人先生文集》，臺北：里仁書局（一九八二）。

第五章——尾聲：物怪退場外一章

物怪退場是歷史的大變革，對這個複雜問題，這裡只從思想的啟蒙和地景的變易談點看法；也想從世界的視野，單就形象看看物怪所呈現人類早期文明的一些普遍現象。不過，以我們初步認證的中國物怪，多與社會文化相繫連，準此類推，世界各地的類似怪物在其文化體系中，恐怕各有意涵，還不好通貫論斷。

•物怪退出歷史現場

先從思想啟蒙說起。

在鬼神物怪流行的時代與社會，不乏抱持懷疑的人，王充是中國近代先進學者推崇的代表。其實他不過以戰國進步的「氣論」質疑古遠傳下人死之鬼的習俗，遂以玄學的

「氣」理論化古典的「物」，進而否定之。仲任之言甚辯，雖有舉證，仍然是推理重於實證。

「有鬼論」一方多以有驗證反對「無鬼論」，他們借西晉清談名士阮瞻和青州刺史宗岱見鬼而卒的故事作為佐證。阮瞻事見《晉書》本傳，宗岱故事出《雜記》及《續談助四》。（《鉤沈》，頁一一九—一二〇）故事情節相似，二人俱主張無鬼，宗岱甚且著之於書；二人都與客論辯鬼之有無，鬼客終於表明身分而倏然消失，隨後二人也都相繼死亡。《搜神記》卷十六「吳興施續」條亦有類似的故事，謂施續門生「常秉無鬼論」，有客來與論辯，客辭屈，但說他就是鬼，奉命來取門生的性命。這種結局應該是有鬼論一派的創作，或大肆宣傳的範本。然而由於阮瞻名聲大，常被信奉理氣的老儒引為無鬼的典據，斥有鬼論者無稽之談。

另外一種人雖非堅決無鬼論者，卻仍然疑惑，如漢末甘陵府丞文穎即是。（《搜神記》卷十六）文穎過界止宿，夢見一人跪求為他遷葬，因棺木溺江，終年沾濕，無以自溫。文穎聞之，深感愴然，及至醒寤，追述夢境，左右都說：「夢者虛也，何足為怪？」但鬼再來託夢，並指明墳墓所在，文穎乃應允所求。翌日天明即將出發，想想費時不多，何不驗之？循夢境所指之地，果然在河邊發現朽棺半沒水中。穎對左右說：

「向聞於人，謂之虛矣。世俗所傳，不可無驗。」為之移棺，改葬而去。文穎的實證經驗終於使他相信鬼的存在。

不過，像這樣能驗證的例子並不多，如果堅持必親見目睹，有鬼論者便很難說服質疑者了。朱子門生包揚斷然說：「冊子說，并人傳說，皆不可信，須是親見。」書籍上以及人的傳聞，「說得滿頭滿耳」，他們都不曾自見，所以說服不了包揚。據朱熹說：「南軒亦只是不信，有時還戲說一二」，拿鬼開玩笑吧。他則提醒包揚：「只是公不曾見，畢竟其理如何？」（《語類》，頁三五）老師抬出天地間的「理」是有鬼神的，當是根據經書的理據，仍然憑冊子說的，再加上玄學思辨吧，恐怕無法滿足包揚驗證的要求，更不可能說服同輩朋友張南軒了。

人對外在世界的認識有不同的層次，親見親聞誠然不必為真，不過，我們也無法否定見聞驗證是獲得真實的基本方法，故說是素朴的「科學」方法，明顯有別於玄學。本書「氣的玄解」乙節即舉懷疑論者熊伯龍講述轟動一時的霍山物怪，奇形怪狀，不一而足，其實是一隻黑熊，一旦被人捶死，[1]得以仔細觀察，獲得正確認識後，就不會以為怪了。

熊氏《勿廣餘言集》還舉兩則鬼嗥和見鬼的親身經驗，以破除有鬼論。他年少時讀書西圃，一夕作時文，「忽聞櫺外呦呦鬼聲。」他的膽量可不小，點火循聲四處尋找，「聲出竹畦中，見一敗葉為蛛絲所罥（挂），風入竅中。」於是領悟其引發的聲音就是過去人家以為的鬼嘷。又一夕，他懷疑廂房竊賊潛入，持杖逐之，但見像人頎然而立者，以杖橫擊之，一片片「紛然而墜，但無聲息」。氣氛詭異，趕忙點燈照明，才知「像人頎然而立者」是老僕澣洗的舊衣，懸於室中，若換別人，又要說見鬼了。熊氏因此「思天下事原無實，皆是人以意造之」。[2]這句話可謂唯心論的基石，屬於哲學思辨的範疇；用來論辯物怪鬼神，則可以推出鬼物都是人先存意念而形成的幻象，其實不真有那一回事。

這位王充以下「一大異人」（閻百詩贊語）熊伯龍，求得正確認識的途徑也只停留在親自見聞驗證，雖脫離玄學，方法仍然非常素朴；即使猶有不足，但在中國幾千年歷史中，已經非常難得了。

人類知識與概念之建立，多經過有效的求實求真的方法逐漸脫離混沌、模糊、攏統的階段而趨於正確，即是經歷巫學（神話）、玄學而到科學的過程。紀昀《灤陽消夏錄三》，記述提督俞金鼇親口告訴他的一次奇怪見聞，說嘗夜行辟展戈壁中，「遙見一物，似人非人，其高幾一丈，追之甚急。」好個俞提督，彎弓射箭，中其胸，踣而復起，再射始仆於地。走近前去一看，「乃一大蝎虎（壁虎）。」紀曉嵐好奇地感嘆：「乃能人立而行，異哉！」（《閱微》，頁九六）生活在物怪世界的人，遙見似人非人，高幾一丈這些特徵的東西，自然會說是物怪，等到這位勇猛將軍射殺看清後，從形體判斷屬於壁虎。離開鬼神物怪，回到經驗世界，但仍然不解何以能人立而走？異矣，尚不至於「怪」。所謂大壁虎應該是蜥蜴，我們知道蜥蜴危急時會挺身而起，以後肢急奔。有今日的科學知識便不會驚異，也不認為是怪物。

這點，十八世紀最稱博學多識的紀曉嵐似乎還不如早他將近百年的熊伯龍，依然停留在玄學與古老巫學中打轉，如他對龍的理解。前文說到乾隆八年（一七四三）夏，紀昀父姚安公聽說高川之北、天上掉下一龍，命駕往視，龍已乘風而去，但蹂躪大片禾稼之跡尚分明可見。（《閱微》，頁二一三）

中國歷史文化中，龍是德聖兼備的神物，極具神祕性，紀昀難免問：神物怎麼會跌落下來？有人說：大概行雨差錯，遭天懲罰。的確，歷來世人都說龍能致雨，但宋儒都認為雨乃天地之氣，不由於龍。朱子對學生解說過：「龍行時便有雨隨之」，不是龍口中吐出雨水來。（《語類》，頁三六）民間古老傳說是巫學，宋儒氣論則是玄學，紀昀是遵宋儒還是從俗說呢？

紀昀引據《禮記》：「天降時雨，山川出雲」，而謂此是宋儒說法之所本；《易·文言傳》稱「雲從龍」，則為世俗之說的根據。這兩種說法歷來儒家都有人主張，前者如《公羊傳》說：「觸石而出雲」，後者如董仲舒，以土龍祈雨。可見二說都具有「合法性」和權威性，紀昀不可能否定儒家權威，也不可能生硬調和，於是採取分疏並容的態度。他說：「大抵有天雨，有龍雨。」油油而雲，瀟瀟而雨是天雨；疾風震雷，不久即過者是龍雨，如說，觸犯龍潭，立致風雨。他又舉蒙藏的法術，蒙古人清水洗鮓答石，西藏喇嘛誦梵咒，[3]這兩種法術，都能立致風雨。風雨速來或刻期而至，不可能是天地之氣自然形成的。總之自然和人為都會召風致雨，紀昀乃斷言：「故必兩義兼陳，其理始備。規規然膠執一說，毋乃不通其變歟！」（《閱微》，頁二一一—二一二）人文、社會的學問，講變通猶可，（中國文化尤其如此），自然科學的知識能變通而得嗎？中國之難發展出科學，其來有自矣。

這是十八世紀中國大學問家的知識境界，巫學與玄學兼容並蓄，其實就如和稀泥。玄學指證古來巫學認識上的矛盾，相對而言是進步的，但紀昀反而認為膠柱偏執。這是進步還是倒退呢？戰國形成的陰陽、五行與氣論等玄學，本來是取代巫學的知識論，但長久的傳統時期中，卻與它所打擊的對象並存。中國的物怪故事能一直流傳，其思維基礎大概是巫學一直未退潮，而與玄學並行不悖之故吧。只有在講求驗證的「科學」沖洗下，中國人的思維方法才開始啟蒙，數千百年流傳的物怪乃逐漸退場。

其次從地景改變說物怪的退場。

人之生活日常既然和物怪世界交錯，特定的生活環境遂成為物怪的溫床。故事顯示，物怪的出沒不是在荒郊野林，就是老屋廢園，總之，都是人煙稀少之地。如果環境改變，陰暗轉明亮，幽寂變熱鬧，物怪便難容身，紀昀《如是我聞二》講他祖居的變化可證。

話說崔莊祖居舊宅，大廳西邊有南北屋各三楹，「花竹翳如，頗為幽僻。」紀昀祖父在世時，僕人張雲會夜往取茶，目見垂鬟女子潛匿樹下，背立，面向墻角。他猜想可能是宅中婢女於此幽會，突捉其臂，女子轉過臉來，「白如傅粉，而無耳目口鼻」，嚇得張雲會大叫，撲倒於地。家眾聞聲持燭趕來，竟無所見矣。

一時大家議論紛紛，有人說：「以前就出現過鬼怪。」或說：「沒鬼，不過張雲會一時目眩之故。」也有人說：「根本就是一個狡猾婢女，欲做壞事，忽然被人攔住，躲不掉，以白巾罩面，裝鬼逃脫。」最後還是查不出結果，群疑難釋。自此之後，宿於此院者心裡都毛毛的，夜中亦往往有聲。紀昀推測，可能舊宅久無人居，引來鬼狐入住。

紀昀又說，舊宅東側有一樓，明隆慶（一五六七—一五七二）初所建，到他的時代已經二百年，「亦云有魅，雖不為害，然婢媼或見之。」他父親姚安公一日檢視廢書，書籠下捉得二貛，家眾都說：「這就是魅。」姚安公不以為然，說：「貛，童子可縛，必不能為魅。然此室久無人跡，至使野獸為巢穴，固可能有魅。古人不是說過空穴來風嗎？理宜如此。」

後來這棟舊宅西廳分給紀昀堂兄垣居，今歸堂侄汝侗，樓分給他過世哥哥晴湖，今歸侄汝份。「子姓日繁，家無隙地，魅皆不驅自去矣。」（《閱微》，頁三六九）用傳統玄學來解釋，當是陽氣盛陰氣衰，鬼魅都跑光了。

反之，如果人丁凋零，大宅院便容易陰氣盛而陽氣衰，鬼魅都會出來，《紅樓夢》的大觀園就是很好的例子。才人鼎盛的賈府大觀園，及至年輕世代死的死，嫁的嫁，瘋的瘋，人去樓空，原來的風光熱鬧消逝，剩下的是寂寥淒厲。第一百一回，鳳姐想起探春，帶著豐兒要瞧瞧他去。主僕二人推開園門進去，

> 只見園中月色比外面更覺明朗，滿地下重重樹影，杳無人聲，甚是淒涼寂靜。剛欲往秋爽齋這條路來，只聽唿唿的一聲風過，吹的那樹枝上落葉，滿園中唰

喇喇的作響，枝梢上吱嘍嘍的發哨，那些寒鴉宿鳥都驚飛起來。鳳姐被風一吹，只覺身上發噤，著豐兒回去取那件銀鼠坎肩兒來披。留下鳳姐一人，走不遠，只覺身後似有嗅聞之聲，不覺頭髮森然豎立，回頭一看，一個黑黝黝東西兩眼似燈光緊跟在後，嚇得她魂不附體，失聲大駭，卻是一隻大狗轉身跑上大土山去。

鳳姐驚魂甫定，急向秋爽齋走來，「方轉過小山，只見迎面有一個人影兒一晃。」鳳姐心中疑惑是哪一房丫頭，便問：「是誰？」問了兩聲，並沒有人出來，早已神魂飄蕩了。恍恍惚惚的似乎背後有人，回頭一看，但見那人「形容俊俏，衣履風流，十分眼熟」，只是想不起是誰。那人又說了往年對鳳姐講過的話，鳳姐方想起是賈蓉的先妻秦氏。秦可卿早已過世，（《紅樓夢》第一三回）鳳姐不由說出：「你是死了的人哪，怎麼跑到這裡來呢？」啐了口水，方轉回身要走，不妨絆跌一交，如夢初醒，渾身汗如雨下，毛髮悚然。這時只見豐兒影影綽綽地來了。

後來賈府更加寥落荒廢，大觀園怪異頻傳，便著常發酒瘋的忠僕焦大看管。《紅樓夢》這一幕正好印證明清物怪故事多生於廢園老屋、幽僻荒野。按常人心理，在通衢大道，便覺氣勇膽壯；入幽徑叢林，則鬼物油然生於腦中。周作人〈說鬼〉引述清人俞霞軒《翏莫子雜識》，[4]記嘉慶二十四年（一八一九）四月初四，他從萬松嶺至淨居庵夜行的經歷，正投射出物怪產生的環境。

當日俞霞軒作文脫稿時，街衢已黑，急上萬松嶺，「林木陰翳，寒風逼人。」交卷出來，路途昏暗，郊野荒涼，買不到蠟燭，「乘暗，行義塚間，蔓草沒膝。」見前面有人持燈而行，「就之不見，忽又在遠。」如真似幻之景已夠詭異，時聞「蟲嘶鳥啾」，令人「骨動膽裂」。

過禹王廟，「漆雲蔽前」，涼雨滴在頸面，風吹帽落，雨下得更大，益覺惶恐驚駭，兩條腿不停地顫抖，「忽前又有燈火」，走近一看，原來是雙投橋旁的酒家。內心狂喜，急步入店，痛飲兩盞酒，雜食豆腐、豆筋、蠶豆，飢腸稍飽，乃再起程趕路。

出店行數步，大雨傾注，衣履盡濕，只好折返酒家借傘，主人甚善良，「慨然相付，然終無燈。」走到鴛鴦塚邊，「耳中聞菰蒲瑟瑟聲」，心知臨水，以傘柱地緩步而行，唯恐墜湖。「忽空山嗷然有聲，繼以大笑」，俞霞軒的魂魄不知飛到何處去，但「凝神靜聽，方知老鴞也」。原來是貓頭鷹的啼叫。再行數步，忽有「長人突兀立於前」，嚇得心幾乎要跳出來，「注目細看，始辨是塔」，已經到達淨慈寺前矣。然而大雨愈急，趨入興善社（殯棺房舍），幽森得令人全身發涼。叩打淨居庵外門，等待良久，小沙彌才出來。

這則日記勾起我鄉居偏僻情境的回憶，就如本書序章所言，是一個物怪的世界。然而如果沒有這種漆黑、陰翳、幽森的地景，物怪恐怕也不容易滋生。生活其中，若不審聽細視，老鴞往往會成為怪物，佛塔也會當作巨魔。兩百年前俞霞軒行經之地，現在可能萬家燈火了吧，而我童少的地景，深谷坑崁後來也多築為坦途。隨著社會經濟的發展，山林開發，郊野路旁的老榕脩竹也多砍伐殆盡，哪裡還有物怪容身之地呢？這種經驗，在閱讀柳田國男《遠野物語》時，竟亦有似曾相識的感覺。

《遠野物語》第一百則記狐變人的故事。話說船越村漁夫某，一日與同伴從吉利吉里（まりきり）回家，深夜路經四十八坂，在一條小河邊遇到一個女人。一看，竟是漁夫妻子。他想妻子不可能深夜獨自一人來這麼僻靜地方，認為必定是「化物」（會變化的物怪）。於是立刻抽出魚刀直刺其背，女人慘叫一聲，倒地身亡。短暫之間並未看到這女人現出原形，漁夫心中發麻，生怕果真殺了自己的妻子，便交待同伴善後，一路飛奔回家。進入家門一看，妻子無恙，待在家中，漁夫這才放心。妻子說，剛才做了一個噩夢，丈夫遲遲未歸，她跑到半路上迎接，在山路上有個不認識的人逼近，威脅要取她之命，大驚之下，醒了過來。漁夫遂返回原地，再看個究竟，同伴說，你所殺的女人後來現出原形，竟是一匹狐。記述的柳田說：看來夢行山野，也會被此獸附體。[5]

四十八坂的「坂」是指上下坡陡的山路。遠野常民大學注釋本云，岩手縣從上閉伊郡大槌町吉里吉里至下閉伊郡山田町船越之海岸附近，謂之四十八坂，往昔以有四十八處上下的險峻坂道而得名。昭和四年（一九二九），此路削坂而成平坦的曲，改稱四十八曲。現在開通為國道四五號線，變成長約四公里的直線快速路，古道全廢，再無峻坂幽谷，上下起伏矣。自此之後，不但四十八坂，即使四十八曲的形影也都全然不見。一路直到海岸處才逢斷崖，可以遙望野島、大島、弁天島，開闊的船越灣盡收眼底。[6]陡坡低谷的古道到近代改為橫斷山腰的曲路，幽隱神祕的氣氛消失大半，最後興建筆直快速國道，四周景致一覽無遺，哪可能再產生狐魅變美女的故事？

日本民俗學之父柳田國男（一八七五—一九六二），明治四十一年（一九〇八）二月開始採集遠野鄉之民間傳說，佐左木喜善（字鏡石，一八八六—一九三三）口述，經由柳田氏筆記而寫成《遠野物語》。《物語》開篇述故事產生地遠野之地理形勢，群山環繞，北倚靈山早池峰，峰之前山曰藥師岳，猿石川源於岳麓南流，至遠野盆地與小河川合流，西入北上川。其地包含遠野、土淵、附馬牛、松崎等十個村落。

遠野（とおの，Tōno）之名始見於承和七年（八四〇）完成的《日本後紀》，語源來自アイヌ（愛奴）語，To者湖也，《遠野方言誌》云：「蓋遠野盆地之自然地勢，往古東夷占居時代，乃一大湖水之形。」古之湖水，今則只存猿石川。這裡匯入猿石川之谷川甚多，俗稱「七內八崎」。內者，因澤而成之谷；崎者，突出如岬狀之丘。奧州之地多以「內」、「崎」為名，如水內、栃內與山崎、林崎、松崎、柏崎等，可以想見其地景之一般。（圖二七）

遠野四周之群山，早池峰最傑秀，位於北方附馬牛峰之後，東則聳立六角

圖二七　遠野盆地

牛山，又有名曰石神之山峰。傳說遠古有女神，攜三女來宿於此高地，允將好山分給獲得美夢者。夜深，天降靈花落於大姊胸上，小女覺而竊取之，故分得最秀的早池峰，兩位姊姊得到六角牛山與石神山，故三女神各管轄三山至今。然而小女取之不義，三姊妹遂結下怨恨，遠野婦女怕三姊妹怨妬未消，至柳田氏採訪時，猶不敢進入這三座山峰。[7]

早池峰又有所謂「七不思議」的傳說，見臺灣史專家遠野人伊能嘉矩（一八六七—一九二五）一九〇六年離臺返鄉後採集的民俗傳說。[8]第一、二不可思議是每逢七月十六夜，據云可以看到山頂一點亮光，謂之天燈和竜（龍）燈。從天而降者是天燈，竜燈則由山下冉冉升至山頂。又傳入夜後，頂上近平處聽到少女吟唱耕田歌。這是第三不可思議。第四，頂上近平處，深夜聞眾馬嘶鳴之聲。第五，鷄頭山的鷄聲。鷄頭山聳立於早池本峰之西，古來號稱神祕之山，入夜可以聽聞鷄鳴報時。第六，本峰東北之山曰貞任岳，頂有岩窟，難以上攀。傳說是平安時代陸奧國奥六郡俘囚長安倍貞任（一〇一九—一〇六二）據守之址，入夜傳來軍陣大鼓及兵士吶喊聲。第七不可思議，下山者多迷途。早池峰全山岩石，矮松叢生，宛如鋪上一層綠氈，登臨者嚮往此景，下山後再尋覓，卻不可得，因為來時之路全然迷失矣，很像陶淵明的桃花源。

這個誕生山神、姥神、山男、山女、天狗、川童、猿精與狐魅等等物怪的地方，我們從柳田氏百年前所描繪的地景以及傳達的氣氛，還可以感受到。其序曰：「去歲八月杪，余有遠野之遊，自花卷起程，十餘里（一日里約合四公里）間，只見三所町場（村公所），餘則唯青山與原野，人煙稀少，更甚於北海道石狩平原。」遠野城下卻是煙花（繁華）街巷。

柳田氏向驛亭主人借馬，獨自巡遊郊外村落，但見猿石溪谷土地肥腴，利於墾拓，路旁石塔林立，諸國無與其比。自高處眺望，早稻正熟，晚稻花盛，水落在川，稻色紛繁。三、四、五塊連續之水田，同一稻色者即屬於一家，所謂同一「名處」（ミヤウショ）也。

越過附馬牛之谷，則是早池峰，猿石川發源於附馬牛山南麓。山色淡霞，形如菅笠。北谷稻熟還遲，滿目一色青翠。行於田中小徑，不知名之鳥帶雛成排，橫於路中。又有雛鳥羽毛黑白間雜，始以為小雞，及見乃知是野鳥，則已隱入溝邊草叢矣。

天神山之祭[9]正跳著獅子舞，只見輕塵般的紅帶與一村翠青相映。所謂獅子舞者，即鹿舞也，頭戴附有鹿角之面具，童子五六人，拔劍共舞。笛音高亢，歌聲低沉，即使在身側亦難得聽聞。夕日西傾，風吹如醉，呼朋喚友之聲淋漓，女笑童奔，徒增旅愁！

時值盂蘭盆節，家有親人新逝者，高高揚舉紅白旗，[10]迎風招魂。余乃策馬登上山頭，指點東西，散見旗幟數十處。以我一介羈旅，竟亦進入村人永住之地，悠悠靈山，包容在徐徐而來的暮色中。

遠野鄉有八所觀音堂，取自同一樹之木材。此日報賽，信眾甚夥，但見岡上燈火點點，又聞伏鉦之音時鳴。道旁草叢棄置的風雨祭草人，恰如疲憊旅人仰臥在地。[11]

柳田氏引導我們神遊百年前的遠野鄉郊，恐怕不復存在了吧，正如七、八十年前的南臺灣村野，只留在老一輩人的腦中而已。而我童少聽聞的鬼神物怪世界，好奇又恐懼的矛盾心情，隨著各地聲光的嘈雜與照射，以及理性思維的成長，那些鬼神物怪也多退場了，幾乎殘存不下什麼蹤影。物怪大概就在地景改觀與未知世界之認識方法的精進而退出歷史舞臺。

退出歷史的物怪，我們的研究可以跳脫「不言有鬼神然言有物」的漩渦，不必糾纏於遠古信仰與新興氣論的辯駁，而是深入社會文化底層，在此之餘，還可以有超越民族、文化和地域的視野。不過，不同民族之間的「物」有形同而質異者，與其輕言比較研究，不如抱著「他山之石」的參照角度，以揭開物怪世界，或可更深入到社會、文化和心態的層次，更貼近歷史。

・世界性的視野

以《遠野物語》來說，雖然同是物怪，同是狐魅，其形式與實質多與中國不同。上文所說《物語》第一百則船越漁夫遇見變成其妻形貌的狐魅，故事情節頗類似唐代《朝野僉載》野狐戲弄國子監助教張簡，變成張簡之妹，以致人狐難分，才發生簡錯殺其妹的悲劇。（本書第三章「近世狐魅的來歷」節）然而船越漁夫遇到的狐魅與張簡則有很大不同處，漁夫之妻夢到山路迎夫，而被狐附體，狐變成漁夫之妻在四十八坂等待。據遠野傳說，是狐攝漁夫妻之魂而變成其形，否則夢中如何「附體」呢？

狐能化身為人，日文謂之「化物」，船越漁夫之外，《遠野物語》還有一例，亦只有此一例。第九四則說和野的菊池菊藏從柏崎的姊姊家回來，口袋裝有幾塊姊姊贈送的年糕。路經愛岩山麓那帶樹林，遇到象坪的藤七。藤七是個酒鬼，與菊藏交情甚篤，兩人經常玩笑取樂。樹林邊剛好有一片草地，一如過往，藤七笑著邀菊藏相撲為戲。這次菊藏連勝三回合，藤七托辭體力不繼而作罷，約定改期再賽而別。菊藏走了一段路，發現口袋裡的年糕遺失，踅回相撲的草坪，遍尋不著，猜想可能被狐作弄了。四、五天後在酒館遇見藤七，說起山路相撲之事，藤七說：那天他去海邊，如何相撲？菊藏想，這麼，與他相撲而偷去年糕的人，當是狐。

菊藏、藤七都真有其人，注釋本引柳田氏《石神問答》云，柏崎愛宕神社發現墓碑，碑文記載：「象坪藤七大正八年卒，享年五十七。」[12]柳田來遠野採訪時，距離藤七之卒大約十年。以藤七歲數推測，野狐變成藤七不過是柳田來之前三、四十年而已，約十九世紀七、八〇年代，與我外祖母的阿姨遇見麻竹阻路的時代相近。

中國近世以下，狐魅故事非常普遍，尤其在黃河流域；日本以遠野而言，相對於其他物怪，並不特別突出，不似中國，唐代以下變化為人的狐魅則特別流行。當然，柳田國男的《日本昔話》也著錄不少狐變的傳說，地區遍及本州的東西南北各地，看來日本會變化成人的物怪，狐是很主要的動物。

能登國的萬行三郎兵衛一個晚上去廁所回來，竟出現兩個一模一樣的妻子，其中一個必定是妖物，他提出許多難題考問，兩人皆對答如流，令他愁困不已。漸漸發現一個比較可疑，就把她趕出門，另一個留在家裡。自此之後，家境日益興旺，並且生了兩個兒子。孩子長大，遊戲中無意發現母親長有尾巴。原形既露，承認自己是狐，無顏再留下來，哭別孩兒而去，爾後卻仍不時徘徊於三郎兵衛稻田邊。[13]此則故事出自石川縣能登鹿島郡。

按照中國說法，此狐修鍊尚未臻高超境界，或許年代猶淺吧，不過「老物」「老魅」之「老」的觀念，日本的狐魅故事似乎很少出現。其次，中國的人狐婚配，人多知對象是化身之狐，自慚形穢只見於〈任氏傳〉任氏之矜持自謙，男人鄭六並不忌諱或嫌棄。可見同樣是狐化為人，中日民俗之心態竟如此不同。

然而中日狐魅或物怪的變化故事，最顯見的差異恐怕是日本少見情色成分。《遠野物語》第三則，栃內村河野的佐佐木嘉兵衛，年輕時進入深山打獵，遙見岩石上有一美女，正在梳理黝黑長髮，臉面極其白皙。白膚黑髮，肯定是一個美人，但嘉兵衛卻舉銃直射，女子應聲而倒，急馳前去，只見女子身材脩長，黑髮更長於身，乃割下一縷長髮以為後驗。歸途，在樹下小憩，半醒半夢中見一高大男子來奪走長髮。柳田採集時，嘉兵衛猶健在，時年七十餘歲，估計這件事約發生在十九世紀五、六〇年代。

第四則，山口村吉兵衛家主人往山中割捆細竹，正要挑擔回來，風吹竹林，只見深處有一年輕女子背負幼兒，從竹林上走過來。此女容貌艷麗，披著一頭烏黑秀髮，條紋衣著，邊角補綴樹葉。行履間，雙足似未著地，從吉兵衛面前走過，視若無睹。吉兵衛回去，恐懼成疾，久病不癒，在柳田氏採訪前不久才亡故。此事大約發生在二十世紀初。

如此的山野邂逅美女的物怪故事，不見任何男女野合或同宿的情節，不像中國，尤其中古階段，情色往往是變怪故事不可或缺的元素。這一點，應是中日物怪顯著不同之處吧。

《日本昔話》許多地方還採集到數則狐變的故事。羽前的「小和尚與狐」，某山寺小僧追趕狐，狐逃入大殿變成釋迦像；紀州西牟婁郡的「金剛院和狐」，山僧金剛院作弄睡覺的狐，狐變成他的形貌；津輕五所川原的「狐報恩」，狐變成良馬與茶釜。武藏的「急性子出家」，狐自己變成母親，把水草變成嬰兒，還能變出老僧與寺廟；另外是不知採自何處的「狐笑」，美作山的狐變為武士走進茶店休息。「比治山的狐」乙則，狐變為男人向能劇演員借面具，以為只要帶上面具就連身體都變成能劇演員。[14]

日本的「化物」狐變故事多帶有嘲諷的幽默，山寺小僧把變成佛像的狐放入大鍋煮，作弄狐的小僧金剛院反而被人誤作是狐而遭其他僧人折磨，茶店的狐武士變而未盡，仍然是尖臉三角耳、身上有毛，店主人端來洗臉水，才看到自己的尊容，驚叫逃竄。而比治山狐卻只戴面具出來，忘記變化，結果喪命。這些狐故事興味可親，不像中國的狐魅，女必姿色撩人，男則風流倜儻或溫文儒雅，這是否也透露華夏與大和這兩個民族的文化與心態之不同呢？

會變怪的動物，狐之外還有「狸」。狐、狸（貍）不同，本書已經討論過，柳田國男的紀錄都寫作「狐」（不是中譯「狐狸」），可謂猶守古義，而清人蒲松齡、紀曉嵐也如此。《日本昔話》淡路島（今兵庫縣）流傳的狸變故事說，阿波（今德島縣）的禿狸傳話要跟淡路的芝右衛門狸比賽變身術，禿狸變出諸侯阿波大人之船隊渡海的情狀，風幡飄揚，船歌震天，這麼高超的幻術令芝右衛門狸大為佩服，於是約定時日，請阿波禿狸渡海到播州（今兵庫縣西南部）的舞子海濱觀看他的變幻。這天禿狸渡海過來，爬上海濱松樹等待觀賞芝右衛門狸的法術。果然看見一隊人馬從西走近，馬匹與轎子金光閃爍，侍從武士威風凜凜。禿狸不禁大聲讚揚芝右衛門狸幻術如真，因而引起武士注意，怒罵「嗅狸子說笑！」一箭射中禿狸，應聲墜落在地。原來芝右衛門狸知道大人要出巡，遂設下這個騙局，致使阿波禿狸上當而死於他鄉。柳田氏說，這故事有些阿波人並不信，他們認為阿波禿狸仍然健在。

日文「狸」，不是貓科的貍，而是犬科的貉。三河（今愛知縣東部）幡立郡採集的「港口木樁」，貉子變作木樁誤導船人栓繫船隻，潮水一來就將船沖走。貉子惡作劇終於被人識破，船夫將計就計，緊栓木樁加以痛擊，迫使貉子現出原形。[15]

中國的走獸變怪即使品類繁夥，以《太平廣記》彙錄的許多故事計，卻未見有貉。在日本遠野，猿猴、狼、熊，不像中國都有變作人形的故事；而日本的天狗、山姥也非

中國所有，最特別的變形物怪當數廣為人知的河童（かっぱ，Kappa）。

河童，據云是水神淪落而妖怪化的東西，可以帶來禍，也能予人福，其名稱與形體因地而異，亦隨時代變化而有所不同。[16]《遠野物語》云：遠野鄉之河川多河童，猿石川尤其多。根據當地傳說，河童臉為紅色，報導人佐佐木鏡石的曾祖母幼時在庭院中玩耍，看見一個紅臉男孩隔著三棵大核桃樹往庭院張望，大人說，那是河童。但外地人卻說河童青臉。（第五十九則）河濱沙地可以見到河童足跡，雨過天晴時經常可見；腳印形狀近似猿猴，拇指分得很開，像人的手印，長度不滿三寸。指尖印痕似人，但不甚清晰。（第五十七則）

河童最困擾人者當是侵犯女眷，《遠野物語》第五十五則說，松崎村一姓川端的人家，連續兩代有女眷都懷了河童的孩子，近一代懷孕婦女的丈夫是新張村人。一日午間，松崎村川端家的人一起到田裡農作，此家女人直到傍晚尚未回家，有人看見她蹲在河邊，不停地微笑，第二天以後連續數日都如此。村內流言說，有人每晚去那女人屋裡。起初是丈夫夜裡去海濱做腳夫不在家的時候來，後來連丈夫同睡時也敢來，村人於是認為那人就是河童。因此，一家人聚集，想法保護這女人，卻毫無效果。即使婆婆陪媳婦睡，深夜仍聽見媳婦的笑聲；婆婆明知那人又來了，但身子無法動彈，也喊不出聲。

女人因而懷孕，分娩時極其痛苦，有人建議躺在注滿水的馬槽可以安產，果真如此，但生下的嬰兒手指卻帶蹼。據說這女人的母親也曾生下河童的孩子，甚至有人說，這樣的情形，她家不只兩三代而已。

報告人說，這戶人家富甲一方，是當地著名的士族，有人擔任過村議會議員，故事

圖二八　遠野八幡宮的權現神像

來源是丈夫新張村家的主人說的。另外，上鄉村也曾出生過類似河童的孩子，據說渾身通紅，口大面醜，父母棄之於岔路口。但一想到或許可以賣給走唱藝人換點錢財，轉回去時，孩子已不見蹤影，四處尋覓，杳然斂跡，一無所見。（第五十六則）

參照本書所講的物怪故事，人與物怪結合並且生子，日本和中國實在有天淵之別。中國物怪總會以優雅的人形出現，不像日本河童的醜陋原貌，然而松崎村的故事，女人蹲在河邊微笑，及夜裡發出笑聲，在她眼中，河童恐怕是另外一種形象吧。

中國有器物變怪故事，日本的權現神（ゴンゲサマ，Gongensama）〔圖二八〕近之。《遠野物語》第一百一十則解釋云：權現神，指神社跳神樂舞隊所持的木雕頭像，形似獅頭又有不同，或如臺灣舞獅的獅頭面具，日本視為多福多利的神像，尤其鎮壓火龍特別靈驗，臺灣舞獅也有驅邪消災的作用。

《遠野物語》說，新張村八幡神社和土淵村五日市神社，他們的神樂舞隊的權現神曾路上相逢，雙方大打出手，新張村的權現神戰敗，弄掉一隻耳朵。此事在遠野，無人不知。這則講述獅頭面具的變怪故事，說起一件往事，新張村八幡神社神樂舞隊曾到附馬牛村表演，天黑時，投宿村中一戶貧窮人家，把權現神像放在倒扣的米枅上。夜裡，忽聞有咀嚼硬物的聲音，眾人驚醒一看，房頂著火，只見權現神從米枅上不停跳起來吞

左：鳥兜（上）、青鬼（下）　　右：琵琶

左至右：如意、扇、笙

圖二九　真珠庵本百鬼夜行繪卷

噬火苗，才免除一場火災。另外也說，孩子頭痛發燒，當地人多祈求權現神，他們說疾病是被神吞噬了。

比權現神的變怪更接近中國器物變形者，當是「付喪神」（つくもがみ，Tsukumogami）。據傳室町時代（十六世紀）土佐光信的「百鬼夜行繪卷」，其鬼即是日用器物，包括白布、黑布、傘、草履、剪、瓢、釜、鈸、琵琶、笙、琴等。這些器物因日久而變成鬼物，謂之「付喪神」。〔圖二九〕研究者歸納出武器、樂器、家具置物以及佛具都會變形成為怪物，如《陰陽雜記》所說：「器物經百年，得化精靈。」[17]日本物怪之強調「老」，似乎只有器物怪變而已，更多的動物之變，「老」非必要條件，至少故事所表現者如此。付喪神繪卷展現的物怪樣貌是「鬼」（おに，Oni），不是「人」，與中國傳說器物多以人形現身者不同。

以上舉證遠野及日本其他地方物怪變化的故事，我們不敢企圖作中日比較，只想指出「物怪」這個起自遠古的信仰，是人類一種普遍現象，隨著各地區、各民族文明的發展，在不同時地留下一些痕跡，東西方典籍與出土文物猶可見其一二。

《舊約．以西結書》第一章云，耶和華的靈降在以西結身上，狂風從北方颳來，隨著一朵閃爍著火的大雲，顯出四個活動的形象。他們的形狀是：人形、各有四面，四隻翅膀，直腿，腳掌如牛蹄，在四面的翅膀下有人手。四個活物各具四個臉面，前為人臉，右獅臉，左牛臉，後鷹臉。

經文說：「這就是耶和華榮耀的形象。」（1:28）然而如果放在中國文化的系統，這四個活物（英譯 living creatures）可以說是物怪。周禮的祭祀系統，物怪是位階最低下的小祀，恐怕是文明進化的結果，在人類始初時期，具有超自然神力的，可能是物或人與物的合體。《尸子》不是也有黃帝人首四面的傳說嗎？（參本書第一章）如果知道古代以色列人也有耶和華四面的傳說，就不會對黃帝的尊容強加解釋，說什麼四面是「黃帝取合己者四人，使治四方，不謀而親，不約而成，大有成功」，完全把遠古神話人文化。

中國遠古人或神的物怪形象，即使晚到秦漢，今存的典籍和圖像還保留一些遺痕。本書「古典物怪」節舉證的人類始祖伏羲女媧，不是人蛇合體就是人龍，不只伏羲女媧，漢石刻同一畫面的人物（或神物）也都人首蛇身，〔圖三〇〕中國古傳的「人之初」，可能就如這種人獸合體的遠古世界吧。這是神話巫學的世代，借用日本《古事記》的說法，是神世，漢代猶有殘留，上舉扁鵲是人首鵲身，嫦娥則人首蜥蜴身體。而山東微山縣兩城鄉出土東漢順帝永和二年（一三七）有銘畫像石，扶桑樹上分立兩

圖三〇　漢畫像石「人之初」圖

上：伏羲女媧中心　　嘉祥武開明祠，第 137 圖

下：西王母中心　　嘉祥武班祠，第 150 圖

個人首鳥身神物，或謂之太陽神之父母帝俊與羲和。[18]〔圖三二〕魯昭公十七年（前五二五）訪魯的東夷郯君，說到他的祖先「少皞氏鳥名官」，當時還年輕的孔子往訪求教，出來向人說：「我聽過『天子失官，官學在四夷』這話，見了郯子，可就完全相信了。」（《左傳》昭十七）所謂以鳥名官，郯子列舉了分管不同節令的鳳鳥氏、伯趙氏、青鳥氏、丹鳥氏等氏族，可能也像漢畫醫官扁鵲，畫成各種鳥人的形象吧。

文明進化，脫離物怪世界走入人的世界，把神話歷史化，[19]或如英國人類學家弗雷澤（James G. Frazer，一八五四—一九四一）所謂的「人格化」。古希臘酒神狄俄尼索斯（Dionysus）具動物的形象，尤其是頭長雙角的公牛，人們以「母牛生的」（cow-born）、「公牛」（bull）、「公牛形狀」（bull-shaped）、「公牛臉的」（bull-faced）、「公牛眉的」（bull-browed）、「公牛角的」（bull-horned）、「長角的」（horn-bearing）、「雙角的」（two-horned）以及「有角的」（horned）等詞彙來描述他。古代藝術常作公牛或長著公牛角之形，弗雷澤說，有一尊狄俄尼索斯雕刻，人形而披公牛皮、牛頭牛角，牛蹄垂於背後；或畫作長著小牛頭的孩子，坐在一個女人膝上。[20]

希臘神話的怪獸人馬合體，稱作「Centaurs」，上半身人，下半身馬，居於山林

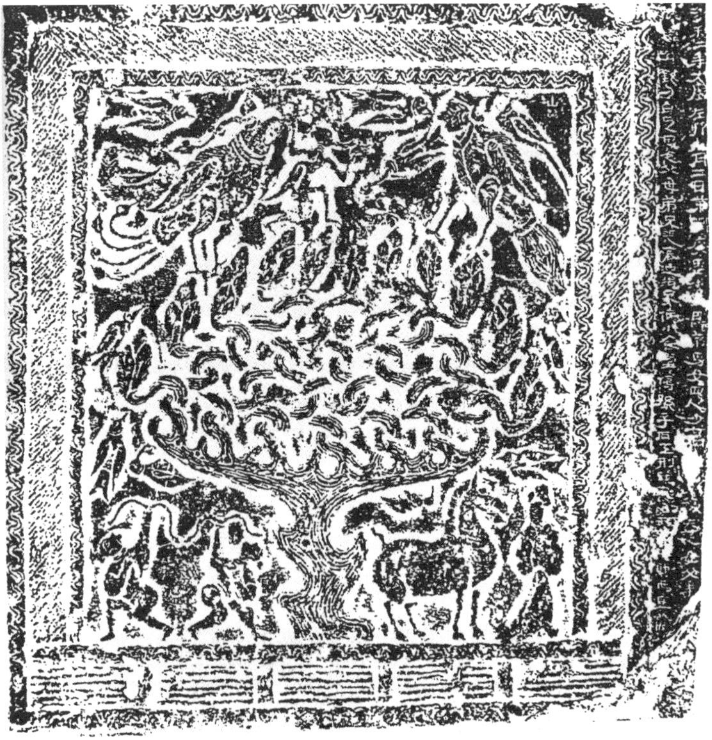

圖三一　人首鳥身的古帝　　山東微山漢畫像石

圖三二　古希臘浮雕　　半人半馬與拉庇泰族之戰

圖三三　古埃及天地神物

圖三四　安那托利亞人獸合體石刻　　西元前第一千紀早期

中。茹毛飲血，生性殘暴。Centaurs多見於與大力士海克力斯（Heracles）以及驍勇善戰的拉庇泰族（Lapiths）戰鬥的場面。[21]〔圖三二〕

其他如埃及曆書〔圖三三〕、安那托利亞高原石刻〔圖三四〕等各種人獸或人鳥合體的神祇，更充斥於古代近東的世界。凡此種種形狀，近於中國古代半人半獸的物怪，而這類物怪多是氏族神，也是氏族的祖先。希臘神話，《伊利亞特》第六卷，呂西亞國王叫人「去殺那條狂暴的克邁拉，那怪獸可是神聖族，不是凡人所生。它頭部是獅，尾巴是蛇，腰身是羊，嘴裡可畏地噴出燃燒的火焰的威力」。（VI: 179-182）[22]

圖三五　有翼獅身人面獸掛氈紋樣　Pazyryk Kurgan 5, Altai，前四至三世紀

圖三六　怪獸噬羊圖　　Kurgan of Koul-Oba，銀壺，前四世紀

圖三七　怪鹿圖　　陝西神木出土，前四世紀晚期

至於中國古典物怪多種動物綜合體亦見於兩河流域的帶翼走獸以及歐亞草原帶黑海北岸、阿爾泰至鄂爾多斯、斯基泰式的人獸合體物怪，阿爾泰山區冰凍墓出土的掛氈紋樣獅身人面獸（sphinx）圖像，人首人臉、鹿角鳳翼獅身，〔圖三五〕或黑海北岸銅罐淺浮雕的griffon（怪獸），獅（馬）身、雙翼、鷹喙。〔圖三六〕和鄂爾多斯出土的圓雕怪鹿，鷹喙、鳥頭作尾。〔圖三七〕。[23]這種超自然的動物形象普遍存在於許多不同的古代文化中，值得進一步討論。

《新約》四福音書記載耶穌傳教初期，施行不少神蹟，最引起視聽者當屬為人趕鬼治病；叫鬼出來，離開人體，病人便痊癒。人感染疾病，係體內之鬼所致，恐怕是古代世界普遍的觀念，中國春秋時代也有類似的說法。

《左傳》成公十年（前五八一），晉景公有疾，求醫于秦，秦伯派醫緩來診治。醫緩尚未到，景公「夢疾為二豎子」，他們商量逃避良醫之策。一個說：「居肓之上、膏之下」，即使良醫也無可奈我們何。醫緩來了，診斷後說：「疾不可為也，在肓之上、膏之下。攻之不可，達之不及，藥不至焉，不可為也。」攻是灸薰，達是針刺，藥是湯藥，種種治療方法都不能觸及到膏肓之間，晉侯之病是救不了的。後世「病入膏肓」一語即出於此。景公一聽就明白，佩服地說：「良醫也」，贈以厚禮。送醫緩回國後，景公如廁，陷入糞坑而死。在晉景公體內的兩個小人即是「物」，也可以說是「鬼物」，趕不出去，殺不死，於是喪命。

即使近在咫尺的臺灣，我們小時候聽到的童話故事「虎姑婆」、「蛇郎君」也可列入變形物怪。[24]臺灣漢人的蛇郎君不知是不是從排灣族「蛇妻」轉化而來，老人的小女兒答應嫁給蛇，三日後，蛇來娶親，在回家途中，「蛇忽然變成人，而為一個美男子，女子大喜。」接下來的傳說展開複雜的情節，完全可以比擬中國的志怪小說。[25]

以上雜列幾條古代世界各地出現的物怪信仰或習俗，誠屬吉光片羽，不過，我們不敢企圖從事學術界長期以來盛行的比較研究。我始終相信歷史研究情境化，才可能近於真實，尤其像民俗、信仰、心態等屬於歷史內裡的部分，單憑表層現象就進行比較並沒有多大意義。因為連中國歷史上的物怪，每個時期故事傳達的時代社會訊息都難說清楚了，何況是不同歷史文化系統的跨地區、跨民族、跨時代之比較呢！不過，不同情境的物怪故事合觀，還是會獲得一些啟發的。因此，在本書的篇末再綴數語，期待後之來者打開視野，使歷史文化研究能從表層逐漸進入到內裡。

注釋

1 熊伯龍，《無何集》，頁一八七。

2 上引熊伯龍，〈嘯旨三依贅人廣自序〉，《無何集》，頁四七八—四七九。

3 六十多年前我唸臺南師範時，就親耳聽過當時全校最尊敬的趙老說過：「唸咒可以致雨。」南師師生稱「趙老」而不名，形若老僧，當時還沒有退休年齡限制，年紀應過七旬。

4 周作人，〈說鬼〉，《苦竹雜記》，上海：良友圖書公司（一九三六），頁一九一—一九二，收入《周作人先生文集》。

5 柳田國男，《遠野物語》，遠野常民大學編著注釋本，東京：筑摩書局（一九九七），頁三〇二；又參吳菲譯本，《遠野物語·日本昔話》，上海：三聯書局（二〇一二），頁五八。

6 同上，注釋本《遠野物語》，頁三〇三。

7 以上根據《遠野物語》第一、二則，並參考上引遠野常民大學編著注釋本。

8 伊能嘉矩，〈遠野のくさぐさ〉，收入《日本民俗文化資料集成》第十五卷《遠野の民俗と歷史》（一九九四）。引自遠野常民大學編著《注釋遠野物語》，頁四七—四八。按伊能嘉矩（一八六七—一九二五），以《臺灣文化志》馳名，遠野人，一八九五年日本入臺，來總督府任職，十年後返回故里，整理臺灣研究文稿之餘亦從事當地民俗調查。

9 遠野常民大學注釋本注云：在附馬牛町下附馬牛字大袋有菅原神社，祀菅原道真（八四五—九〇三），民間尊稱「天神さま」；神社周圍之森林謂之天神山。

10 注釋本云：旗依亡者而別，男白布，女紅布。

11 此序參酌上引吳菲譯文。

12 同上，頁二八五。

13 上引柳田國男著，吳菲譯，《日本昔話》，頁一五七。

14 以上五則據上引《日本昔話》，頁一二八、一二六、一七二、一二七、一三三、一二九。

15 以上兩則見《日本昔話》，頁一三〇、一三二。

16 參上引注釋本《遠野物語》，頁一八〇。

17 參田中貴子等，《圖說百鬼夜行繪卷をよむ》，東京：河出書房新社（二〇〇七）。

18 馬漢國主編，《微山漢畫像石選集》，北京：文物出版社（二〇〇三），頁三八。

19 杜正勝，〈中國上古史研究的一些關鍵問題〉，收入《中國上古史論文選集·導論》，臺北：華世出版社（一九七九），頁四〇。

20 James G. Frazer, The Golden Bough, *The Roots of Religion and Folklore, Avenel Books*, New York, 1981 (1890), pp. 325-326. 又汪培基譯，《金枝：巫術與宗教之研究》，臺北：桂冠（一九九一），頁五八二。

21 Pierre Grimal, translated by A. R. Maxwell-Hyslop, *The Dictionary of Classical Mythology*, Blackwell Reference (1985), pp. 94-95.

22 荷馬著，羅念生、王煥生譯，《伊利亞特》，臺北：貓頭鷹出版社（二〇〇〇），頁一八八。

23 參杜正勝，〈歐亞草原動物文飾與中國古代北方民族之考察〉，《中央研究院歷史語言研究所集刊》六十四本二分（一九九一）。

24 盧千惠，《給孩子們的台灣歷史童話》，臺北：玉山社（二〇〇五），頁九二—一〇四、一二〇—一二三。

25 臺北帝國大學言語學研究室調查，《原語による臺灣高砂族傳說集》，東京：刀江書院（一九六七），頁一四五—一五〇。

後記

物怪，是我大半輩子關注的學術課題，但今天能寫成這本書，起緣於前年（二〇二三）十月中央研究院史語所召開的「東亞視域下的醫療與鬼邪」會議，主辦人祝平一教授邀請我作開場主題演講。會議主題跟已故林富士教授有關，他不幸早世，生前從史語所提出的國科會研究計畫「魅病」，未能及時完成，經李貞德所長商請同事平一教授承擔後續工作。向來鮮少觸及這個課題的平一毅然同意，遂帶領一批年輕學子研讀物怪鬼魅資料，歷時一兩年，最後邀請國內外學者召開這場研討會，以完成富士未竟之業。平一對亡友的付出，情義感人，他希望我共襄盛舉，我自然義不容辭。

富士的「魅病」研究計畫緣於他發表過的釋魅（二〇〇三）和漢晉間之魅（二〇〇七）的文章，我演講的題目作「魅病與魅媚」，特用「魅」字當然帶有紀念意味。富士發表的論文多用「魅」，我則習於用「物」或「物怪」一詞。事實上，「魅」跟「物」同指，古音亦同，本書第一章「物、魅」古義乙節論證過；中古以下、尤其近代，「魅」似乎比較普遍，但典雅的著作還是多用「物」字的。

我之思考物怪或魅，推始於一九八五年借調清華大學，擔任歷史研究所所長之時。話說當年某個冬夜，我一如往常到辦公室研讀。臺灣俗諺有云：「新竹風，基隆雨。」歷史所剛剛籌設，萬事草創，校方撥給一棟舊樓的一層暫時容身。寒風穿過老舊建物窗櫺空隙，發出不同頻律的刺耳聲響。窗外一片漆黑，當晚，有個同事來談天，聊聊個人近來研究心得。也許周遭情景之故吧，開啟的話題竟然講到鬼怪來。我從《史記．留侯世家》的黃石公故事講起，特別注意篇末論贊的「太史公曰」：「學者多言無鬼神，然言有物。」即興發揮，為什麼學者不多說鬼神，卻說有物；換言之，他們不相信人世間有鬼神，卻相信有物怪。那麼「鬼神」是什麼？「物」又是什麼？尤其所謂的「學者」又是什麼屬性的人？這些問題不只是理解黃石故事的關鍵，也涉及中國史上汗牛充棟的物怪故事，是通史上具有普遍性的課題。

當時我怎麼議論，已不復記憶。不久寫了一些文稿，尚未完篇，因學術行政紛繁，便放下來。及歸建史語所後，專業研究之餘，先則投注於《歷史月刊》雜誌，接著又創辨《新史學》，存稿遂久久沒有發表。推動《新史學》時，我也開展另外研究課題，雖然仍對物怪保持興趣，繼續閱讀物怪故事的記載，尤其是魯迅輯錄的六朝志怪小說《古小說鉤沉》，累積大批讀書筆記，但舊稿沒有再繼續寫下去。直到千禧年，由於不期而遇的機緣，我轉換跑道，短暫從政，陡然想起這篇未完稿來。我想，若再不發表，恐怕一輩子就變成廢紙了，所以二〇〇二年發表在《大陸雜誌》（一〇四卷一—三期）上，題作〈古代物怪之研究（上）——一種心態史與文化史的探索〉。此文時代斷限止於先秦上古，算是上篇，準備日後續寫中篇和下篇。當然只是預期而已，不過我研究物怪的切入點已經點明，標誌心態與文化，以作為「物怪」這個課題研究的核心。

爾後再返回學院，古代物怪陸續有所增補、改寫，比已發表者不止加倍，可以成為專書，但仍然不能通貫中國幾千年的物怪問題，所以仍然存在電腦中，沒想問世。不過近一、二十年來，有些邀約演講，藉著不同場合，[1]我比較多涉及中古及近世的物怪故事，但仍然說不上建構通貫的看法。

我提倡的新歷史主張歷史的整體性、連繫性和有機性，歷史研究如牽一髮而動全身，如果不能從一髮以連貫全身，算不上是好的歷史著作。所以我不想只處理物怪歷史或文本書誌，而是從物怪看中國的社會、文化以及中國人的心態。這麼跨越不同時代的龐大複雜歷史，誠非個人力所能及。所幸有平一教授給我這機會，遂藉著短短幾十分鐘的主題演講，草創一個粗糙的架構，不再只專注於古代，而大跨度地提出一些要點。這次演講，總算給中國物怪歷史作一鳥瞰，梳理出一個頭緒，但距離我的理想仍遠。

人世間有沒有物怪？不論就科學或巫學，我沒有能力追究，我們在意的是那些載籍文獻，反映過去不同時代的中國人，怎麼看、怎麼想這個超自然的物怪世界。換言之，我們要談的物怪故事，不是「物怪」本身，而是「故事」透露的社會文化。

主題演講錄音檔經助理整理出來後，頗覺蕪雜支離，文不雅馴，而且不少空白遺漏，於是加以修訂，不期篇幅遠遠超過論文規模，殊難收入會議文集中。茲取得平一教授的同意，自行發表；又逢時報文化盛意邀稿，遂獨立成書，這就是本書的緣起。所以歸根結柢，沒有魅病研討會主題演講的機緣，這本書還在我腦裡盤旋、胸中縈繞呢。個人年事漸高，深深體會「歷史」是種種「因」與「緣」造成的，如果缺乏我上面講的這些「緣」，即使有思索四十年的「因」，這本拙作還是不可能現在以這樣的形式問世。

另外，本書不期由時報文化出版，對我來說，也算了我一件心事，回報了三十多年前郝明義先生的美意。當年他總理時報文化出版事務，不久去職，但我答應的稿債，而今終於得以另外的研究成果償還，不能不說是人生的奇妙插曲吧。

言歸正傳，回到物怪故事上，擴大視野看，鬼神物怪的課題非中國所獨有，平一教授籌組的研討會著重於「東亞視野」是正確的，故也邀請日本、韓國的學者參與。然而我對比較研究寧可慎重些，深覺個人知見有限，輕易比較不但膚淺而且危險。此或可與知者道，難為逐潮者言也。不過，知識愈博，視野愈廣，無形中的啟發領悟必有助於研究，可開啟新課題，也可以使作品更深邃。

兩度校改物怪書稿，完篇之際，暮色早已籠罩窗外樹林，高樓孤燈，頗似想像中物怪世界的景象。想起蘇東坡愛聽人說鬼怪故事，客辭以無有，坡公卻說：「姑妄言之。」然而我們一路看下來，中國數千年的鬼神物怪故事，總讓人覺得物怪世界即是人世間的反映；那麼，不同民族的鬼神物怪，應該也顯現了不同的社會文化。物怪鬼神這一層次是現代文明人所排斥或不願公開承認的，然而卻可能是那個民族底層文化的叢結，以我比較理解的中國物怪故事來說，應該可以觸及中國人心態的底蘊。本書至少可以確認鬼神物怪故事大有文章，端在你怎麼看而已。

甲辰（二〇二四）中元記於史語所

注釋

1 如史語所在臺中舉辦的歷史研習營（二〇〇二）、金門大學的通識講座（二〇一一），及政治大學羅家倫國際漢學講座（二〇二〇）等。

附圖出處

圖一：商周鼎上之「物」

上：殷商鹿鼎，中央研究院歷史語言研究所收藏。

下：樋口隆康監修，飯島武次編集，廣川學解說，《故宮博物院　第十二卷青銅器》，東京：日本放送出版協會（一九九八），頁二四。

圖二：「离」字的象形

淮陰市博物館，〈淮陰高庄戰國墓〉，《考古學報》一九八八年二期，頁二〇七。

圖三：商周銘文圖像文字「斿」

容庚編著，張振林、馬國權摹補，《金文編》，北京：中華書局影印（一九八九），頁四六三。

圖四：餘杭反山良渚文化玉鉞

浙江省文物考古研究所反山考古隊，〈浙江餘杭反山良渚墓地發掘簡報〉，《文物》一九八八年一期。

圖五：反山良渚墓地玉鉞「神徽」及綫圖

浙江省文物考古研究所反山考古隊，〈浙江餘杭反山良渚墓地發掘簡報〉，《文物》一九八八年一期。

圖六：一頭二身蛇西北岡木器遺痕

梁思永未完稿、高去尋輯補，《侯家莊》第二本《一〇〇一號大墓》，臺北：中央研究院歷史語言研究所（一九六二），頁五六—五七。

圖七：作冊大方鼎的「肥遺」

國立故宮博物院收藏。

圖八：戰國刻紋山林之「物」

淮陰市博物館，〈淮陰高庄戰國墓〉，《考古學報》一九八八年二期。

圖九：馬王堆女媧與日月（部分）

湖南博物館、中國科學院考古所編，《長沙馬王堆一號漢墓》，北京：文物出版社（一九七三），頁四〇。

圖一〇：漢畫像伏羲女媧（龍身）

上：四川崇慶畫像磚，常任俠主編，蔣英炬、高文副主編，《中國美術全集‧繪畫編》十八，上海人民美術出版社（一九八八），第二一五圖。

下：南陽畫像石，文物圖像研究室漢代拓本整理小組，中央研究院歷史語言研究所藏，《漢代石刻畫象拓本精選集》，臺北：中央研究院歷史語言研究所（二〇〇四），第一〇一、一〇二圖。

圖一一：漢畫伏羲女媧（蛇軀）

上：四川新津石函，上引《漢代石刻畫象拓本精選集》，第一一八圖。

下：洛陽卜千秋墓，洛陽博物館，〈洛陽西漢卜千秋壁畫墓發掘簡報〉，《文物》一九七七年六期。

圖一二：漢南陽畫像石嫦娥（龍身）

上引《中國美術全集・繪畫編》十八，第一七八圖。

圖一三：月神與日神（作者收藏拓片）

上（月神）：作者收藏拓片，四川新都漢畫像磚，上引《中國美術全集・繪畫編》十八，第二四七圖。

下（日神）：四川彭縣漢畫像磚，上引《中國美術全集・繪畫編》十八，第二一四圖。

圖一四：四川出土漢磚西王母

上引《中國美術全集・繪畫編》十八，第二四八圖。

圖一五：山東宋山小石祠漢石刻西王母

上引《中國美術全集・繪畫編》十八，第三圖。

圖一六：漢畫像石扁鵲

上：兩城山

傅惜華編，《漢代畫象全集》，北京：巴黎大學北京漢學研究所（一九五〇—一九五一），第二九圖。

下：微山縣兩城鄉

馬漢國主編，《微山漢畫像石選集》，北京：文物出版社（二〇〇三），頁二〇三。

圖一七：江陵漢墓漆龜盾「仙人」與物怪

長江流域第二期文物考古工作人員訓練班，〈湖北江陵鳳凰山西漢墓發掘簡報〉，《文物》一九七四年六期。

圖一八：隨縣曾侯乙墓物怪漆畫

中國社會科學院考古研究所編，《曾侯乙墓》，北京：文物出版社（一九八九）。

圖一九：長沙子彈庫楚帛書

Noel Barnard, *The Ch'u Silk Manuscript-Translation and Commentary*, published by Depart. of Far Eastern History, Research School of Pacific Studies, Institute of Advanced Studies the Australian University, Canberra (1973).

圖二〇：楚帛書十二月神圖

作者整理。

圖二一：馬王堆漢畫物怪

湖南省博物館、中國科學院考古研究所編，《長沙馬王堆一號漢墓》，北京：文物出版社（一九七三），圖版三八、四七、四九、五七。

圖二二：嘉祥武氏祠漢石刻雷神圖

上：傅惜華編，《漢代畫象全集》，巴黎大學北京漢學研究所，武開明祠第一三〇圖。

下：傅惜華編，《漢代畫象全集》，巴黎大學北京漢學研究所，武開明祠第一三五圖。

圖二三：唐絹畫伏羲女媧圖

吐魯番阿斯塔那出土，新疆維吾爾自治區博物館編，《新疆出土文物》，北京：文物出版社（一九七五），頁七六。

圖二四：漢畫九尾狐

山東鄒城市高莊鄉金斗山出土，胡新立，《鄒城漢畫像石》，北京：文物出版社（二〇〇八），第一一三圖。

圖二五：蔣介石參觀司母戊大方鼎

引自網路：https://zh.wikipedia.org/zh-tw/%E5%90%8E%E6%AF%8D%E6%88%8A%E9%BC%

8E#/media/File:Chiang_and_HouMuWu_Ding.jpg

圖二六：青銅器的「饕餮」（獸面紋）

上：Shang Tsun（商尊），John Alexander Pope, Rutherford John Gettens, James Cahill, Noel Barnard, *The Freer Chinese Bronzes*, Washington: Smithsonian Institution (1967), Volume I, Catalogue, plate 13, p. 85.

下：李濟、萬家保，《古器物研究專刊》第五本，臺北：中央研究院歷史語言研究所（一九七二），頁九七。

圖二七：遠野盆地

遠野常民大學編著，《注釋遠野物語》，東京：筑摩書房（一九九七），頁三四。

圖二八：遠野八幡宮的權現神像

上引《注釋遠野物語》，頁三二五。

圖二九：真珠庵本百鬼夜行繪卷

田中貴子等，《圖說百鬼夜行繪卷をよむ》，東京：河出書房新社（二〇〇七），真珠庵本④、⑤。

圖三〇：漢畫像石「人之初」圖

上：伏羲女媧中心，傅惜華編，《漢代畫象全集》，巴黎大學北京漢學研究所，嘉祥武開明祠第一三七圖。

下：西王母中心，傅惜華編，《漢代畫象全集》，巴黎大學北京漢學研究所，嘉祥武斑祠第一五〇圖。

圖三一：人首鳥身的古帝

山東微山漢畫像石，馬漢國主編，《微山漢畫像石選集》，北京：文物出版社（二〇〇三），頁三八。

圖三二：古希臘浮雕　半人半馬 Centaurs 與 Lapiths 族之戰

Pierre Grimal, translated by A. R. Maxwell Hyslop, *The Dictionary of Classical Mythology*, Basil Blackwell (1986), p. 94.

圖三三：古埃及天地神物

A. S. von Bomhard, *The Egyptian Calendar, A Work for Eternity*, Periplus, London (1999), p. 2.

圖三四：安那托利亞人獸合體石刻，西元前第一千紀早期

The Golden Deer of Eurasia, edited by Joan Anuz et al. The Metropolitan Museum of Art (2000), p. 14.

圖三五：有翼獅身人面獸，前四至三世紀

阿爾泰山區冰凍墓出土，Pazyryk Kurgan 5, Altai，上引 *The Golden Deer of Eurasia*, p. 273.

圖三六：怪獸噬羊圖 Kurgan of Koul-Oba，前四世紀

Veronique Schiltz, *Les Scythes*, Gallimard (1994), p. 160.

圖三七：怪鹿圖，前四世紀晚期

陝西神木出土，Emmac Bunker, *Nomadic Art of the Eastern Eurasian Steppes*, The Metropolitan Museum of Art (2002), p. 27.

歷史與現場 362

物怪故事解：中國亙古流衍的心態

作者：杜正勝｜主編：湯宗勳｜特約編輯：文雅

美術設計：陳恩安｜企劃：鄭家謙

董事長：趙政岷｜出版者：時報文化出版企業股份有限公司／108019 台北市和平西路三段 240 號 1-7 樓｜發行專線：02-2306-6842｜讀者服務專線：0800-231-705；02-2304-7103｜讀者服務傳真：02-2304-6858｜郵撥：1934-4724 時報文化出版公司／信箱：10899 台北華江橋郵局第 99 信箱｜時報悅讀網：www.readingtimes.com.tw｜電子郵箱：new@readingtimes.com.tw｜法律顧問：理律法律事務所／陳長文律師、李念祖律師｜印刷：勁達印刷有限公司｜一版一刷：2025 年 1 月 10 日｜定價：新台幣 460 元

國家圖書館出版品預行編目（CIP）資料｜物怪故事解：中國亙古流衍心態的探尋／杜正勝 著 -- 一版 .-- 臺北市：時報文化，2025.1；336 面；14.8×21×1.73 公分 .--（歷史與現場；362）｜ ISBN 978-626-396-695-6（平裝）｜ 1. 妖怪 2. 鬼神 3. 文化研究 4. 中國｜ 298.6 ｜ 113012483

ISBN：978-626-396-695-6

Printed in Taiwan